NomosLehrbuch

Taschen-Definitionen

Zivilrecht | Strafrecht | Öffentliches Recht

2. Auflage

Die Deutsche Nationalbibliothek verzeichnet diese Publikation in der Deutschen Nationalbibliografie; detaillierte bibliografische Daten sind im Internet über http://dnb.d-nb.de abrufbar.

ISBN 978-3-8487-1340-0

2. Auflage 2014
© Nomos Verlagsgesellschaft, Baden-Baden 2014. Printed in Germany. Alle Rechte, auch die des Nachdrucks von Auszügen, der fotomechanischen Wiedergabe und der Übersetzung, vorbehalten.

Vorwort

In einer idealen Welt wären Juristen ausschließlich damit beschäftigt, das Recht zunächst so zu gestalten, dass es seiner Funktion gerecht werden kann, und die auf diese Weise begründeten Normen dann so auf den Einzelfall anzuwenden, dass das Ergebnis von allen Beteiligten angenommen werden kann. Zwar werden die abstrakten Normen erst durch die Konkretisierung der unbestimmten Rechtsbegriffe handhabbar. Diese Konkretisierung muss jedoch Raum für die Fortentwicklung des Rechts lassen. Damit wäre es unvereinbar, wenn der Inhalt der unbestimmten Rechtsbegriffe ein für alle Mal festgelegt wäre.

Diese Idealvorstellung darf jedoch nicht so verstanden werden, dass es jedem einzelnen Rechtsanwender frei stünde, Rechtsbegriffe nach Belieben zu interpretieren. Vielmehr beruht die Funktionsfähigkeit des Rechtsstaates darauf, dass sich die Rechtsanwender auf hinreichend bestimmte Definitionen verständigen, die lediglich Raum für die Weiterentwicklung des Rechts lassen müssen. Jedenfalls in der juristischen Ausbildung müssen sich Studierende damit abfinden, sich für die richtige Anwendung des Rechts zunächst eine Vielzahl von Definitionen anzueignen. Im Grunde ist das nichts anderes, als eine Fremdsprache zu erlernen und das einzige (aber praktisch höchst bedeutsame) Problem besteht darin, dass einem viele der Vokabeln bekannt vorkommen und man sich teilweise geradezu zwingen muss, die Rechtsbegriffe nur in einem ganz bestimmten Sinne zu verstehen.

Der vorliegende Band versammelt eine Vielzahl von Definitionen unbestimmter Rechtsbegriffe aus den verschiedensten Rechtsgebieten. Das kompakte Format macht die Taschendefinitionen zum idealen Begleiter und ermöglicht es den Nutzern, sich fast überall und im Grunde jederzeit mit dem Inhalt der Rechtsbegriffe vertraut zu machen. Das kleine Werk hilft beim ersten Zugang zu einem neuen Rechtsgebiet, indem es die wichtigsten Begriffe vorstellt. Es ist aber auch ein idealer Begleiter in der Zeit der Prüfungsvorbereitung. Die Definitionen sind sämtlich den Lehrbüchern aus unserem Haus entnommen – und natürlich freuen wir uns, wenn die Leser der Taschendefinitionen auch diese Werke zur Hand nehmen, um sich den Stoff gründlich zu erarbeiten.

Baden-Baden, April 2014   Prof. Dr. Johannes Rux

Inhalt

Vorwort 5

ZIVILRECHT

BGB Allgemeiner Teil 11

BGB Schuldrecht Allgemeiner Teil 21

BGB Schuldrecht
Vertragliche Schuldverhältnisse 31

BGB Schuldrecht
Gesetzliche Schuldverhältnisse 52

BGB Sachenrecht I
Bewegliche Sachen 73

BGB Sachenrecht II
Grundstücksrecht 85

Erbrecht 96

Handelsrecht 99

Gesellschaftsrecht 105

Bankrecht 109

Zivilprozessrecht 132

STRAFRECHT

Strafrecht Allgemeiner Teil 139

Strafrecht Besonderer Teil I 159

Strafrecht Besonderer Teil II 177

Inhalt

Strafprozessrecht	190
Jugendstrafrecht	203

Öffentliches Recht

Grundrechte	207
Staatsorganisationsrecht	217
Religionsverfassungsrecht	226
Allgemeines Verwaltungsrecht	229
Kommunalrecht	237
Polizei- und Ordnungsrecht	240
Umweltrecht	245
Steuerrecht	261

Zivilrecht

BGB Allgemeiner Teil

Begriff	Definition
Abgabe einer Willenserklärung	Eine → Willenserklärung ist abgegeben, wenn der Erklärende alles getan hat, was er selbst tun muss, damit die Erklärung wirksam wird. Bei nicht empfangsbedürftigen Erklärungen genügt es, dass er den Erklärungsvorgang abgeschlossen hat, empfangsbedürftige Erklärungen muss er auf den Weg zum Empfänger gebracht haben.
abstraktes Geschäft	Ein abstraktes Geschäft trägt seinen rechtlichen Grund i.S.v. § 812 Abs. 1 BGB nicht in sich. Abstrakt sind alle → Verfügungsgeschäfte (mit Ausnahme der Aufgabe des → Eigentums gemäß §§ 928 Abs. 1, 959 BGB) und einige → Verpflichtungsgeschäfte (z.B. das abstrakte Schuldversprechen gemäß § 780 BGB). Siehe auch → kausales Geschäft.
Abstraktionsprinzip	Das Abstraktionsprinzip besagt, dass nicht nur hinsichtlich des Zustandekommens (→ Trennungsprinzip), sondern auch hinsichtlich der Wirksamkeit zwischen → Verpflichtungsgeschäft und → Verfügungsgeschäft zu trennen ist: Mängel des einen Geschäfts beeinträchtigen die Wirksamkeit des anderen nicht.
accidentalia negotii	Accidentalia negotii sind alle Punkte, die nicht zu den Kernbestandteilen des Vertrags gehören. Siehe auch → essentialia negotii.
Anscheinsvollmacht	Eine Anscheinsvollmacht liegt vor, wenn der Vertretene das Handeln des Vertreters nicht kennt, es aber bei pflichtgemäßer Sorgfalt hätte erkennen und verhindern können und der andere Teil annehmen durfte, der Vertretene dulde und billige das Handeln des Vertreters.
Anspruch § 194 Abs. 1 BGB	Anspruch ist das Recht, von einem anderen ein Tun oder Unterlassen zu verlangen.
Antrag ad incertas personas	Ein Antrag ad incertas personas ist nicht an eine bestimmte Person gerichtet, sondern an einen begrenzten Personenkreis oder die Allgemeinheit.
arglistige Täuschung § 123 Abs. 1 Alt. 1 BGB	Täuschung ist die Erregung eines Irrtums oder die Aufrechterhaltung eines schon vorhandenen Irrtums. Arglistig ist die Täuschung, wenn sie vorsätzlich erfolgt.
Auflassung § 925 Abs. 1 S. 1 BGB	Auflassung nennt man die dingliche Einigung zur Übereignung eines Grundstücks.

Zivilrecht

Begriff	Definition
Ausbeutung § 138 Abs. 2 BGB	Die Ausbeutung i.S.v. § 138 Abs. 2 BGB setzt voraus, dass der Wucherer sich die → Zwangslage etc. bewusst zunutze macht; eine besondere Ausbeutungsabsicht ist nicht erforderlich.
Besitz §§ 854 ff. BGB	Als Besitz bezeichnet das Gesetz verschiedene Formen tatsächlicher Sachherrschaft.
Bote	Ein Bote übermittelt eine fremde → Willenserklärung vom Erklärenden an den Empfänger. Der **Erklärungsbote** gehört dabei zum Machtbereich (→ Zugang einer Willenserklärung) des Erklärenden, der **Empfangsbote** zum Machtbereich des Empfängers.
Deliktsfähigkeit § 276 Abs. 1 S. 2 BGB §§ 827 f. BGB	Deliktsfähigkeit (**Verschuldensfähigkeit**) ist die Fähigkeit, schuldhaft im zivilrechtlichen Sinn zu handeln.
Dissens §§ 154, 155 BGB	Ein Dissens ist ein Einigungsmangel. Man unterscheidet zwischen dem **offenen Dissens** (§ 154 BGB), bei dem sich die Parteien der Tatsache bewusst sind, dass sie sich nicht oder nicht vollständig geeinigt haben, und dem **versteckten Dissens** (§ 155 BGB), bei dem sie das nicht sind.
Dritter § 123 Abs. 2 S. 1 BGB	Dritte i.S.v. § 123 Abs. 2 S. 1 BGB sind alle Personen außer denjenigen, die „im Lager" des Erklärungsempfängers stehen und maßgeblich am Zustandekommen des → Rechtsgeschäfts mitgewirkt haben.
Drohung § 123 Abs. 1 Alt. 2 BGB	Drohung ist die Inaussichtstellung eines Übels, dessen Verwirklichung aus der Sicht des Bedrohten vom Willen des Drohenden abhängig ist.
Duldungsvollmacht	Eine Duldungsvollmacht ist gegeben, wenn der Vertretene es wissentlich geschehen lässt, dass ein anderer für ihn wie ein Vertreter auftritt, und der Dritte dieses Dulden kennt und nach Treu und Glauben dahin verstehen darf, dass der als Vertreter Handelnde bevollmächtigt ist. Die Duldungsvollmacht kann entweder eine konkludent durch Dulden erteilte rechtsgeschäftliche → Vollmacht sein oder eine → Anscheinsvollmacht, bei der der Rechtsschein im Dulden des Vertreterhandelns liegt.
Ehemündigkeit § 1303 BGB	Ehemündigkeit ist die Fähigkeit, wirksam eine Ehe einzugehen.

Begriff	Definition
Eigenschaftsirrtum § 119 Abs. 2 BGB	Beim Eigenschaftsirrtum irrt der Erklärende über solche Eigenschaften der Person oder der Sache, die im Verkehr als wesentlich angesehen werden. Nach h.M. ist der Eigenschaftsirrtum ein ausnahmsweise beachtlicher → Motivirrtum.

- Person oder Sache i.S.v. § 119 Abs. 2 BGB sind nur solche, auf die sich das → Rechtsgeschäft bezieht, also etwa die Kaufsache oder der Vertragspartner, eventuell aber auch Dritte wie Familienangehörige des Mieters, die in die gemietete Wohnung ziehen sollen.
- Sachen i.S.v. § 119 Abs. 2 BGB sind nicht nur körperliche Gegenstände (§ 90 BGB) und Tiere (§ 90a BGB), sondern auch nichtkörperliche Gegenstände wie etwa Forderungen.
- Eigenschaften sind neben den auf der natürlichen Beschaffenheit beruhenden Merkmalen auch tatsächliche oder rechtliche Verhältnisse und Beziehungen zur Umwelt, soweit sie nach der Verkehrsanschauung für die Wertschätzung oder Verwendbarkeit von Bedeutung sind. Sie müssen gegenwärtig sein und die Person oder die Sache unmittelbar kennzeichnen, d.h., sie dürfen sich nicht nur mittelbar auf die Bewertung auswirken.

Ob eine Eigenschaft verkehrswesentlich ist, richtet sich primär nach dem Inhalt des konkreten → Rechtsgeschäfts, hilfsweise nach der Verkehrsanschauung.

Eigentum § 903 BGB	Eigentum ist die rechtliche Herrschaftsmacht über eine → Sache.
Einwendungen und Einreden	Für Einreden im prozessrechtlichen Sinne trägt im Prozess der Beklagte die Darlegungs- und Beweislast. In materiellrechtlicher Terminologie werden sie Einwendungen (im weiteren Sinn) genannt. Man unterscheidet zwischen

- Einwendungen im engeren Sinn, die im Prozess von Amts wegen berücksichtigt werden, sofern sich ihr Bestehen aus den vorgetragenen Tatsachen ergibt. Sie können rechtshindernd sein, also schon das Entstehen des Anspruchs ausschließen, oder rechtsvernichtend, also den schon entstandenen Anspruch vernichten. In beiden Fällen führen sie zur Klageabweisung.

Zivilrecht

Begriff	Definition
	– Einreden, die im Prozess nur berücksichtigt werden, wenn sich der Beklagte auf sie beruft; sie wirken rechtshemmend, geben also ein **Leistungsverweigerungsrecht**. Anspruchsausschließende (peremptorische) Einreden schließen den Anspruch aus und führen zur Klageabweisung. Aufschiebende (dilatorische) Einreden (z.B. § 771 BGB) führen zur Abweisung der Klage als zur Zeit unbegründet, stehen aber einer erneuten Klage nicht entgegen. Anspruchsbeschränkende Einreden führen zu einer eingeschränkten Verurteilung (z.B. gemäß §§ 273 f., 320 ff. BGB zur Verurteilung zur Leistung Zug um Zug).
erhebliche Willensschwäche § 138 Abs. 2 BGB	Bei einer erheblichen Willensschwäche durchschaut der Betreffende zwar Inhalt und Folgen des Geschäfts, kann sich aber wegen einer verminderten psychischen Widerstandsfähigkeit nicht entsprechend dieser Einsicht verhalten.
Erklärungsirrtum § 119 Abs. 1 Alt. 2 BGB	Beim Erklärungsirrtum setzt der Erklärende ein anderes Erklärungszeichen, als er will, weil er sich verspricht, verschreibt oder vergreift.
essentialia negotii	Essentialia negotii sind alle Punkte, deren Festlegung für den konkreten Vertrag unabdingbar ist. Siehe auch → accidentalia negotii.
falsus procurator § 177 BGB	Falsus procurator ist ein anderer Ausdruck für Vertreter ohne → Vertretungsmacht.
Gesamtvertretung	Bei der Gesamtvertretung haben mehrere Personen dergestalt → Vertretungsmacht, dass sie nur gemeinsam handeln können.
geschäftsähnliche Handlung	Eine geschäftsähnliche Handlung liegt vor, wenn eine Erklärung bestimmte rechtliche Folgen nicht deshalb auslöst, weil der Erklärende dies will, sondern deshalb, weil das Gesetz selbst die Folgen an die Erklärung knüpft.
Geschäftsfähigkeit §§ 104 ff. BGB	Geschäftsfähigkeit ist die Fähigkeit, → Willenserklärungen wirksam → abzugeben und entgegenzunehmen.
Inhaltsirrtum § 119 Abs. 1 Alt. 1 BGB	Beim Inhaltsirrtum setzt der Erklärende dasjenige Erklärungszeichen, das er setzen will, aber er irrt über dessen Bedeutung.

Begriff	Definition
Insichgeschäft § 181 BGB	Ein Insichgeschäft liegt vor, wenn ein Vertreter auf beiden Seiten eines → Rechtsgeschäfts tätig wird. Beim **Selbstkontrahieren** steht er auf der einen Seite des Rechtsgeschäfts selbst und wird auf der anderen Seite als Vertreter tätig, bei der **Mehrvertretung** wird er auf beiden Seiten des Rechtsgeschäfts als Vertreter für verschiedene Dritte tätig.
invitatio ad offerendum	Eine invitatio ad offerendum ist die Aufforderung, einen Antrag zu machen.
kausales Geschäft	Ein kausales Geschäft (oder **Kausalgeschäft**) trägt seinen rechtlichen Grund i.S.v. § 812 Abs. 1 BGB („causa") in sich; die meisten → Verpflichtungsgeschäfte sind kausal. Siehe auch → abstraktes Geschäft.
Kennenmüssen § 122 Abs. 2 BGB	Kennenmüssen bedeutet fahrlässige (§ 276 Abs. 2 BGB) Unkenntnis.
klagebegründende Tatsachen	Klagebegründende Tatsachen sind Tatsachen, für die im Prozess der Kläger die Darlegungs- und Beweislast trägt.
Kollusion § 138 Abs. 1 BGB	Von Kollusion spricht man, wenn Vertreter und Dritter bei der Vornahme eines → Rechtsgeschäfts einverständlich in der Absicht zusammenwirken, den Vertretenen zu schädigen.
Leistung § 812 BGB	Eine Leistung ist eine bewusste, zweckgerichtete Mehrung fremden Vermögens.
mangelndes Urteilsvermögen § 138 Abs. 2 BGB	Mangelndes Urteilsvermögen liegt vor, wenn der Betreffende – häufig als Folge von Verstandesschwäche – im konkreten Fall nicht in der Lage ist, Vor- und Nachteile des Geschäfts sachgerecht gegeneinander abzuwägen; nicht genügt es, dass er seine – an sich vorhandenen – Fähigkeiten im konkreten Fall nicht einsetzt und deshalb einer Fehleinschätzung unterliegt.
Motivirrtum § 119 BGB	Beim Motivirrtum entspricht der Inhalt der abgegebenen Erklärung den Vorstellungen des Erklärenden, aber er hat sich über die Umstände geirrt, die ihn dazu veranlasst haben, eine Erklärung dieses Inhalts abgeben zu wollen.
negatives Interesse § 122 Abs. 1 BGB § 179 Abs. 2 BGB	Das negative Interesse (= **Vertrauensschaden**) umfasst alle Schäden, die der Ersatzberechtigte dadurch erleidet, dass er auf die Wirksamkeit eines → Rechtsgeschäfts vertraut; dazu zählen nicht nur die Aufwendungen, die er wegen der vermeintlichen Wirksamkeit des Rechtsgeschäfts macht, sondern auch entgangene Vorteile aus Geschäften, die er wegen der vermeintlichen Wirksamkeit nicht vornimmt. Siehe auch → positives Interesse.

Zivilrecht

Begriff	Definition
Parteifähigkeit § 50 ZPO	Parteifähigkeit ist die Fähigkeit, im Prozess Kläger oder Beklagter zu sein.
partielle Geschäftsunfähigkeit § 104 BGB	Partielle Geschäftsunfähigkeit liegt vor, wenn sich der die freie Willensbestimmung ausschließende Zustand krankhafter Störung der Geistestätigkeit (§ 104 Nr. 2 BGB) nur auf einen bestimmten, abstrakt zu umschreibenden Kreis von Angelegenheiten bezieht, so dass der Betreffende nur im Hinblick auf diese Angelegenheiten geschäftsunfähig ist. Siehe auch → Geschäftsfähigkeit.
Perplexität	Von Perplexität spricht man, wenn eine → Willenserklärung in sich widersprüchlich ist. Eine perplexe Willenserklärung ist nichtig.
positives Interesse § 122 Abs. 1 BGB § 179 Abs. 1, 2 BGB	Das positive Interesse (= **Erfüllungsinteresse**) umfasst alle Schäden, die der Ersatzberechtigte dadurch erleidet, dass eine (eventuell nicht wirksam begründete) Verbindlichkeit ihm gegenüber nicht erfüllt wird. Siehe auch → negatives Interesse.
Postulationsfähigkeit § 78 ZPO	Postulationsfähigkeit ist die Fähigkeit, in eigener Person rechtswirksam prozessual zu handeln; sie fehlt den Prozessparteien, soweit Anwaltszwang besteht.
Privatautonomie	Der Grundsatz der Privatautonomie besagt, dass der Einzelne seine Lebensverhältnisse im Rahmen der Rechtsordnung eigenverantwortlich gestalten kann. Erscheinungsformen der Privatautonomie sind die → **Vertragsfreiheit** (Art. 2 Abs. 1 GG), die **Vereinigungsfreiheit** (Art. 9 GG), die **Testierfreiheit** (Art. 14 Abs. 1 GG) und die **Freiheit des** → **Eigentums** (Art. 14 Abs. 1 GG, § 903 BGB).
Prozessfähigkeit §§ 52 f. ZPO	Prozessfähigkeit ist die Fähigkeit, selbst oder durch selbst bestellte Vertreter Prozesshandlungen wirksam vorzunehmen oder entgegenzunehmen.
Realakt	Ein Realakt (eine **Tathandlung**) ist eine auf einen tatsächlichen Erfolg gerichtete Willensbetätigung, an die das Gesetz Rechtsfolgen knüpft; von den → geschäftsähnlichen Handlungen unterscheiden sich Realakte dadurch, dass es sich nicht um Erklärungen handelt.
Rechte	Rechte sind nicht-körperliche Gegenstände (z.B. Forderungen, Patente, Urheberrechte, Pfandrechte).
Rechtsfähigkeit § 1 BGB	Rechtsfähigkeit ist die Fähigkeit, Träger von Rechten und Pflichten zu sein.

Begriff	Definition
Rechtsgeschäft	Ein Rechtsgeschäft ist eine Rechtshandlung, die auf die Herbeiführung einer bestimmten Rechtsfolge gerichtet ist und eine oder mehrere → Willenserklärungen sowie eventuell weitere Elemente (insbesondere → Realakte) erfordert. Man unterscheidet zwischen **einseitigen Rechtsgeschäften**, die ihrer Art nach nur einer Willenserklärung bedürfen (z.B. Kündigung, Testament), und **zwei- und mehrseitigen Rechtsgeschäften**, die ihrer Art nach mehrerer Willenserklärungen bedürfen (**Verträge, Beschlüsse**).
Sachen § 90 BGB	Sachen sind alle körperlichen Gegenstände mit Ausnahme von Tieren (§ 90a BGB). Siehe auch → Eigenschaftsirrtum.
sofort § 147 Abs. 1 S. 1 BGB	Sofort bedeutet: so schnell, wie objektiv möglich. Siehe auch → unverzüglich.
Stellvertretung § 164 BGB	Stellvertretung ist das Handeln für einen anderen im → rechtsgeschäftlichen Bereich. Bei der **direkten (unmittelbaren) Stellvertretung** ergibt sich aus dem Inhalt der betreffenden → Willenserklärung, dass sich das Geschäft auf den Vertretenen bezieht, und die Erklärung wirkt unmittelbar für und gegen den Vertretenen. Bei der **indirekten (mittelbaren) Stellvertretung** schließt der Vertreter ein Eigengeschäft, dessen Folgen im Innenverhältnis auf den Vertretenen übergeleitet werden. Im Rahmen der direkten Stellvertretung unterscheidet man zwischen **aktiver Stellvertretung**, bei der der Vertreter eine → Willenserklärung für den Vertretenen abgibt, und **passiver Stellvertretung**, bei der er eine Willenserklärung für den Vertretenen in Empfang nimmt.
Testierfähigkeit § 2229 BGB	Testierfähigkeit ist die Fähigkeit, wirksam ein Testament zu errichten.
Trennungsprinzip	Das Trennungsprinzip besagt, dass zwischen → Verpflichtungsgeschäft und → Verfügungsgeschäft zu unterscheiden ist. Siehe auch → Abstraktionsprinzip.
Unerfahrenheit § 138 Abs. 2 BGB	Unter Unerfahrenheit versteht man einen Mangel an Lebens- oder Geschäftserfahrung.

Zivilrecht

Begriff	Definition
unternehmensbezogenes Geschäft § 164 Abs. 1 S. 2 BGB	Ein unternehmensbezogenes Geschäft liegt vor, wenn die Auslegung ergibt, dass sich ein → Rechtsgeschäft auf ein bestimmtes Unternehmen beziehen soll. Bei der aktiven → Stellvertretung gilt eine Auslegungsregel, nach der die entsprechende → Willenserklärung im Zweifel im Namen des Unternehmensträgers abgegeben ist, unabhängig davon, ob der Handelnde dies selbst ist oder nicht und ob der Erklärungsempfänger erkennen kann, wer Unternehmensträger ist. Bei der passiven → Stellvertretung gilt eine Auslegungsregel, nach der die entsprechende → Willenserklärung im Zweifel gegenüber dem Unternehmensträger wirken soll, unabhängig davon, ob der Erklärungsempfänger dies selbst ist oder nicht und ob der Erklärende erkennen kann, wer Unternehmensträger ist.
Unternehmer § 14 Abs. 1 BGB	Unternehmer ist eine natürliche oder juristische Person oder eine rechtsfähige Personengesellschaft, die bei Abschluss eines → Rechtsgeschäfts in Ausübung ihrer gewerblichen oder selbständigen beruflichen Tätigkeit handelt. Siehe auch → Verbraucher.
Untervertretung	Untervertretung liegt vor, wenn ein Vertreter selbst einen Vertreter bestellt. Bei der **unmittelbaren Untervertretung** bestellt der Hauptvertreter den zweiten Vertreter direkt für den und im Namen des Geschäftsherrn, bei der **mittelbaren Untervertretung** bestellt der Hauptvertreter den Untervertreter in eigenem Namen, also für sich selbst.
unverzüglich § 121 Abs. 1 S. 1 BGB	Unverzüglich bedeutet: ohne schuldhaftes Zögern. Siehe auch → sofort.
Urkunde § 126 Abs. 1 BGB § 126b BGB	Eine Urkunde ist die schriftliche Verkörperung einer Erklärung in einem Brief, Fax, Telegramm etc.
venire contra factum proprium § 242 BGB	Ein venire contra factum proprium ist ein widersprüchliches und deshalb rechtsmissbräuchliches Verhalten.
Verbraucher § 13 BGB	Verbraucher ist eine natürliche Person, die ein → Rechtsgeschäft zu einem Zweck abschließt, der weder einer gewerblichen noch einer selbständigen beruflichen Tätigkeit zugerechnet werden kann. Siehe auch → Unternehmer.
Verfügungsgeschäft	Verfügungsgeschäfte (oder dingliche Geschäfte) nennt man → Rechtsgeschäfte, die die dingliche Güterzuordnung ändern (z.B. Übereignung, Forderungsabtretung, Erlass, Inhaltsänderung eines Rechts). Siehe auch → Verpflichtungsgeschäft.

Begriff	Definition
Verfügungsmacht § 185 BGB	Verfügungsmacht ist die Fähigkeit, im eigenen Namen wirksam über einen Gegenstand zu → verfügen.
Verfügungsverbot §§ 135, 136 BGB	**Absolute Verfügungsverbote** dienen dem öffentlichen Interesse oder dem Interesse größerer Gruppen; ein → Rechtsgeschäft, das gegen ein absolutes Verfügungsverbot verstößt, ist gemäß § 134 BGB nichtig. **Relative Verfügungsverbote** dienen nur dem Schutz einzelner Personen; Verfügungen, die ihnen zuwiderlaufen, sind nur gegenüber den geschützten Personen unwirksam (§ 135 Abs. 1 BGB).
Verjährung § 214 Abs. 1 BGB	Unter Verjährung versteht man den Ausschluss der Durchsetzbarkeit eines → Anspruchs infolge Zeitablaufs.
Verpflichtungsgeschäft	Ein Verpflichtungsgeschäft (oder schuldrechtliches Geschäft oder obligatorisches Geschäft) führt dazu, dass zwischen den Parteien ein → Anspruch oder mehrere Ansprüche entstehen. Siehe auch → Verfügungsgeschäft.
Vertragsfreiheit Art. 2 Abs. 1 GG	Vertragsfreiheit ist die Freiheit, darüber entscheiden zu können, ob, mit wem und mit welchem Inhalt man einen Vertrag schließt. Man unterscheidet zwischen der **Abschlussfreiheit**, die sich auf das „Ob" des Vertragsschlusses bezieht, und der **Inhaltsfreiheit**, die die inhaltliche Ausgestaltung des Vertrags zum Gegenstand hat.
Vertretungsmacht § 164 Abs. 1 S. 1 BGB	Vertretungsmacht ist die Fähigkeit, eine → Willenserklärung mit Wirkung für den Vertretenen abzugeben (aktive → Stellvertretung) oder in Empfang zu nehmen (passive → Stellvertretung).
Vollmacht § 167 BGB	Vollmacht ist eine rechtsgeschäftlich erteilte → Vertretungsmacht (§ 166 Abs. 2 S. 1 BGB). Man unterscheidet die **Innenvollmacht**, die gegenüber dem Vertreter erteilt wird, und die **Außenvollmacht**, die gegenüber dem Dritten erteilt wird, dem gegenüber die Vertretung stattfinden soll. Die **Spezialvollmacht** bezieht sich auf ein bestimmtes Geschäft, während die **Generalvollmacht** einen weiten Kreis von Geschäften abdeckt.
Vorlegen einer Urkunde § 172 Abs. 1 BGB	Eine → Urkunde wird einem Dritten vorgelegt i.S.v. § 172 BGB, wenn die Originalurkunde dessen sinnlicher Wahrnehmung unmittelbar zugänglich gemacht wird.

Zivilrecht

Begriff	Definition
Willenserklärung	Eine Willenserklärung ist eine private Willensäußerung, die unmittelbar auf das Herbeiführen einer Rechtsfolge gerichtet ist. Im Rahmen des subjektiven Tatbestands einer Willenserklärung unterscheidet man drei Komponenten: – Der **Handlungswille** ist der Wille, sich überhaupt in bestimmter, nach außen hervortretender Weise zu verhalten. – Das **Erklärungsbewusstsein** ist der Wille, irgendeine rechtserhebliche Erklärung abzugeben. – Der **Geschäftswille** ist der Wille, eine ganz bestimmte rechtserhebliche Erklärung abzugeben. Der objektive Tatbestand einer Willenserklärung liegt in einem äußeren Verhalten, das auf das Vorliegen eines Geschäftswillens (und damit auch von Handlungswillen und Erklärungsbewusstsein) schließen lässt. Das Erklärungsbewusstsein wird im Rahmen des objektiven Tatbestands meist **Rechtsbindungswille** genannt.
Zugang einer Willenserklärung § 130 Abs. 1 S. 1 BGB	Eine → Willenserklärung geht zu, wenn sie den Machtbereich des Empfängers erreicht hat und unter gewöhnlichen Verhältnissen mit ihrer Kenntnisnahme durch den Empfänger zu rechnen ist (h.M.; str.).
Zustimmung §§ 182 ff. BGB	Es gibt zwei Formen der Zustimmung: Die **Einwilligung** wird im Voraus erteilt (§ 183 S. 1 BGB), die **Genehmigung** nachträglich (§ 184 Abs. 1 BGB).
Zwangslage § 138 Abs. 2 BGB	Eine Zwangslage liegt vor, wenn der Bewucherte wegen einer drohenden Verschlechterung seiner Situation ein zwingendes Bedürfnis nach einer Geld- oder Sachleistung hat; ob die Zwangslage verschuldet ist, spielt keine Rolle.

Bürgerliches Gesetzbuch
Allgemeiner Teil
Von Prof. Dr. Florian Faust
4. Auflage 2014, 290 S., brosch., 22,– €
ISBN 978-3-8487-0123-0

BGB Schuldrecht Allgemeiner Teil

Begriff	Definition
Abschlussfreiheit	Freiheit (d.h. Möglichkeit) des Einzelnen, darüber zu entscheiden, ob und mit wem er einen Vertrag abschließen will.
Angebot, tatsächliches § 294 BGB	Anbieten der geschuldeten Leistung dergestalt, dass der Gläubiger nur noch zugreifen und die Leistung annehmen muss.
Angebot, wörtliches § 295 BGB	Ausdrückliche oder schlüssige empfangsbedürftige Erklärung des Schuldners, er wolle die geschuldete Leistung so, wie sie geschuldet ist, bewirken.
Äquivalenzinteresse	Interesse einer Partei eines Schuldverhältnisses, für die von ihr zu erbringende Gegenleistung die als gleichwertig (äquivalent) bewertete Leistung der anderen Partei zu erhalten.
Aufwendungen	Freiwillige Einbußen an rechtlich geschützten materiellen oder immateriellen Gütern. Im Leistungsstörungsrecht (§ 284 BGB): Im Hinblick auf den Erhalt der Leistung vom Gläubiger erbrachte freiwillige Vermögensopfer.
Auswahlverschulden	Verschulden des Schuldners in Bezug auf die Auswahl, Anleitung oder Beaufsichtigung einer bei der Erfüllung einer Leistungspflicht eingesetzten Hilfsperson.
Dasselbe rechtliche Verhältnis § 273 Abs. 1 BGB	Innerlich zusammengehöriges einheitliches Lebensverhältnis, aus dem die beiden Ansprüche stammen und aufgrund dessen es Treu und Glauben widersprechen würde, wenn der eine Anspruch ohne Rücksicht auf den anderen geltend gemacht oder verwirklicht werden würde.
Dauerschuldverhältnis § 314 Abs. 1 BGB	Schuldverhältnis, das mindestens eine Partei zu einer dauernden oder wiederkehrenden Leistung verpflichtet und bei dem der Gesamtumfang der Leistung von der Dauer des Schuldverhältnisses abhängig ist.
Deckungsverhältnis	Beim → Vertrag zugunsten Dritter das Rechtsverhältnis zwischen dem Schuldner (Versprechender) und dem Gläubiger (Versprechensempfänger). Aus ihm erlangt der Schuldner die Deckung (d.h. Gegenleistung) für die Leistung, die er an den Dritten zu erbringen hat.
Dritter, der eine Leistung bewirkt § 267 BGB	Vom Schuldner nicht eingeschaltete Person, welche die geschuldete Leistung effektiv bewirkt und hierbei mit dem Willen handelt, die Pflicht eines anderen zu erfüllen (Fremdtilgungswille).

Zivilrecht

Begriff	Definition
Drittschadensliquidation	Möglichkeit des Inhabers eines Schadensersatzanspruchs, den → Schaden eines anderen, der gegen den Schädiger keinen Anspruch hat, geltend zu machen. Dazu wird der Schaden des Dritten zum Anspruch des Gläubigers gezogen.
Empfangszuständiger Gläubiger	Für den Empfang der geschuldeten Leistung ist der Gläubiger zuständig, wenn er befugt ist, über die Forderung zu verfügen.
Entgangener Gewinn § 252 BGB	Alle Vermögensvorteile, die dem Geschädigten im Zeitpunkt des schädigenden Ereignisses zwar noch nicht zugeflossen sind, ohne dieses Ereignis aber bei ihm eingetreten wären.
Entgeltforderung § 286 Abs. 3 BGB	Nicht notwendigerweise im Gegenseitigkeitsverhältnis stehende → Forderung auf Zahlung eines Entgelts als Gegenleistung für eine vom Gläubiger erbrachte oder zu erbringende Leistung, die in der Lieferung von Gütern oder der Erbringung von Dienstleistungen besteht.
Erfolgsort	Ort, an dem ein geschuldeter Leistungserfolg einzutreten hat.
Erfüllbarkeit	Zeitpunkt, zu dem der Schuldner die Leistung an den Gläubiger erbringen darf.
Erfüllung § 362 BGB	Bewirken der geschuldeten Leistung an den Gläubiger, d.h. Herbeiführung des Leistungserfolgs beim Gläubiger.
Erfüllungsgehilfe § 278 BGB	Person, die mit Wissen und Wollen des Schuldners in dessen Pflichtenkreis tätig wird.
Erfüllungsinteresse	Interesse des Gläubigers am Erhalt der geschuldeten Leistung. Soweit es auszugleichen ist, ist der Gläubiger so zu stellen, wie er bei ordnungsgemäßer Erfüllung stehen würde.
Ersatz für den geschuldeten Gegenstand § 285 BGB	Vermögensvorteil, der dem Schuldner durch den Umstand, der zur Befreiung von der Leistung nach § 275 Abs. 1 bis 3 BGB geführt hat, unmittelbar zugeflossen ist. Erfasst sind auch Vermögensvorteile, die aus einem anderen Umstand zugeflossen sind, sofern zwischen diesem Umstand und dem Umstand, der zur Leistungsbefreiung geführt hat, ein wirtschaftlicher Zusammenhang besteht.
Ersetzungsbefugnis	Recht einer Partei des Schuldverhältnisses, eine andere als die geschuldete Leistung zu erbringen oder zu verlangen.
Fahrlässigkeit § 276 Abs. 1, 2 BGB	Außerachtlassen der im Verkehr erforderlichen Sorgfalt.

Begriff	Definition
Fälligkeit	Zeitpunkt, zu dem der Gläubiger vom Schuldner die Leistung verlangen kann.
Fixgeschäft, absolutes	Schuldverhältnis, bei dem der Leistungszeitpunkt aufgrund der Art der geschuldeten Leistung für diese so prägend ist, dass eine Nachholung der versäumten Leistung zu einem späteren Zeitpunkt nicht mehr als Erbringung der geschuldeten Leistung verstanden werden kann.
Fixgeschäft, relatives § 323 Abs. 2 Nr. 2 BGB	Schuldverhältnis, bei dem eine Nachholung der Leistung nach Verstreichen des Leistungszeitpunkts zwar möglich ist (anders als beim absoluten Fixgeschäft), aber die Einhaltung der Leistungszeit für die Parteien des Schuldverhältnisses so wesentlich ist, dass das Geschäft hiermit „stehen und fallen" soll.
Forderung	Aus einem → Schuldverhältnis iwS stammendes Recht eines Gläubigers, vom Schuldner eine Leistung verlangen zu können.
Formfreiheit	Freiheit (d.h. Möglichkeit) des Einzelnen, Verträge in jeder beliebigen Form abzuschließen.
Formzwang	Rechtlicher Zwang, den Vertrag in einer bestimmten Form abzuschließen; wird die gesetzlich verlangte Form nicht eingehalten, ist das Rechtsgeschäft nichtig (§ 125 S. 1 BGB).
Fristsetzung § 281 Abs. 1, 2 BGB § 323 Abs. 1, 2 BGB	Empfangsbedürftige, eindeutige und bestimmte Aufforderung des Gläubigers an den Schuldner, die Leistung bis zu einem bestimmten oder zumindest bestimmbaren Zeitpunkt zu erbringen.
Garantie § 276 Abs. 1 BGB	Versprechen des Schuldners, für einen bestimmten Umstand unbedingt einstehen und für den Fall des Fehlens haften zu wollen.
Gattung § 243 Abs. 1 BGB	Eine Gattung bilden alle Gegenstände (im weitesten Sinne), die durch gemeinschaftliche Merkmale (z.B. Typ, Sorte, Modell, Marke, Serie, Qualität, Preis) gekennzeichnet sind und sich dadurch von anderen Gegenständen unterscheiden.

Zivilrecht

Begriff	Definition
Gattungsschuld	Leistungspflicht, die sich auf einen Gegenstand bezieht, der nur nach Gattungsmerkmalen bestimmt ist. Die Gattungsschuld ist marktbezogen, wenn den Schuldner die Pflicht trifft, einen zur Gattung gehörigen Gegenstand zu beschaffen. Eine Gattungsschuld i.S.e. Vorratsschuld liegt hingegen vor, wenn sich die Schuld auf einen Gegenstand beschränkt, der zum Vorrat des Schuldners gehört; dann besteht keine Beschaffungspflicht.
Gefälligkeit	Ohne Rechtsbindungswillen getroffene Vereinbarung zwischen mindestens zwei Personen, derzufolge eine Person eine bestimmte Handlung vornehmen oder unterlassen soll. Es entsteht kein Schuldverhältnis und es bestehen keine Leistungs- oder Schutzpflichten.
Gefälligkeitsverhältnis	Schuldverhältnis, bei dem der Schuldner zwar nicht verpflichtet ist, die versprochene Handlung vorzunehmen oder zu unterlassen (keine Leistungspflicht), bei dem er aber bei Vornahme der Handlung auf die Rechte, Rechtsgüter und Interessen des anderen Teils Rücksicht zu nehmen hat (d.h. es bestehen Schutzpflichten).
Gefälligkeitsvertrag	Vertragliches Schuldverhältnis, bei dem eine Partei eine Leistungspflicht hat, die andere Partei hierfür jedoch keine Gegenleistungspflicht hat (unentgeltliches Schuldverhältnis).
Gegenseitiger Vertrag	Vertrag, bei dem jede Vertragspartei sich nur deshalb zur Leistung verpflichtet hat, weil sich die jeweils andere Vertragspartei ebenfalls zur Leistung verpflichtet hat; die Leistung des einen ist Entgelt für die Leistung des anderen.
Geldschuld	Pflicht zur Leistung eines bestimmten Geldbetrages. Geldsummenschuld, wenn die Höhe in Währungseinheiten ausgedrückt ist. Geldwertschuld, wenn sich die Höhe aus dem Inhalt der Schuld ergibt.
Geschäftsgrundlage § 313 BGB	Umstände, die beide Parteien sich vorgestellt haben und auf denen ihr Geschäftswille aufbaut; einseitige Vorstellungen genügen nur, wenn sie bei Abschluss des Vertrages zutage getreten sind, dem anderen Teil erkennbar gemacht wurden und von ihm nicht beanstandet worden sind (subjektive Geschäftsgrundlage). Erfasst sind ferner Umstände, die objektiv erforderlich sind, damit der Vertrag nach den Intentionen der Parteien noch als sinnvolle Regelung aufrechterhalten werden kann (objektive Geschäftsgrundlage).

Begriff	Definition
Grobe Fahrlässigkeit	Verletzung der im Verkehr erforderlichen Sorgfalt in ungewöhnlich hohem Maße, indem der Schuldner außer Acht lässt, was jedem hätte einleuchten müssen.
Hauptleistungspflicht	Pflicht zur Erbringung einer → Leistung, die für das Schuldverhältnis typisch, d.h. prägend ist.
Im Verkehr erforderliche Sorgfalt § 276 Abs. 2 BGB	Sorgfalt, die von einem durchschnittlichen Angehörigen des betreffenden Verkehrskreises erwartet werden kann.
Inhaltsfreiheit	Freiheit (d.h. Möglichkeit) des Einzelnen, selbst über den Inhalt des Vertrages zu entscheiden und Verträge mit beliebigem Inhalt abzuschließen.
Integritätsinteresse	Interesse einer Partei am ungestörten Fortbestand ihrer rechtlich geschützten Güter.
Konfusion	Vereinigung von Gläubiger- und Schuldnerstellung in einer Person.
Konkretisierung § 243 Abs. 2 BGB	Beschränkung der ursprünglichen → Gattungsschuld auf die vom Schuldner ausgewählte und ausgesonderte Sache.
Kontrahierungszwang	Rechtlicher Zwang zum Abschluss eines Vertrages.
Leistung § 241 Abs. 1 BGB	Bestimmtes Verhalten des Schuldners, das auch in einem Unterlassen bestehen kann. Je nach Schuldverhältnis kann die Leistung auch die Herbeiführung eines bestimmten Erfolges sein..
Leistung an Erfüllungs statt § 364 Abs. 1 BGB	Annahme einer anderen als der geschuldeten Leistung durch den Gläubiger verbunden mit der Vereinbarung zwischen Gläubiger und Schuldner, dass die hingegebene Leistung zur Erfüllung der Schuld führen soll.
Leistung erfüllungshalber	Annahme einer anderen als der geschuldeten Leistung durch den Gläubiger verbunden mit der Vereinbarung zwischen Gläubiger und Schuldner, dass der Gläubiger zunächst Befriedigung (durch Verwertung) aus dem hingegebenen Gegenstand suchen soll.
Leistung sicherungshalber	Annahme einer anderen als der geschuldeten Leistung durch den Gläubiger verbunden mit der Vereinbarung zwischen Gläubiger und Schuldner, dass der Gläubiger auf den sicherungshalber hingegebenen Gegenstand erst zurückgreifen darf, wenn dem Schuldner die Erfüllung endgültig nicht gelingt.

Zivilrecht

Begriff	Definition
Leistungsort § 269 Abs. 1 BGB	Ort, an dem der Schuldner die Leistungshandlung vorzunehmen hat.
Leistungspflicht	Pflicht zur Erbringung einer → Leistung (→ Hauptleistungspflicht; → Nebenleistungspflicht).
Leistungszeit § 271 BGB	Zeitpunkt, zu dem der Gläubiger die Leistung verlangen kann (Fälligkeit) bzw. Zeitpunkt, zu dem der Schuldner die Leistung erbringen darf (Erfüllbarkeit).
Mahnung § 286 Abs. 1, 2 BGB	Empfangsbedürftige, eindeutige und bestimmte Aufforderung des Gläubigers an den Schuldner, die geschuldete Leistung zu erbringen.
Mangelfolgeschaden	Schaden, der durch den Mangel des Leistungsgegenstands an anderen Rechten, Rechtsgütern oder Interessen des Gläubigers entstanden ist.
Mangelschaden	Schaden, der durch den Mangel des Leistungsgegenstands an diesem selbst entstanden ist.
Naturalobligation	Verbindlichkeit des Schuldners, bei der keine rechtliche, sondern nur eine „natürliche" Pflicht (Obligation) des Schuldners zur Erbringung der Leistung besteht.
Naturalrestitution § 249 Abs. 1 BGB	Herstellung des Zustands, der bestehen würde, wenn der zum Ersatz verpflichtende Umstand nicht eingetreten wäre.
Nichtvermögens- schaden § 253 Abs. 1 BGB	Unfreiwillige Beeinträchtigung von Gütern und Interessen ohne Vermögenswert.
Nebenleistungspflicht	Pflicht zur Erbringung einer → Leistung, mit der die Durchführung einer Hauptleistungspflicht gesichert oder gefördert werden soll.
Nebenpflicht	Neben der → Hauptleistungspflicht bestehende → Nebenleistungspflicht oder → Schutzpflicht.
Novation	Vereinbarung der Parteien eines Schuldverhältnisses, dass an die Stelle des bisherigen Schuldverhältnisses ein neues Schuldverhältnis treten soll (Schuldumwandlung).
Obliegenheit	Verbindlichkeit einer Partei des Schuldverhältnisses, deren Erfüllung von der anderen Partei nicht verlangt werden kann; die mit der Obliegenheit belastete Partei erleidet jedoch Rechtsnachteile, wenn sie der Obliegenheit nicht nachkommt.
Pflichtverletzung § 280 Abs. 1 BGB	Jede objektive und unberechtigte Abweichung einer Partei vom geschuldeten Pflichtenprogramm.

Begriff	Definition
Primärpflicht	Unmittelbar aus dem Schuldverhältnis kraft Vertrag oder Gesetz folgende → Leistungspflicht oder → Schutzpflicht.
Positives Interesse	→ Erfüllungsinteresse.
Rentabilitätsvermutung	Widerlegbare Vermutung, dass der Gläubiger bei ordnungsgemäßer Leistung mit dieser so große Vermögensvorteile hätte erwirtschaften können, dass seine Aufwendungen, die er in Erwartung der Leistung getätigt hat, gedeckt gewesen wären. Sie greift nur, wenn der Gläubiger mit der Leistung einen wirtschaftlichen Zweck verfolgt.
Rücktritt § 346 Abs. 1 BGB	Umwandlung des Schuldverhältnisses in ein Rückgewährschuldverhältnis durch einseitige Gestaltungserklärung.
Schaden	Unfreiwillige Einbuße an rechtlich geschützten materiellen oder immateriellen Gütern.
Schadensersatz neben der Leistung	Ersatz aller Schäden, die durch die ausbleibende, verspätete oder nicht ordnungsgemäße Leistung entstanden sind und die eine zumindest gedachte Nachholung der Leistung auch nicht wieder entfallen würden.
Schadensersatz statt der Leistung § 280 Abs. 3 BGB	Ersatz aller Schäden, die durch das endgültige Ausbleiben der Leistung entstanden sind und die durch eine zumindest gedachte Nachholung der Leistung wieder entfallen würden.
Schadensersatz wegen Verzögerung der Leistung § 280 Abs. 2 BGB	Ersatz aller Schäden, die allein wegen der Verzögerung der Leistung entstanden sind und die auch bei einer zumindest gedachten Nachholung der Leistung nicht wieder entfallen würden.
Schuldnerverzug	→ Verzug.
Schuldverhältnis § 241 Abs. 1 BGB	Rechtsverhältnis zwischen mindestens zwei Personen, das mindestens eine Person (Schuldner) einer anderen Person (Gläubiger) gegenüber zur Erbringung einer Leistung (§ 241 Abs. 1 BGB) und/oder zur Rücksichtnahme (§ 241 Abs. 2 BGB) verpflichtet. Im weiteren Sinne ist das Schuldverhältnis die Gesamtheit der zwischen diesen Personen bestehenden rechtlichen Beziehungen. Im engeren Sinne ist das Schuldverhältnis das einzelne Recht des Gläubigers, vom Schuldner eine Leistung verlangen zu können.
Schutzpflicht § 241 Abs. 2 BGB	Pflicht zur Rücksichtnahme auf die Rechte, Rechtsgüter und Interessen des anderen Teils.
Sekundärpflicht	Bei der Verletzung einer → Primärpflicht entstehende → Leistungspflicht des Schuldners.

Zivilrecht

Begriff	Definition
Selbstmahnung	Nach Fälligkeit der Leistung erfolgte Ankündigung oder Zusicherung des Schuldners, die Leistung zu erbringen.
Stückschuld	Leistungspflicht, die sich auf einen konkreten, individuellen Gegenstand bezieht.
Synallagma	Rechtliche Abhängigkeit zwischen den Hauptleistungspflichten eines Schuldverhältnisses. Es entsteht, wenn die eine Partei ihre Leistungspflicht nur deshalb übernimmt, weil die andere Partei ebenfalls eine Leistungspflicht übernimmt – und umgekehrt (→ gegenseitiger Vertrag).
Teilbarkeit der Leistung	Zerlegung der Leistung in mehrere Teile kann erfolgen, ohne dass es zu einer Minderung ihres Wertes oder einer Beeinträchtigung des Leistungszwecks kommt.
Teilleistung	Unvollständige Erbringung der geschuldeten Leistung (Nichterbringung der vollständigen Leistung oder Erbringung der Leistung in Teilen).
Typenfreiheit	Freiheit (d.h. Möglichkeit), die im BGB geregelten Vertragstypen miteinander zu kombinieren (gemischte Verträge) oder neue Vertragstypen zu kreieren (atypische Verträge).
Übernahmeverschulden	Verschulden des Schuldners in Bezug auf die Übernahme der Leistungspflicht. Es liegt vor, wenn der Gläubiger eine Leistungspflicht übernommen hat, obwohl er wusste oder infolge Fahrlässigkeit nicht wusste, dass er zu ihrer (ordnungsgemäßen) Erfüllung nicht in der Lage ist.
Unmöglichkeit § 275 Abs. 1 BGB	Dauerhaftes und für jedermann (objektive Unmöglichkeit) oder den Schuldner (subjektive Unmöglichkeit, Unvermögen) bestehendes unüberwindbares naturgesetzliches, rechtliches oder zeitliches (absolutes Fixgeschäft) Hindernis für die Erbringung der geschuldeten Leistung.
Untergang § 346 Abs. 2 S. 1 Nr. 3 BGB	Vollständige Vernichtung der Sachsubstanz.
Unvollkommene Verbindlichkeit	Verbindlichkeit des Schuldners, deren Erfüllung der Gläubiger zwar verlangen, aber nicht durchsetzen kann.
Valutaverhältnis	Beim Vertrag zugunsten Dritter das Rechtsverhältnis zwischen dem Gläubiger (Versprechensempfänger) und dem Dritten. Aus ihm ergibt sich der Rechtsgrund für den Erwerb des Forderungsrechts durch den Dritten.

Begriff	Definition
Verantwortungsfähigkeit § 276 Abs. 1 S. 2 BGB	Rechtliche Fähigkeit einer Person, für Pflichtverletzungen einzustehen, d.h. diese vertreten zu müssen.
Verkehrssitte § 242 BGB	Im Verkehr herrschende tatsächliche Übung der beteiligten Verkehrskreise.
Vermögensschaden	Unfreiwillige Beeinträchtigung von Gütern und Interessen mit Vermögenswert.
Verschlechterung § 346 Abs. 2 S. 1 Nr. 3 BGB	Nachteilige Veränderung der Sachsubstanz oder Beeinträchtigung der Funktionstauglichkeit.
Vertrag zugunsten Dritter § 328 BGB	Vertrag zwischen zwei Personen, aufgrund dessen ein Dritter gegen eine der Vertragsparteien ein eigenes Recht auf Erbringung einer Leistung an ihn erlangt.
Vertragsanbahnung § 311 Abs. 2 Nr. 2 BGB	Rechtsgeschäftsähnlicher Kontakt, bei dem der eine Teil im Hinblick auf eine etwaige rechtsgeschäftliche Beziehung dem anderen Teil die Möglichkeit zur Einwirkung auf seine Rechte, Rechtsgüter oder Interessen gewährt oder sie ihm anvertraut.
Vertragsfreiheit	Freiheit (d.h. Möglichkeit) des Einzelnen, die Rechtsbeziehungen zu anderen mittels Vertrag beliebig zu gestalten.
Vertragsverhandlungen § 311 Abs. 2 Nr. 1 BGB	Kommunikativer Austausch über den Abschluss eines Vertrages.
Vertretenmüssen § 280 Abs. 1 S. 2 BGB	Verantwortlichkeit des Schuldners für die Pflichtverletzung. Bestimmt sich nach § 276 Abs. 1 BGB.
Verzug § 286 Abs. 1 BGB	Vom Schuldner zu vertretende Nichtleistung trotz Fälligkeit, Durchsetzbarkeit und Mahnung.
Vielzahl von Verträgen vorformulierte Vertragsbedingungen § 305 Abs. 1 BGB	Vor der erstmaligen Verwendung festgelegte Bestimmungen, durch die der Vertragsinhalt gestaltet werden soll und die mindestens dreimal verwendet werden sollen.
Vorsatz § 276 Abs. 1 BGB	Wissen und Wollen des Erfolgs im Bewusstsein der Rechts- oder Pflichtwidrigkeit.
Wahlschuld § 262 BGB	Schuldverhältnis, bei dem der Schuldner mehrere verschiedene Leistungen dergestalt schuldet, dass er nur die eine oder die andere Leistung zu bewirken hat.
Widerruf § 355 Abs. 1 BGB	Umwandlung des Vertrages in ein Rückgewährschuldverhältnis durch einseitige Gestaltungserklärung des Verbrauchers bei bestimmten Verbraucherverträgen.

Zivilrecht

Begriff	Definition
Zedent	Vertragspartei des Abtretungsvertrages, die ihre Forderung an den Zessionar überträgt.
Zessionar	Vertragspartei des Abtretungsvertrages, die vom Zedenten die Forderung erwirbt.
Zeit für die Leistung § 271 Abs. 1 BGB	Zeit für die Leistung ist entweder der Zeitpunkt, zu dem der Gläubiger die Leistung verlangen kann (Fälligkeit) oder der Zeitpunkt, zu dem der Schuldner die Leistung erbringen darf (Erfüllbarkeit).
Zinsen	Laufzeitabhängige Vergütung für die Überlassung von Kapital.

Schuldrecht
Allgemeiner Teil
Von Prof. Dr. Frank Weiler
2. Auflage 2014, 454 S., brosch., 24,– €
ISBN 978-3-8487-0647-1

BGB Schuldrecht
Vertragliche Schuldverhältnisse

Begriff	Definition
„Kauf bricht nicht Miete" § 566 BGB	Verkauft der Vermieter den Wohnraum, so tritt gemäß § 566 BGB der Erwerber in den Mietvertrag ein; Kauf bricht nicht Miete.
„Sale-and-lease-back"-Verfahren	Beim „sale-and-lease-back"-Verfahren veräußert der Leasingnehmer eine ihm bereits gehörende Sache an den Leasinggeber, der sie ihm anschließend zur Nutzung gegen Entgelt wieder überlässt. Es handelt sich um Finanzierungsleasing.
Abnahme § 433 Abs. 2 BGB	Der Käufer ist verpflichtet, den Kaufgegenstand abzunehmen. Dies bedeutet bei beweglichen Sachen die tatsächliche Hinwegnahme der Sache, bei Grundstücken die Mitwirkung an der Herbeiführung der Auflassung.
Abnahme im Werkvertragsrecht § 640 BGB	Der Besteller ist dazu verpflichtet, den vereinbarten Werklohn zu entrichten und das Werk abzunehmen. Im Werkvertragsrecht ist unter „Abnahme" die körperliche Entgegennahme des Werkes und seine Billigung durch den Besteller als im Wesentlichen vertragsgemäß zu verstehen (§ 640 BGB). Ist eine Abnahme etwa wegen der Beschaffenheit des Werkes nicht möglich (bspw. bei einer Theateraufführung, so wird sie durch die Vollendung des Werkes ersetzt (§ 646 BGB). Erst durch die Abnahme wird die Vergütung fällig (§ 641 BGB).
Alleinauftrag/Qualifizierter Alleinauftrag/ Festauftrag § 652 BGB	Wird im Maklervertrag zwischen den Vertragsparteien ein Alleinauftrag vereinbart, so verzichtet der Auftraggeber darauf, die Dienste mehrerer Makler zugleich in Anspruch zu nehmen. Der Makler ist im Gegenzug dazu verpflichtet, im Interesse des Auftraggebers tätig zu werden. Das Recht des Auftraggebers, sich selbst um den Vertragsabschluss zu bemühen, bleibt ebenfalls unberührt. Doch auch dieses Recht kann individualvertraglich ausgeschlossen werden. Man spricht dann von einem qualifizierten Alleinauftrag. Verzichtet der Auftraggeber für eine bestimmte Zeit auf das Recht, den Vertrag jederzeit zu beenden, spricht man von einem Festauftrag.
Anzeigepflicht des Mieters § 536 c Abs. 1 BGB	Der Mieter ist gemäß § 536c Abs. 1 BGB verpflichtet, Mängel anzuzeigen. Verletzt er die Anzeigepflicht, verliert er seine Minderungs- und Schadensersatzansprüche.

Zivilrecht

Begriff	Definition
Auftrag § 662 BGB	Nach § 662 BGB verpflichtet sich der Beauftragte zur unentgeltlichen Besorgung eines Geschäftes. Eine Gegenleistung des Auftraggebers sieht die Vorschrift nicht vor; der Auftrag ist daher wie die Leihe und die Schenkung ein einseitig verpflichtender bzw. ein unvollkommener zweiseitiger Vertrag.
Außerordentliche Kündigung §§ 543, 569 BGB	Sowohl der Vermieter wie der Mieter können den Mietvertrag außerordentlich kündigen. Der Vermieter hat dieses Recht, wenn der Mieter mit der Entrichtung des Mietzinses für zwei aufeinander folgende Termine in Verzug ist (§ 543 Abs. 2 BGB und wenn der Mieter den Hausfrieden nachhaltig stört (§ 569 Abs. 2 BGB. Der Mieter kann außerordentlich kündigen, wenn ihm der vertragsgemäße Gebrauch der Mietsache nicht gewährt wird (§ 543 Abs. 2 Nr. 1 BGB und wenn die Benutzung des Wohnraums mit einer erheblichen Gesundheitsgefährdung verbunden ist (§ 569 Abs. 1 BGB.
Avalkredit § 765 BGB	Avalkredit ist die bankkaufmännische Bezeichnung dafür, dass eine Bank gewerblich eine Bürgschaft übernimmt, für die sie dann von dem Hauptschuldner eine Vergütung verlangen wird.
Beförderungsrecht	Jeder Beförderungsvertrag ist ein Werkvertrag nach § 631 BGB. Jedoch sind die Einzelheiten der Haftung in Spezialgesetzen geregelt, die nach der Beförderung auf der Straße, der Schiene, zur See oder in der Luft unterscheiden. Außerdem gelten unterschiedliche Regelungen für inländische und grenzüberschreitende Beförderungen und für die Beförderung von Personen oder Gütern.
Behandlungsvertrag §§ 630a ff. BGB	Bei einem Behandlungsvertrag nach § 630a BGB schuldet der Behandelnde die medizinische Behandlung, der Patient die Vergütung. Der Patient muss in die Behandlung nach Aufklärung einwilligen. Der Behandelnde muss eine Patientenakte führen (§ 630f BGB. § 630h BGB regelt Beweiserleichterungen für den Nachweis der Kausalität zwischen einem Behandlungsfehler und dem Schaden.
Betriebskosten § 556 BGB	Betriebskosten sind in der aufgrund von § 556 Abs. 1 Satz 4 BGB erlassenen BetrKV abschließend definiert. Sie sind u.a. die Kosten, die dem Eigentümer durch das Eigentum am Grundstück oder durch den bestimmungsmäßigen Gebrauch des Gebäudes, der Nebengebäude, Anlagen, Einrichtungen und des Grundstücks laufend entstehen. Insbesondere fallen darunter die Kosten für eine zentrale Heizungsanlage und die Wasserversorgung.

BGB SchuldR | Vertragliche Schuldverhältnisse

Begriff	Definition
Betriebsrisikolehre § 615 Satz 3 BGB	Nach der in § 615 Satz 3 BGB gesetzlich verankerten Betriebsrisikolehre trifft den Arbeitgeber das Risiko, dass er die erforderlichen Arbeitsgerätschaften aus unverschuldeten Umständen (etwa wegen eines Stromausfalls nicht zur Verfügung stellen kann. Dies gilt aber nicht bei einem Streik, auch nicht bei einem Streik in einem Drittunternehmen. Außerdem trifft den Arbeitnehmer das Wegerisiko (arg. § 616 BGB.
Blanko-Bürgschaft § 765 BGB	Bei einer Blanko-Bürgschaft überlasst es der Bürge dem Schuldner, die essentialia des Bürgschaftsvertrages später einzutragen und unterschreibt schon im Voraus.
Bürgschaft § 765 ff. BGB	Eine Bürgschaft ist ein im Schuldrecht gesondert geregeltes akzessorisches Sicherungsmittel und einseitig verpflichtender Vertrag. Durch den Bürgschaftsvertrag verpflichtet sich der Bürge gegenüber dem Gläubiger eines Dritten, für die Erfüllung der Verbindlichkeit des Dritten einzustehen.
CISG	Convention on Contracts for the International Sale of Goods. CISG ist die englische Abkürzung für das UN-Kaufrecht, ein dem internationalen Einheitsrecht zuzurechnendes Übereinkommen für das Internationale Kaufrecht.
Contracting § 556 c BGB	Unter contracting versteht man einen Vertrag des Gebäudeeigentümers mit einem Wärmelieferanten, der sowohl die Beschaffung des Brennstoffs als auch die Wartung der Anlage umfasst.
Darlehen §§ 488 ff. BGB	Bei einem Darlehensvertrag stehen die Überlassung eines Geldbetrags und die Zahlung etwa vereinbarter Zinsen im Gegenseitigkeitsverhältnis. Der Darlehensnehmer muss das Darlehen außerdem bei Fälligkeit ganz oder teilweise (etwa in Raten zurückzahlen.
Dienstvertrag § 611 BGB	Der Dienstvertrag hat ein Tätigwerden gegen Entgelt zum Gegenstand. Geschuldet wird der Dienst an sich. Für alle Dienstverträge umschreibt § 611 BGB die vertraglichen Hauptpflichten. Der Dienstverpflichtete schuldet danach die Erbringung der vereinbarten Dienste. Den Dienstberechtigten trifft im Gegenzug eine Vergütungspflicht. Beide Vertragspflichten stehen in einem synallagmatischen Verbund.

Zivilrecht

Begriff	Definition
Direktionsrecht des Arbeitgebers	Dem Arbeitgeber steht ein Direktionsrecht zu, das in § 106 GewO enthalten ist. Danach bestimmt der Arbeitgeber Inhalt, Ort und Zeit der Arbeitsleistung nach billigem Ermessen. Grenzen setzen der Arbeitsvertrag, zwingende gesetzliche Schutznormen, eine Betriebsvereinbarung und der Tarifvertrag.
Dispositives Vertragsrecht	Grundsätzlich sind die Bestimmungen über vertragliche Schuldverhältnisse im BGB dispositiv, so dass die Vertragsparteien etwas anderes vereinbaren können.
Due diligence	Die due diligence ist ein Prüfverfahren im Vorfeld des Abschlusses eines Unternehmenskaufvertrags, das den Sinn hat, Mängelansprüche des Käufers durch Beschaffenheitsvereinbarungen und Garantien zu sichern, die mit dem Kauf verbundenen Risiken zu ermitteln, den Wert des Unternehmens festzustellen und den Zustand des Unternehmens durch Sicherung der erforderlichen Beweise zu dokumentieren.
Einzelarbeitsvertrag § 611 BGB	Arbeitgeber und Arbeitnehmer können einen Einzelarbeitsvertrag abschließen, in dem sowohl das Entgelt als auch sämtliche sonstigen Arbeitsbedingungen im Einzelnen geregelt sind.
Fabrikneues Fahrzeug § 434 BGB	Der BGH hat vier Kriterien aufgestellt, die bei einem als fabrikneu verkauften Fahrzeug erfüllt sein müssen: Das Fahrzeug muss unbenutzt sein, das Modell des verkauften Fahrzeugs muss unverändert weitergebaut werden, das Fahrzeug darf keine durch längere Standzeit bedingten Mängel aufweisen und zwischen der Herstellung des Fahrzeugs und dem Abschluss des Kaufvertrages dürfen nicht mehr als zwölf Monate liegen.
Finanzierungsleasing	Beim Finanzierungsleasing sucht sich ein Kunde bei einem Händler einen Gegenstand aus, den er nutzen möchte. Der Händler schließt daraufhin mit dem Leasinggeber, regelmäßig einer Bank, einen Kaufvertrag, so dass der Leasinggeber den Gegenstand erwirbt. Sodann vereinbaren der Leasinggeber und der Leasingnehmer, also der Kunde, einen Leasingvertrag. Bei diesem steht die entgeltliche Gebrauchsüberlassung im Vordergrund, weswegen das Finanzierungsleasing als Mietvertrag qualifiziert wird.

BGB SchuldR | Vertragliche Schuldverhältnisse

Begriff	Definition
Franchisevertrag	Von einem Franchisevertrag ist die Rede, wenn ein Pachtvertrag die Überlassung der Gesamtheit von Rechten, wie gewerblichen Schutzrechten oder geistigem Eigentum, auf Zeit erfasst. Dabei kann es sich um gesetzlich geregelte Rechte wie die Marke, das Patent oder Nutzungsrechte an urheberrechtlichen Verwertungsrechten, seien es immaterielle Geschäftswerte wie Kundenstamm, Know-how oder Geschäftsbeziehungen, handeln.
Garantie § 443 BGB	Die Garantie wird meistens vom Hersteller gewährt, so dass der Käufer die Wahl hat, entweder Rechte aus der Garantie gegen den Hersteller oder Mängelrechte gegen den Verkäufer geltend zu machen. Die Garantie kann aber auch vom Verkäufer stammen. Dabei werden die kaufrechtlichen Ansprüche des Käufers gegen den Verkäufer aus dem Kaufvertrag erweitert. Man spricht von einer unselbstständigen Garantie. Der Verkäufer kann aber auch eine selbstständige Garantie abgeben. Dann tritt ein selbstständiger Vertrag neben den Kaufvertrag. Dagegen wird bei der Herstellergarantie stets ein selbstständiger Garantievertrag abgeschlossen. § 443 BGB unterscheidet zwischen Beschaffenheits- und Haltbarkeitsgarantie. Bei der Beschaffenheitsgarantie sagt der Garantiegeber zu, dass die Sache zum Zeitpunkt des Gefahrübergangs eine bestimmte Beschaffenheit aufweist. Die Haltbarkeitsgarantie ist gesetzlich definiert: Jede während einer bestimmten Frist auftauchende Abweichung von der betroffenen Beschaffenheit führt zum Garantiefall.
Gefahrübergang § 446 Satz 1 BGB	§ 434 Abs. 1 Satz 1 BGB nennt als Zeitpunkt, zu dem die Mangelfreiheit vorliegen muss, den Gefahrübergang. Der Gefahrübergang bezüglich der Sach- und Preisgefahr tritt regelmäßig gemäß § 446 Satz 1 BGB mit der Übergabe der Sache ein.
Gefälligkeitszuwendung	Kein (Schenkungs-Vertrag liegt bei einer Gefälligkeitszuwendung vor, z.B. bei einer Einladung auf eine Tasse Kaffee.
Gemeinsames Europäisches Kaufrecht (GEK)	Das Gemeinsame Europäische Kaufrecht ist ein Vorschlag der EU-Kommission für grenzüberschreitende Verbrauchsgüterkaufverträge. Es soll optional gelten, d.h. nur dann, wenn die Parteien es vereinbaren („opt-in").
Gemischte Schenkung	Wenn der Wille des Verkäufers darauf gerichtet ist, die Sache teilweise zu verschenken, spricht man von einer gemischten Schenkung.

Zivilrecht

Begriff	Definition
Gemischt-typischer Vertrag	Der gemischt-typische Vertrag ist ein Vertragstyp, der im Gesetz nicht ausdrücklich geregelt ist sondern sich aus unterschiedlichen Vertragstypen des BGB zusammensetzt.
Geschäftsbesorgung § 675 BGB	Die Geschäftsbesorgung ist die selbstständige oder unselbstständige, wirtschaftliche oder nicht wirtschaftliche, rechtsgeschäftliche oder tatsächliche Tätigkeit im fremden Interesse. Ein Dienstvertrag oder ein Werkvertrag kann eine Geschäftsbesorgung zum Gegenstand haben (§ 675 Abs. 1 BGB.
Grober Undank § 530 Abs. 1 BGB	Der Schenker kann die Schenkung wegen groben Undanks widerrufen (§ 530 Abs. 1 BGB. Nach der Rechtsprechung muss die schwere Verfehlung, von der § 530 Abs. 1 BGB spricht, objektiv eine gewisse Schwere und subjektiv eine tadelnswerte Gesinnung aufweisen.
Handschenkung § 518 BGB	Von einer Handschenkung spricht man, wenn eine nach § 518 Abs. 1 BGB erforderliche notarielle Beurkundung des Schenkungsvertrags nicht vorliegt und die Schenkung jedoch sogleich erbracht wird, so dass der Formmangel nach § 518 Abs. 2 BGB geheilt ist.
Hauptleistungspflichten § 433 Abs. 1 BGB	Hauptleistungspflichten ergeben sich unmittelbar aus dem zwischen den Vertragsparteien geschlossenen Vertrag. Es sind diejenigen Leistungs- und Gegenleistungspflichten, ohne deren Vereinbarung der Vertragsschluss nicht möglich ist. Sie stehen im Gegenseitigkeitsverhältnis (Synallagma. Im Kaufrecht ist der Verkäufer verpflichtet dem Käufer die Kaufsache zu übergeben und ihm das Eigentum an dieser zu verschaffen. Der Käufer ist dem Verkäufer wiederum verpflichtet, den vereinbarten Kaufpreis zu zahlen und die Kaufsache abzunehmen.
Immobiliarkredit	Der Darlehensnehmer muss regelmäßig eine Sicherheit stellen. Meist kommt es neben dem Abschluss des Darlehensvertrages zu einem zweiten Vertragsabschluss über eine Kreditsicherheit. Für den Darlehensgeber am günstigsten ist der sogenannte Immobiliarkredit. Hierbei bestellt der Schuldner des Darlehensvertrages eine Hypothek (§§ 1113 ff. BGB oder eine Grundschuld (§§ 1191 ff. BGB an einem Grundstück zugunsten des Gläubigers. Kommt der Schuldner seinen Verpflichtungen aus dem Darlehensvertrag nicht nach, kann der Gläubiger, regelmäßig also eine Bank, aus dem Grundstück Befriedigung erlangen, notfalls durch dessen Zwangsversteigerung.

BGB SchuldR | Vertragliche Schuldverhältnisse

Begriff	Definition
Individualreiserecht	Stellt sich der Reisende die einzelnen Elemente für seine Reise durch separate Verträge zusammen, d.h. er schließt etwa einen Beförderungsvertrag mit einem Beförderungsunternehmen und einen Beherbergungsvertrag mit einem Hotel ab, so spricht man von einer Individualreise und Individualreiserecht. Darauf sind die §§ 651a ff. BGB nicht anwendbar.
Innerbetrieblicher Schadensausgleich	Nach den von der Rechtsprechung entwickelten Prinzipien des innerbetrieblichen Schadensausgleichs haftet der Arbeitnehmer für einen Schaden, der auf eine betrieblich veranlasste Tätigkeit zurückgeht, nur bei Vorsatz und grober Fahrlässigkeit voll. Bei mittlerer Fahrlässigkeit tragen Arbeitgeber und Arbeitnehmer jeweils eine Quote, und bei leichter Fahrlässigkeit wird der Arbeitnehmer von der Haftung freigestellt.
Internationales Privatrecht	Bei Fällen mit Auslandsberührung muss man grundsätzlich erst fragen, welche Rechtsordnung zur Anwendung berufen ist. Für das Privatrecht wird diese Frage durch das sogenannte Internationale Privatrecht beantwortet, das in Deutschland im EGBGB geregelt ist. Dies wiederum ist für grenzüberschreitende Verträge seit dem 17.12.2009 durch die dem Unionsrecht zugehörige Rom I-Verordnung überlagert.
Inzahlungnahme § 433 Abs. 2 BGB	Beim Kauf einer neuen Sache gibt der Käufer seine alte gebrauchte Sache beim Verkäufer in Anrechnung auf den Kaufpreis in Zahlung. Die Rechtsprechung sieht hierin einen Kauf mit Ersetzungsbefugnis.
Kappungsgrenze § 558 Abs. 3 BGB	Der Mieter wird zusätzlich dadurch geschützt, dass die Kappungsgrenze gemäß § 558 Abs. 3 BGB eingehalten werden muss. Danach darf sich die Miete innerhalb von drei Jahren um nicht mehr als 20 % erhöhen. Die Kappungsgrenze beträgt nur 15 %, wenn sich die Wohnung in einem Gebiet befindet, in dem die ausreichende Versorgung mit Mietwohnungen zu angemessenen Bedingungen „besonders gefährdet" ist (§ 558 Abs. 3 Satz 2 BGB.
Kauf auf Probe §§ 454, 455 BGB	Der Kauf auf Probe ist in Kaufvertrag der unter der aufschiebenden oder auflösenden Bedingung (§ 158 BGB abgeschlossen wird, dass sich der Käufer zum Kauf entschließt.

Zivilrecht

Begriff	Definition
Kauf mit Ersetzungsbefugnis § 433 Abs. 2 BGB	Beim Kauf mit Ersetzungsbefugnis gibt der Käufer seine alte gebrauchte Sache beim Verkäufer in Anrechnung auf den Kaufpreis in Zahlung. Dieser spielt vor allem beim Autokauf eine Rolle. Diese Konstellation sieht die Rechtsprechung nicht als Tausch an, vielmehr wird dem Käufer lediglich die Befugnis eingeräumt, an Stelle eines Teils des Kaufpreises sein gebrauchtes Fahrzeug hinzugeben.
Kontrahierungszwang	Kontrahierungszwang ist die gesetzliche Verpflichtung für zumindest eine Vertragspartei, einen Vertrag zu schließen. Gesetzliche Kontrahierungszwänge sind im Bereich der Daseinsvorsorge zu finden, wo Diskriminierungen verhindert werden sollen.
Kostenmiete § 535 BGB	Im Gegenzug zur Förderung des sozialen Wohnungsbaus in der Zeit nach dem Zweiten Weltkrieg durften Eigentümer nur die sogenannte Kostenmiete verlangen, die sich aus einer im Einzelnen vorgeschriebenen Wirtschaftlichkeitsberechnung ergab.
Kündigung des Reisevertrags § 651i BGB	Der Reisende kann zwar jederzeit vom Reisevertrag zurücktreten, muss aber einen etwa vereinbarten pauschalen Schadensersatz, die sog. Stornogebühren, an den Reiseveranstalter zahlen.
Kündigung des Werkvertrags § 649 BGB	Der Besteller kann zwar den Werkvertrag jederzeit kündigen, muss aber die vereinbarte Vergütung zahlen. Davon ist lediglich das abzuziehen, was der Unternehmer durch die Kündigung erspart hat. Für den noch nicht erbrachten Teil der Werkleistung stehen ihm nach der Vermutung des § 649 Abs. 3 BGB mindestens 5 % der auf den nicht erbachten Teil der Werkleistung entfallenden Vergütung zu.
Kündigung des Darlehensvertrags §§ 489, 490 BGB	Bei einer gebundenen Sollzinsvereinbarung ist ein Darlehensvertrag spätestens nach zehn Jahren ordentlich kündbar, bei einem veränderlichen Sollzinssatz stets mit einer Kündigungsfrist von drei Monaten (§ 489 BGB). Der Darlehensgeber kann bei einer Vermögensverschlechterung des Darlehensnehmers außerordentlich kündigen, der Darlehensnehmer bei einem Immobiliarkredit mit gebundener Sollzinsvereinbarung, sofern er ein berechtigtes Interesse daran hat (§ 490 BGB.
Leihe § 598 BGB	Durch einen Leihvertrag wird eine Partei (Verleiher verpflichtet, der anderen Partei (Entleiher eine Sache unentgeltlich zum Gebrauch zu überlassen.

BGB SchuldR | Vertragliche Schuldverhältnisse

Begriff	Definition
Maklerklausel § 652 BGB	In Immobilienkaufverträgen werden häufig sog. Maklerklauseln aufgenommen, in denen der Käufer verspricht, den vom Verkäufer beauftragten Makler zu bezahlen. Je nach Ausgestaltung übernimmt der Käufer damit die Provisionszahlungspflicht des Käufers (Übernahmeklausel, oder es wird ein selbstständiges Provisionsversprechen des Käufers begründet.
Maklervertrag §§ 652 ff. BGB	Durch den Maklervertrag verpflichtet sich der Auftraggeber dem Makler die vereinbarte Vergütung zu bezahlen, wenn der vom Auftraggeber erstrebte Vertragsschluss durch Nachweis (sogenannter Nachweismakler oder Vermittlung des Maklers (sogenannter Vermittlungsmakler zustande gekommen ist. Der Makler ist zu einer Tätigkeit nicht verpflichtet.
Mängeleinrede § 438 Abs. 4, 5 BGB	Unabhängig vom allgemeinen Zurückbehaltungsrecht nach § 320 BGB steht dem Käufer gegenüber einem Kaufpreiszahlungsanspruch eine speziell kaufrechtliche Rücktritts- bzw. Minderungseinrede zu, sogenannte allgemeine Mängeleinrede. Diese ist aus der Verjährungsvorschrift des § 438 Abs. 4 Satz 2 BGB für den Rücktritt bzw. aus § 438 Abs. 5 BGB für die Minderung abzuleiten, wird nach h. M. aber nicht nur bei verjährten Ansprüchen angewendet. Nach § 438 Abs. 4, 5 BGB braucht der Käufer den Kaufpreis nicht bzw. anteilig nicht zu zahlen, wenn er eigentlich zurücktreten bzw. mindern könnte, ihm dies aber wegen § 218 BGB verwehrt ist.
Mangelfolgeschaden §§ 437 Nr. 3, 280 Abs. 1 BGB	Der Mangelfolgeschaden ist ein Schaden, der an anderen Rechtsgütern des Käufers als der Kaufsache eintritt. Er resultiert jedoch aus der Mangelhaftigkeit der Kaufsache selbst.
Mängelrechte § 437 BGB	Im Falle der nicht vertragsgemäß erbrachten Leistung seitens des Verkäufers kommen für den Käufer die in § 437 BGB genannten Ansprüche in Betracht. Aufgrund der Stufenfolge des § 437 BGB ist der Käufer zunächst auf einen Nacherfüllungsanspruch verwiesen, § 439 BGB, dem Recht der zweiten Andienung. Der Käufer kann bei der Nacherfüllung zwischen der Beseitigung des Mangels oder der Lieferung einer mangelfreien Sache wählen. Die Geltendmachung der Rechte der zweiten Stufe, nämlich der Rücktritt vom Vertrag nach den §§ 440, 323 und 326 Abs. 5 BGB oder die Minderung des Kaufpreises nach § 441 BGB, ist erst möglich, wenn der Nacherfüllungsanspruch gescheitert ist.

Zivilrecht

Begriff	Definition
Mängelrechte im Reiserecht §§ 651c ff. BGB	Bei einem Mangel (§ 651c Abs. 1 BGB muss der Reisende zunächst Abhilfe verlangen (§ 651c Abs. 2 BGB. Erfolgt keine Abhilfe, kann der Reisende zur Selbstabhilfe schreiten und die dabei anfallenden Kosten geltend machen (§ 651c Abs. 3 BGB. Wegen nicht behobener Mängel kann er mindern (§ 651d BGB und bei erheblichen Mängeln kündigen (§ 651e BGB. Außerdem steht ihm ggf. Schadensersatz zu (§ 651f BGB.
Mietvertrag § 535 ff. BGB	Das Mietrecht regelt jede entgeltliche Gebrauchsüberlassung von beweglichen wie unbeweglichen Sachen seitens des Vermieters an den Mieter.
Minderung § 441 BGB	Ist die Nacherfüllung gescheitert, kann der Käufer den Kaufpreis mindern. Dabei ist der Kaufpreis in dem Verhältnis herabzusetzen, in welchem der Wert der Sache in mangelfreiem Zustand zu dem wirklichen Wert gestanden haben würde. Im Zweifel ist der Minderwert zu schätzen.
Mindeststandardprinzip Art. 288 Abs. 3 AEUV	Nach dem Mindeststandardprinzip haben die Mitgliedstaaten bei der Umsetzung von Richtlinien der Europäischen Union noch einen Spielraum um ergänzende eigene Regelungen zu erlassen. Sie können über den Mindeststandard der Richtlinien hinausgehen.
Mitbürgschaft § 769 BGB	Sollen mehrere Bürgen für eine Hauptforderung verpflichtet werden, können diese als Gesamtschuldner haften, unabhängig davon, ob sie die Bürgschaft gemeinsam oder ohne eine Absprache übernommen haben. In diesem Fall handelt es sich um eine Mitbürgschaft.
Mittelbare Schenkung § 516 Abs. 1 BGB	Um eine mittelbare Schenkung handelt es sich, wenn der Schenker den zu schenkenden Gegenstand bei einem Dritten kauft und das Geschenk an den Beschenkten ausgeliefert wird, ohne sich jemals im Vermögen des Schenkers befunden zu haben, oder der Beschenkte den Schenkungsgegenstand mit Mitteln des Schenkers erwirbt.
Montageanleitung § 434 Abs. 2 Satz 2 BGB	Nach § 434 Abs. 2 Satz 2 BGB liegt ein Sachmangel bei einer zur Montage bestimmten Sache vor, wenn aufgrund unsachgemäßer Montageanleitung die Montage selbst fehlerhaft durchgeführt wurde. Man spricht auch von der „IKEA-Klausel".

BGB SchuldR | Vertragliche Schuldverhältnisse

Begriff	Definition
Nacherfüllung § 439 BGB	Bei einem Mangel hat der Käufer zunächst das Recht auf Nacherfüllung. Ihm steht dabei ein Wahlrecht zwischen einer Nachlieferung und einer Nachbesserung zu. Ist die Erfüllung eines dieser beiden Ansprüche unmöglich, so ist der Käufer auf das andere Recht beschränkt. Das Wahlrecht ist auch eingeschränkt, wenn die Erfüllung der vom Käufer gewählten Variante für den Verkäufer mit unverhältnismäßigen Kosten verbunden ist.
Nebenpflichten §§ 433 Abs. 1, 241 Abs. 2 BGB	Nebenpflichten können im Vertrag ausdrücklich geregelt sein, sich aus § 242 BGB oder gesetzlichen Spezialvorschriften ergeben. Sie stehen nicht im Synallagma und können u.a. der Sicherung der Hauptleistungspflichten dienen und diese ergänzen. Es kann sich dabei um Obhuts- und Schutzpflichten handeln, wenn der Verkäufer in den Kontakt mit Rechtsgütern des Käufers kommt. Weiterhin treffen den Verkäufer Aufklärungspflichten.
Ordentliche Kündigung § 573 BGB	Sowohl der Vermieter wie der Mieter können ordentlich kündigen. Der Mieter kann dies ohne Angabe eines Grundes unter Einhaltung der Kündigungsfristen nach § 573c BGB. Der Vermieter muss sich auf einen Kündigungsgrund nach § 573 BGB berufen können. Dies sind eine nicht unerhebliche schuldhafte Vertragspflichtverletzung des Mieters, Eigenbedarf und die angemessene wirtschaftliche Verwertung des Grundstücks.
Ortsübliche Vergleichsmiete § 558 BGB	Der Vermieter kann die Miete bis zur ortsüblichen Vergleichsmiete erhöhen (§ 558 BGB. Die ortsübliche Vergleichsmiete kann sich aus einem Mietspiegel ergeben. Dies ist eine Übersicht, die von der Gemeinde oder von den Interessenverbänden von Mietern und Vermietern gemeinsam erstellt oder anerkannt worden ist (§ 558c BGB. Ist ein Mietspiegel nicht vorhanden, kann die Höhe der ortsüblichen Vergleichsmiete auch durch ein Sachverständigengutachten oder durch Mieten aus dem Bestand des Vermieters nachgewiesen werden (§ 558a Abs. 2 BGB).
Pachtvertrag § 581 Abs. 1 BGB	Der Pachtvertrag ist ein gegenseitiger Vertrag, in dem sich der Verpächter verpflichtet, dem Pächter den Gebrauch und den Genuss der Früchte des verpachteten Gegenstandes für die Dauer des Vertrages zu gewähren und der Pächter dafür den vereinbarten Pachtzins zu zahlen hat.
Pauschalreiserecht §§ 651a ff. BGB	Wird durch einen Reiseveranstalter ein bereits fertig gebündeltes Paket von einzelnen Reiseleistungen, z.B. die Beförderung zum Urlaubsort, die Unterkunft oder etwa Ausflüge vor Ort, angeboten, spricht man von einer Pauschalreise und Pauschalreiserecht.

Zivilrecht

Begriff	Definition
Privatautonomie Art. 2 Abs. 1 GG	Die Privatautonomie wird als Grundrecht durch Art. 2 Abs. 1 GG gewährleistet und soll nach dem Verständnis des BVerfG gebieten, dass die Beteiligten des Privatrechtsverkehrs in die Lage versetzt werden, von der Vertragsfreiheit selbstbestimmt Gebrauch zu machen. Das BVerfG nennt dies materiale Vertragsfreiheit. Die Vertragsfreiheit besteht aus der Abschlussfreiheit, d.h. der Freiheit, einen Vertrag abzuschließen, und der Inhaltsfreiheit, d.h. der Freiheit, den Inhalt des Vertrags grundsätzlich selbst zu bestimmen.
Ratenlieferungsvertrag § 510 BGB	Der Ratenlieferungsvertrag ist ein Vertrag zwischen einem Unternehmer und einem Verbraucher, der die Lieferung mehrerer als zusammengehörend verkaufter Sachen in Teilleistungen zum Gegenstand hat und bei dem das Entgelt für die Gesamtheit der Sachen in Teilzahlungen zu entrichten ist, oder die regelmäßige Lieferung von Sachen gleicher Art zum Gegenstand hat, oder die Verpflichtung zum wiederkehrenden Erwerb oder Bezug von Sachen zum Gegenstand hat.
Rechte bei einem Mangel der Mietsache §§ 536, 536a BGB	Der Mieter kann wegen eines Mangels die Miete mindern (§ 536 BGB). Außerdem hat er einen Schadensersatzanspruch, der bei nach Vertragsschluss entstandenen Mängeln Verschulden des Vermieters voraussetzt (§ 536a BGB).
Rechte bei werkvertraglichen Mängeln § 634 BGB	Der Besteller kann bei einem Mangel zunächst Nacherfüllung verlangen, wobei der Unternehmer nach seiner Wahl den Mangel zu beseitigen oder ein neues Werk herzustellen hat (§§ 634 Nr. 1, 635 BGB). Scheitert die Nacherfüllung, kann der Besteller Kosten einer Selbstvornahme verlangen (§§ 634 Nr. 2, 637 BGB), zurücktreten, mindern oder Schadensersatz verlangen (§ 634 Nr. 3 und 4 BGB).
Rechtsmangel § 435 BGB	Ist die Sache mit dem Recht eines Dritten belastet, das der Verkäufer nicht beseitigen kann, so weist die Sache einen Rechtsmangel auf.
Richtlinie Art. 288 Abs. 3 AEUV	Die Richtlinie ist ein Rechtsetzungsinstrument der Europäischen Union, welches nicht unmittelbar in den Mitgliedstaaten wirkt, sondern von diesen erst in mitgliedstaatliches Recht umgesetzt werden muss.
Richtlinienkonforme Auslegung Art. 288 Ab. 3 AEUV	Bei der Auslegung von Unionsrecht umsetzenden Vorschriften müssen die Zielsetzung und der Wortlaut der jeweils transformierten Richtlinie beachtet werden. Man spricht von richtlinienkonformer Auslegung.

BGB SchuldR | Vertragliche Schuldverhältnisse

Begriff	Definition
Rücktritt § 323 BGB	Ist die Nacherfüllung gescheitert, kann der Käufer zurücktreten, jedoch nur bei einem wesentlichen Mangel. Dazu muss eine angemessene Nachfrist zur Nacherfüllung erfolglos abgelaufen sein, die in den in § 323 Abs. 2 aufgezählten Fällen und bei Unzumutbarkeit (§ 440 BGB) jedoch entbehrlich ist.
Sachmangel § 434 BGB	Gemäß § 434 Abs. 1 Satz 1 BGB ist ein Sachmangel gegeben, wenn die Sache bei Gefahrübergang nicht die vereinbarte Beschaffenheit aufweist. Gemäß § 434 Abs. 1 Satz 2 Nr. 1 BGB liegt ein Sachmangel vor, wenn sich die Sache nicht für die nach dem Vertrag vorausgesetzte Verwendung eignet. Schließlich stellt § 434 Abs. 1 Satz 2 Nr. 2 BGB auf die Geeignetheit der Sache zur gewöhnlichen Verwendung sowie die Beschaffenheit der Sache, die bei Sachen der gleichen Art üblich ist, ab. Faustformel: Ein Sachmangel liegt bei einer negativen Abweichung der Istbeschaffenheit von der vereinbarten Sollbeschaffenheit der Kaufsache vor.
Schenkung § 516 Abs. 1 BGB	Die Schenkung ist ein Vertrag, der von zwei Parteien, dem Schenker und dem Beschenkten, grundsätzlich nach den Regeln der §§ 145 ff. BGB abgeschlossen werden muss. Sie ist die unentgeltliche Zuwendung des Schenkers an den Beschenkten. Wird die Schenkung nicht sofort vollzogen (siehe Handschenkung), muss das Schenkungsversprechen notariell beurkundet werden (§ 518 BGB).
Schuldbeitritt	Beim Schuldbeitritt übernimmt der Beitretende die Schuld neben dem bisherigen Schuldner als eigene auf gleicher Stufe neben dem anderen Schuldner und nicht nachrangig wie bei der Bürgschaft. Der Beitretende muss einen eigenen Verpflichtungswillen und ein eigenes wirtschaftliches Interesse haben.
Schuldverhältnis, vertragliches/ gesetzliches	Ein Schuldverhältnis ist ein zwischen zwei oder mehreren Personen bestehendes Rechtsverhältnis, welches zumindest einseitig geschuldete Pflichten begründet. Zu unterscheiden sind vertragliche, vertragsähnliche und gesetzliche Schuldverhältnisse.

Zivilrecht

Begriff	Definition
Schuldversprechen und Schuldanerkenntnis § 780 f. BGB	Schuldversprechen und Schuldanerkenntnis sind einseitig verpflichtende Verträge, in denen der Schuldner unabhängig von dem Bestehen eines Schuldgrundes eine Leistung verspricht (§ 780 BGB – Schuldversprechen) bzw. eine bereits bestehende Schuld anerkennt (§ 781 BGB – Schuldanerkenntnis). Beim abstrakten Rechtsgeschäft entsteht die Forderung unabhängig davon, ob eine wirksame Zweckabrede zu Grunde liegt und der vereinbarte Zweck erreicht wird oder nicht. Bei Fehlen oder Unwirksamkeit der Zweckabrede kann das abstrakte Schuldversprechen jedoch kondiziert werden. Im Gegensatz zum abstrakten Schuldanerkenntnis ist das kausale (sinngleich: deklaratorische bzw. bestätigende) Anerkenntnis nicht auf die Begründung einer eigenständigen Verpflichtung, sondern auf die Bestätigung einer bereits bestehenden Schuld gerichtet.
Selbstschuldnerische Bürgschaft § 773 BGB	Dem Bürgen steht grundsätzlich die Einrede der Vorausklage zu, d.h. der Gläubiger muss nachweisen, dass er die Zwangsvollstreckung gegen den Hauptschuldner ergebnislos betrieben hat. Auf die Einrede der Vorausklage kann aber nach § 773 BGB verzichtet werden, so dass der Gläubiger direkt vom Bürgen Befriedigung verlangen kann (selbstschuldnerische Bürgschaft).
Selbstvornahme im Kaufrecht	Kommt der Verkäufer seiner Pflicht zur Nacherfüllung trotz Fristsetzung oder in den Fällen der Entbehrlichkeit der Fristsetzung nicht nach, kann der Käufer den Mangel selbst oder durch einen Dritten beseitigen lassen und die notwendigen Kosten dafür vom Verkäufer im Rahmen der § 280 Abs. 1, 3 i.V.m. § 281 oder § 283 BGB fordern, was allerdings Verschulden am Eintritt des Mangels voraussetzt. Anders als im Werkvertrag (§ 637 BGB) und bei der Miete (§ 536a BGB) ist beim Kaufvertrag kein verschuldensunabhängiges Recht des Käufers zur Selbstvornahme der Mängelbeseitigung normiert.
Sicherungseigentum	Der Darlehensnehmer muss regelmäßig eine Sicherheit stellen. Beim Sicherungseigentum überträgt der Sicherungsgeber das Eigentum an einer Sache dem Sicherungsnehmer (meist eine Bank). Der Sicherungsgeber bleibt jedoch im Besitz der Sache und kann diese weiterhin nutzen. Wer z.B. ein Auto kauft und es durch einen Bankkredit finanziert, wird i.d.R. das Eigentum an dem Fahrzeug der Bank bis zur vollständigen Tilgung des Darlehens sicherungshalber übereignen müssen.

BGB SchuldR | Vertragliche Schuldverhältnisse

Begriff	Definition
Sittenwidrigkeit einer Bürgschaftsvereinbarung § 138 Abs. 1 BGB	Eine Bürgschaft ist sittenwidrig, wenn zwischen dem Bürgen und dem Hauptschuldner ein Näheverhältnis besteht und die Rückzahlungsverpflichtung den Bürgen krass überfordert. Dies ist der Fall, wenn ein grobes Missverhältnis zwischen dem Umfang der Bürgschaftsverpflichtung und der Leistungsfähigkeit des Bürgen besteht. Als Indiz für die fehlende Leistungsfähigkeit wird angesehen, dass der Bürge nicht einmal in der Lage ist, die laufenden Zinsen aus eigenen Mitteln aufzubringen.
Sittenwidrigkeit im Darlehensrecht § 138 Abs. 1 BGB	Ein Darlehensvertrag ist sittenwidrig und nach § 138 Abs. 2 BGB nichtig, wenn (objektiv) ein auffälliges Missverhältnis zwischen den Leistungen des Darlehensgebers und den Gegenleistungen des Darlehensnehmers besteht und (subjektiv) der Darlehensgeber die wirtschaftlich schwache Lage des Darlehensnehmer bewusst bei der Gestaltung der Vertragsbedingungen ausnutzt oder er sich zumindest leichtfertig der Erkenntnis verschließt, dass der Darlehensnehmer sich nur aufgrund seiner schwächeren Lage auf die Vertragsbedingungen einlässt. Objektiv ist die Sittenwidrigkeit anzunehmen, wenn das zu zahlende Entgelt mehr als das Doppelte des durchschnittlichen Marktzinses beträgt.
Subunternehmen im Bauvertrag	Ein Bauunternehmer kann sich der Gewährleistung bei einem Bauvertrag nicht dadurch entziehen, dass er dem Kunden lediglich seine Ansprüche gegen Handwerker und andere Subunternehmer abtritt. Zwar kann vereinbart werden, dass der Kunde sich zunächst an die Subunternehmen halten muss, doch haftet der Bauunternehmer, wenn sich diese Ansprüche nicht durchsetzen lassen.
Tarifvertrag	Tarifverträge werden zwischen Gewerkschaften und Unternehmensverbänden oder auch mit einem einzelnen Unternehmen (Haustarifvertrag abgeschlossen. Sie regeln nicht nur das Entgelt (Lohntarifvertrag), sondern auch die sonstigen Arbeitsbedingungen (Manteltarifvertrag). Der Tarifvertrag gilt für die tarifgebundenen Arbeitnehmer (Gewerkschaftsmitglieder) und Arbeitgeber, ansonsten durch Bezugnahme im Einzelarbeitsvertag.
Tausch § 480 BGB	Der Tausch ist ein einheitlicher Vertrag, bei dem beide Vertragsparteien sowohl Verkäufer wie Käufer sind. Abzugrenzen ist dies vom Doppelkauf, bei dem zwei Kaufverträge abgeschlossen werden, wobei die Parteien zwischen ihrer Rolle als Verkäufer und Käufer wechseln. Die Parteien müssen beide Transaktionen als unabhängig voneinander gewollt haben.

Zivilrecht

Begriff	Definition
Teilzahlungsgeschäft § 506 Abs. 3 BGB	Teilzahlungsgeschäfte sind Verträge über die Lieferung von Sachen oder die Erbringung von Dienstleistungen, bei denen die Gegenleistung nicht auf einmal erbracht wird, sondern in Raten.
Teilzeitwohnungsrecht/ Timesharing §§ 481 ff. BGB	Unter einem Teilzeitwohnungsrecht versteht man ein wiederkehrendes Nutzungsrecht an einer Ferienimmobilie für einige Wochen im Jahr, das durch eine Einmalzahlung erworben wird. Je nach Ausgestaltung handelt es sich dabei um einen Rechtskauf oder um einen Mietvertrag. Man spricht auch von Timesharing.
Tilgungsreihenfolge im Darlehensrecht § 497 Abs. 3 BGB	Nach der Grundregel des § 367 Abs. 1 BGB werden bei Teilleistungen, die nicht die ganze fällige Schuld erreichen, zunächst die Kosten, dann die Zinsen und erst zuletzt die Hauptleistung getilgt. Ein Darlehensnehmer, der nur Teilleistungen erbringt, würde nach dieser Vorschrift Gefahr laufen, stets Zinsen zu bezahlen, ohne jemals zur Tilgung der Hauptverbindlichkeit zu gelangen. Man spricht deswegen von der sogenannten Schuldturmproblematik. Der Gesetzgeber hat deswegen in § 497 Abs. 3 BGB die Reihenfolge umgedreht, so dass zunächst die Hauptverbindlichkeiten und erst dann die Zinsen beglichen werden.
Unbenannte Zuwendung; Ehebedingte Zuwendung	Auch Schenkungen unter Ehegatten sind regelmäßig keine Schenkungen i.S. der §§ 516 ff. BGB. Man spricht von einer kausalen Verknüpfung, weil der Beschenkte sich in bestimmter Weise verhalten hat oder soll, etwa die Ehe eingegangen ist oder sich nicht scheiden lassen soll. Derartige Zuwendungen werden unbenannte Zuwendungen, auch ehebedingte Zuwendungen, genannt.
UN-Kaufrecht	→ CISG
Unternehmenskauf § 453 BGB	Der Unternehmenskauf findet entweder als asset deal oder als share deal statt. Der asset deal ist eine Unternehmensübertragungsform bei der sich der Verkäufer zur Übertragung aller zum Unternehmen gehörenden Sachen und Rechte und sonstiger Gegenstände, d.h. auch zur Übertragung der Firmengrundstücke, der beweglichen Sachen, der Firma (als Name des Kaufmanns), der Marken, Lizenzen, Kundschaft, Geschäftsgeheimnisse im Wege der Einzelübertragung verpflichtet. Der share deal ist eine Unternehmensübertragungsform bei der eine Übertragung sämtlicher Geschäftsanteile des Unternehmens an einen oder mehrere Erwerber stattfindet. Kaufgegenstand ist hier der Gesellschaftsanteil an sich. Im Mittelpunkt steht

BGB SchuldR | Vertragliche Schuldverhältnisse

Begriff	Definition
	also die Übertragung von Aktien einer AG, von GmbH-Geschäftsanteilen, von Anteilen einer OHG oder einer KG, einer Partnerschaftsgesellschaft oder einer GbR.
Unternehmer § 14 Abs. 1 BGB	Unternehmer ist eine natürliche oder juristische Person oder eine rechtsfähige Personengesellschaft, die bei Abschluss eines Rechtsgeschäfts in Ausübung ihrer gewerblichen oder selbstständigen beruflichen Tätigkeit handelt.
Unternehmerpfandrecht § 647 BGB	Als Ausgleich für das vom Unternehmer zu tragende Vorleistungsrisiko steht ihm gemäß § 647 BGB ein gesetzliches Besitzpfandrecht an den vom Besteller eingebrachten beweglichen Sachen zu. Nach der Konzeption des Gesetzes gebührt dem Unternehmer dieses sog. Unternehmerpfandrecht allerdings nur, wenn sich die vom Besteller eingebrachten Gegenstände in seinem Eigentum befunden haben.
Untervermietung § 553 BGB	Der Mieter hat einen Anspruch auf Erlaubnis zur Untervermietung, wenn er ein berechtigtes Interesse hat (§ 553 Abs. 1 BGB). Er verletzt aber seine vertraglichen Pflichten, wenn er ohne Erlaubnis untervermietet, was den Vermieter zur Kündigung berechtigen kann.
Verbraucher § 13 BGB	Verbraucher ist jede natürliche Person, die ein Rechtsgeschäft zu einem Zwecke abschließt, der weder ihrer gewerblichen noch ihrer selbstständigen beruflichen Tätigkeit zugerechnet werden kann.
Verbraucherdarlehen §§ 491 ff. BGB	Ein Darlehensvertrag zwischen einem Verbraucher und einem Unternehmer unterliegt zahlreichen zwingenden vertragsrechtlichen Vorschiften, u.a. umfangreichen Informationspflichten (§ 491a BGB) und einem Widerrufsrecht (§ 495 BGB). Diese Regelungen sind weitgehend auf die EU-Verbraucherkredit-Richtlinie von 2008 zurückzuführen.
Verbrauchsgüterkauf § 474 ff. BGB	Ein Verbrauchsgüterkaufvertrag ist ein zwischen einem Verbraucher als Käufer und einem Unternehmer als Verkäufer geschlossener Kaufvertrag über eine bewegliche Sache.
Verjährung § 438 BGB	Nach Eintritt der Verjährung können entstandene Ansprüche nicht mehr geltend gemacht werden. Mängelgewährleistungsrechte verjähren im Kaufrecht bei beweglichen Sachen nach dem Ablauf von zwei Jahren. Bei gebrauchten Gütern kann die Verjährungsfrist auf ein Jahr herabgesetzt werden. Die Verjährung beginnt mit der Ablieferung. Bei Bauwerken beträgt die Verjährung fünf Jahre.

Zivilrecht

Begriff	Definition
Vermieterpfandrecht § 562 BGB	Dem Vermieter steht an den vom Mieter eingebrachten Sachen ein Pfandrecht zu, d.h. er kann die Sachen des Mieters im Wege der öffentlichen Versteigerung verwerten, falls der Mieter seine Miete nicht zahlt.
Vermittlungsvertrag im Reiserecht § 651a BGB	Der Pauschalreisevertrag ist von dem bloßen Vermittlungsvertrag abzugrenzen, der regelmäßig zwischen einem Reisebüro und dem Reiseinteressenten geschlossen wird. Dabei kommt es maßgeblich darauf an, ob das Reisebüro dem Reisenden einzelne Leistungen bloß vermittelt und der Reisende mithin mit den sogenannten Leistungsträgern (also dem Luftfahrtunternehmen oder dem Hotelier) kontrahiert oder ob das Reisebüro die Reise in eigener Verantwortung erbringen will.
Vertragsfreiheit	→ Privatautonomie
Vertragsrecht	Das Vertragsrecht ist im BGB nicht einheitlich geregelt. Es verteilt sich auf den Allgemeinen Teil (Bsp.: Vertragsschluss, den Allgemeinen Teil des Schuldrechts (Bsp.: Leistungsstörungen) und den besonderen Teil des Schuldrechts, der besondere Vorschriften für die jeweiligen Vertragstypen (Bsp.: Kaufrecht), Mietrecht enthält.
Verwahrungsvertrag §§ 688 ff. BGB	Der Verwahrer ist aufgrund des Verwahrungsvertrags dazu verpflichtet, eine ihm vom Hinterleger übergebene Sache aufzubewahren, § 688 BGB. Ihn treffen Obhutspflichten, und er muss Raum zur Aufbewahrung zur Verfügung stellen.
Verwendungsrisiko des Mieters § 537 Abs. 1 BGB	Es ist Sache des Mieters, ob er die gemietete Sache so benutzen kann, wie er dies vorgesehen hat. § 537 Abs. 1 BGB weist dem Mieter das Verwendungsrisiko zu.
VOB/B	In Bauverträgen werden häufig die sogenannten „Allgemeinen Vertragsbedingungen für die Ausführung von Bauleistungen Teil B" (VOB/B) vereinbart. Diese sind Allgemeine Geschäftsbedingungen besonderer Art. Sie sind innerhalb des deutschen Vergabe- und Vertragsausschusses (DVA) von den öffentlichen Dienststellen, die Bauaufträge vergeben, einerseits und den Spitzenorganisationen der im Bereich des öffentlichen Bauauftragswesens tätigen Unternehmen andererseits vereinbart.

BGB SchuldR | Vertragliche Schuldverhältnisse

Begriff	Definition
Vollamortisation beim Finanzierungsleasing	Die Vertragslaufzeit beim Finanzierungsleasing wird meistens so berechnet, dass sie die Lebensdauer des Gegenstandes nahezu ausschöpft, so dass mit den Leasingraten der Gegenwert des Gegenstandes nebst Verzinsung erbracht wird. Man spricht dann von Vollamortisation. Werden die für die Anschaffung des Gegenstandes getätigten Aufwendungen und Kosten hingegen nicht vollständig gedeckt, liegt lediglich eine Teilamortisation vor.
Vollharmonisierung und Richtlinien Art. 288 Abs. 3 AEUV	Vollharmonisierung bedeutet, im Gegensatz zum Mindeststandardprinzip, dass die Mitgliedstaaten bei der Umsetzung von Richtlinien der Europäischen Union keinen Spielraum mehr zu ergänzenden eigenen Regelungen haben und die Richtlinien 1 : 1 umsetzen müssen.
Vorfälligkeitsentschädigung § 502 BGB	Nach § 501 BGB vermindern sich bei einer vorzeitigen Kündigung des Darlehensvertrags die Gesamtkosten um die Zinsen und sonstigen laufzeitabhängigen Kosten, die auf die Zeit nach der Fälligkeit oder Erfüllung entfallen. Der Darlehensgeber darf jedoch eine sog. Vorfälligkeitsentschädigung verlangen, § 502 BGB. Für deren Berechnung gibt die Rechtsprechung Kriterien vor, die darauf hinauslaufen, dass der Bank der Gewinnanteil in den Zinsen, die sie nicht mehr erhält, zusteht (sog. Zinsmargenschaden). Die Vorfälligkeitsentschädigung darf 1 % des vorzeitig zurückgezahlten Betrags nicht übersteigen.
Vorkauf §§ 463 ff. BGB	Beim Vorkauf vereinbart ein Dritter, der Vorkaufsberechtigte, mit dem Verkäufer, dass er die Sache zu denselben Bedingungen wie der Käufer erwerben darf, wenn der Verkäufer die Kaufsache zu veräußern beabsichtigt. Es muss zu einem Vertragsschluss zwischen Verkäufer und Käufer kommen (Vorkaufsfall).
Werklieferungsvertrag § 651 BGB	Haben sich die Parteien über die Lieferung einer noch herzustellenden oder zu erzeugenden beweglichen Sache geeinigt, so handelt es sich um einen sog. Werklieferungsvertrag.
Werkvertrag § 631 BGB	Der Werkvertrag hat ein Tätigwerden gegen Entgelt zum Gegenstand. Nach dem Inhalt des Werkvertrages hat der Unternehmer das versprochene „Werk" herzustellen (§ 631 Abs. 1 BGB). Geschuldet wird der tatsächliche Erfolg. Deshalb schuldet der Besteller den Werklohn erst dann, wenn der Unternehmer das vereinbarte Arbeitsergebnis erzielt hat.

Zivilrecht

Begriff	Definition
Wiederkauf §§ 456 ff. BGB	Beim Wiederkauf wird dem Verkäufer die Möglichkeit eines Rückkaufs der Kaufsache eingeräumt. Die Rechtsprechung geht davon aus, dass hier bereits durch den ursprünglichen Kaufvertrag ein aufschiebend bedingter Rückkaufvertrag abgeschlossen wird.
Wucherähnliches Rechtsgeschäft § 138 Abs. 1 BGB	Bei der Nichtigkeit von Darlehensverträgen spielt § 138 Abs. 2 BGB eine wesentlich geringere Rolle als § 138 Abs. 1 BGB, obwohl § 138 Abs. 2 BGB der eigentliche Wuchertatbestand ist. Er setzt jedoch voraus, dass der Wucherer die Schwächesituation des anderen ausbeutet. Diese hohen Voraussetzungen liegen selten vor. Die Rechtsprechung nimmt jedoch einige der Tatbestandsmerkmale des § 138 Abs. 2 BGB in den Begriff der Sittenwidrigkeit des Abs. 1 hinein und setzt dabei die subjektive Schwelle herab. Man spricht deswegen auch von einem wucherähnlichen Rechtsgeschäft, das auf § 138 Abs. 1 BGB gestützt wird.
Zahlungsdiensterahmenvertrag § 675 f BGB	Durch einen Zahlungsdiensterahmenvertrag wird der Zahlungsdienstleister verpflichtet, für den Zahlungsdienstnutzer einzelne und aufeinander folgende Zahlungsvorgänge auszuführen sowie gegebenenfalls für den Zahlungsdienstnutzer ein auf dessen Namen oder die Namen mehrerer Zahlungsdienstnutzer lautendes Zahlungskonto zu führen.
Zahlungsdienstevertrag § 675 f BGB	Der Zahlungsdienstevertrag verpflichtet den Zahlungsdienstleister (also die Bank) für den Zahler (den Bankkunden) bzw. dem Zahlungsempfänger einen Zahlungsvorgang (nach § 675 f Abs. 3 BGB) eine jede Bereitstellung, Übermittlung oder Abhebung eines Geldbetrags auszuführen.
Zahlungskartenverlust §§ 675l, 675v BGB	Der Zahler, also der Bankkunde, ist verpflichtet, die in dem Zahlungsauthentifizierungsinstrument enthaltenen personalisierten Sicherheitsmerkmale vor unbefugtem Zugriff zu schützen und Verlust, Diebstahl oder unbefugte Verwendung unverzüglich anzuzeigen (§ 675 l BGB). Die Haftung des Zahlungsdienstnutzers ist in diesem Fall auf 150 Euro begrenzt (§ 675v Abs. 1 BGB).
Zurückbehaltungsrecht § 320 BGB	Der Verkäufer kann ebenso wie der Käufer seine Leistung verweigern, bis die Gegenleistung bewirkt ist. Der Käufer braucht also den Kaufpreis nicht zu entrichten, wenn ihm – vertragswidrig – die Kaufsache nicht oder nicht mangelfrei übergeben wird – und umgekehrt. Abstrakter formuliert: Der Käufer braucht nicht zu leisten, solange sein Erfüllungsanspruch noch nicht befriedigt ist.

BGB SchuldR | Vertragliche Schuldverhältnisse

Begriff	Definition
Zweckschenkung	Eine sogenannte Zwecksschenkung lässt die Unentgeltlichkeit nicht entfallen. Der Beschenkte erbringt zwar eine Leistung, die aber weder eine Gegenleistung noch eine Auflage gemäß § 525 BGB ist. Vielmehr ist die Zweckerreichung Geschäftsgrundlage der Schenkungsabrede. Der Beschenkte übernimmt bspw. Dienstleistungen in dem Haus, das ihm geschenkt wird. Verpflichtet er sich dazu, handelt es sich um eine Schenkung unter Auflagen. Hat die Übernahme der vom Schenker erwarteten Leistung keinen verpflichtenden Charakter, liegt eine Zweckschenkung vor.
Zwingendes Vertragsrecht	Zwingendes Vertragsrecht steht nicht zur Disposition der Vertragsparteien. Es soll verhindern, dass eine Vertragspartei von der anderen benachteiligt wird.

Schuldrecht
Vertragliche Schuldverhältnisse
Von Prof. Dr. Klaus Tonner
3. Aufl. 2013, 298 S., brosch., 24,– €
ISBN 978-3-8487-0275-6

BGB Schuldrecht
Gesetzliche Schuldverhältnisse

Begriff	Definition
Abstraktions- und Trennungsprinzip	Schuldrechtliche Verpflichtung und dingliche Verfügung sind auseinander zu halten. Eine Verfügung kann auch wirksam sein, wenn es an einer wirksamen Verpflichtung hierfür fehlt.
Adäquanztheorie § 823 Abs. 1 BGB	Adäquat kausal ist nur, was nach dem regelmäßigen Verlauf der Dinge, also nach der gewöhnlichen Lebenserfahrung, geeignet ist, einen Erfolg der fraglichen Art herbeizuführen.
Alternativtäterschaft § 830 Abs. 1 S. 2 BGB	Liegt vor, wenn zwei oder mehrere Handlungen begangen wurden, die alternativ den konkreten Schaden verursacht haben oder ihn kumulativ verursacht haben könnten. Im Außenverhältnis haften die Beteiligten als Gesamtschuldner (§ 840 BGB), ohne dass festgestellt werden muss, in welchem Maße jeder von ihnen den Schaden verursacht hat (Innenverhältnis: §§ 421, 426 ff. BGB). Siehe auch → *Anteilszweifel*.
Anteilszweifel § 830 Abs. 1 S. 2 BGB	Es lässt sich nicht mehr aufklären, welchen genauen Anteil welcher Schädiger an der konkreten Einbuße hat. Solange feststeht, dass alle Ursachenbeiträge kumulativ zu dem Gesamtschaden geführt haben, kann der Geschädigte jeden der Schädiger in voller Höhe in Anspruch nehmen. Für jede der Handlungen muss feststehen, dass sie den Schaden hätte verursachen können. Der wirkliche Urheber der schadensstiftenden Handlung darf nicht feststehen.
„Anweisung" (i.e.S.) § 823 Abs. 1 S. 1, 1. Alt. BGB	Schriftliche Leistungsermächtigung, die demjenigen ausgehändigt wird, der einen Leistungsgegenstand erhalten soll (Legaldefinition in § 783 BGB).
„Anweisung" (im bereicherungsrechtlichen Sinne) § 812 Abs. 1 S. 1, 1. Alt. BGB	Erklärung, durch die ein Schuldner (Anweisender) einem Auftragnehmer (Angewiesener, meist eine Bank) die Weisung erteilt, dem Gläubiger des Anweisenden (Anweisungsempfänger) einen Gegenstand (meist eine Geldzahlung) zuzuwenden.
Äquivalenzinteresse §§ 823 ff. BGB	Interesse des Gläubigers einer Sachschuld an der Mangelfreiheit einer vertraglich geschuldeten Leistung. Die Haftung im Rahmen der vertraglichen Gewährleistung ist auf dieses Interesse beschränkt.

BGB SchuldR | Gesetzliche Schuldverhältnisse

Begriff	Definition
Äquivalenztheorie § 823 Abs. 1 BGB	Äquivalent kausal ist jede Bedingung, die nicht hinweggedacht werden kann, ohne dass der Erfolg in Form der Rechtsgutsverletzung entfiele. („condicio sine qua non-Formel")
„Auf Kosten"	
■ § 812 Abs. 1 S. 1, 1. Alt. BGB	Bei der Leistungskondiktion hat das Merkmal nach h. M. (→ *Trennungslehre*) keine Bedeutung, da die Parteien des Bereicherungsverhältnisses bereits durch die Leistungsbeziehung bestimmt werden.
■ § 812 Abs. 1 S. 1, 2. Alt. BGB	Bei der Nichtleistungskondiktion bestimmt das Kriterium den Gläubiger der Kondiktion; eine Bereicherung erfolgt auf Kosten dessen, dem nach der Rechtsordnung der Gegenstand oder sein Wert gebührt → Lehre vom *Zuweisungsgehalt*.
Aufwendungskondiktionen § 812 Abs. 1 S. 1, 2. Alt. BGB	Form der Nichtleistungskondiktion, bei der die Vermögensverschiebung durch eine Handlung des Entreicherten erfolgt, die sich nicht als Leistung darstellt. Man unterscheidet die Verwendungs- und die Rückgriffskondiktion. Die A. hat enge Berührungspunkte zum Recht der GoA.
Benutzer (eines Kfz) § 7 Abs. 3 StVG	Derjenige, der sich das Kfz als Fortbewegungsmittel dienstbar macht und sich dadurch hierüber Verfügungsmacht verschafft.
Bereicherung, aufgedrängte § 812 Abs. 1 S. 1, 2. Alt. BGB	Dem Bereicherten kommt ein Gegenstand ohne eigene Mitwirkung zu, der für seine persönlichen Planungen ohne oder nur von geringem Wert ist (siehe auch → *Verwendungskondiktion*).
Bereicherungsanspruch §§ 812 ff. BGB	„Soll nicht eine Vermögensminderung im Vermögen des Benachteiligten, sondern einen grundlosen Vermögenszuwachs im Vermögen des Bereicherten ausgleichen" (BGHZ 20, 345, 355).
■ Anspruchsgegner (Passivlegitimierter) §§ 812 ff. BGB	Bereicherter; derjenige, zu dessen Gunsten eine Vermögensmehrung stattgefunden hat.
■ Anspruchsteller (Aktivlegitimierter) §§ 812 ff. BGB	Entreicherter; derjenige, dem nach dem wirklichen Parteiwillen oder den Wertungen der Rechtsordnung der Gegenstand der Bereicherung gebührt.
■ Anspruchsziel §§ 812 ff. BGB	Gegenständliche oder wertgleiche Herausgabe des Bereicherungsgegenstandes, des bereicherungsrechtlichen „Etwas".

Zivilrecht

Begriff	Definition
■ Bereicherungsgegenstand („etwas erlangt") ■ § 812 Abs. 1 S. 1 BGB	Auf Tatbestandsebene: Mehrung des Vermögens auf Seiten des Bereicherungsschuldners. Darunter fällt jeder Vermögensvorteil im weitesten Sinne, d.h. jede Besserstellung der Vermögenssituation des Empfängers, auch in Form einer Dienstleistung (letzteres str.).
■ §§ 812 bzw. 818 BGB	Bei der Rechtsfolge: Was ist noch herauszugeben? Ist das erlangte „Etwas" noch gegenständlich oder wertmäßig im Vermögen des Empfängers vorhanden oder ist zwischenzeitlich Entreicherung eingetreten?
Bereicherungsverbot, schadensrechtliches §§ 249 ff., §§ 823 ff. BGB	Geschädigter darf durch die Reparation nicht besser gestellt werden, als er ohne Schädigung stünde.
Betrieb eines Kfz § 7 Abs. 1 StVG	Bewegung des Kfz im Straßenverkehr, das Be- und Entladen sowie das Parken auf einer Verkehrsstraße (der sog. „ruhende Verkehr"). Entscheidend ist, ob sich „eine von dem Kraftfahrzeug ausgehende Gefahr ausgewirkt hat und das Schadensgeschehen in dieser Weise durch das Kraftfahrzeug mitgeprägt worden ist" (BGH NJW 2005, 2081).
Bösgläubigkeit (des Bereicherungsschuldners) § 818Abs. 3, 4; § 819 Abs. 1 BGB	Bereicherungsschuldner wurde auf Herausgabe verklagt und hat die Klageschrift bereits erhalten (Rechtshängigkeit, §§ 261, 253, 269 Abs. 3 ZPO), vgl. § 818 Abs. 4 BGB. Dem Fall der Rechtshängigkeit einer Klage ist der Fall gleichgestellt, dass der Bereicherte → *Kenntnis* vom Mangel des Rechtsgrundes hat.
Dezentralisierter Entlastungsbeweis § 831 Abs. 1 S. 2 BGB	Bei Großbetrieben reicht es für die Exkulpation aus, dass diejenigen Angestellten, denen der Inhaber die Personalauswahl und -überwachung übertragen hat (typischerweise die Personalleitung), sorgfältig ausgewählt, instruiert und überwacht wurden. Dezentralisiert ist der Entlastungsbeweis, weil damit nunmehr die Zwischenperson die Auswahl, Kontrolle und Überwachung vornimmt. Die Verschuldensvermutung richtet sich somit faktisch gegen die nächst tiefere Entscheidungsebene.
Differenztheorie §§ 249 ff., §§ 823 ff. BGB	Ermittlung des Schadens durch Gegenüberstellung von dem am Markt erzielbaren Vermögenswert der Rechtsgüter des Geschädigten ohne Verletzungshandlung (hypothetische Vermögenslage) und mit Verletzungshandlung (reale Vermögenslage).

BGB SchuldR | Gesetzliche Schuldverhältnisse

Begriff	Definition
Durchlieferung § 812 Abs. 1 S. 1, 1. Alt. BGB	Schuldner liefert den geschuldeten Gegenstand nicht über eine Leistungskette an seinen eigenen Gläubiger, sondern die Lieferung erfolgt auf Geheiß dieses Gläubigers direkt an einen Dritten. Folge ist, dass die Durchlieferung gegenüber mehreren Beteiligten Leistung im bereicherungsrechtlichen Sinne sein kann.
Eigengeschäftsführung	
■ angemaßte (auch Geschäftsanmaßung) § 687 Abs. 2 BGB	Der Geschäftsführer weiß, dass es sich bei dem von ihm ausgeführten Geschäft um eine fremde Angelegenheit handelt, führt sie aber dennoch als seine eigene aus.
■ irrtümliche § 687 Abs. 1 BGB	Irrtümliche Führung eines nur objektiv fremden Geschäfts in der Meinung, man führe sein eigenes Geschäft.
Eigentumsverletzung § 823 Abs. 1 BGB	Jede Beeinträchtigung der gesetzlich umschriebenen Befugnisse des Eigentümers. Dazu gehören Entziehung, Substanzeingriff und Nutzungsbeeinträchtigung.
Eingriff § 812 Abs. 1 S. 1, 2. Alt. BGB	Ge- und Verbrauch von Gegenständen zum eigenen Nutzen, Verfügung über fremde Sachen, Nutzung fremden geistigen Eigentums (Urheber-, Patent-, Marken- und Musterrecht) ohne Lizenz sowie Verbindung, Vermischung und Verarbeitung fremder Sachen (§§ 946–950 BGB), Verfügung über ein fremdes Recht (§ 816 Abs. 1 BGB). Siehe auch → Lehre vom *Zuweisungsgehalt*.
Eingriff, betriebsbezogener (in das Recht am eingerichteten und ausgeübten Gewerbebetrieb) § 823 Abs. 1 BGB	Richtet sich unmittelbar und zielgerichtet gegen unternehmerische Einrichtungen oder Betätigungen eines individuellen Unternehmens als solches und nicht nur gegen vom Gewerbebetrieb ohne weiteres ablösbare Rechte oder Rechtsgüter.
Eingriffskondiktion § 812 Abs. 1 S. 1, 2. Alt. BGB	Die Bereicherung des Bereicherungsschuldners erfolgt nicht durch Leistung, sondern („in sonstiger Weise") durch → *Eingriff*.
§ 816 Abs. 1 BGB	Spezialfall der Eingriffskondiktion.
Einheitstäter, Begriff des § 830 BGB	Deliktstäter nach § 830 Abs. 1 S. 1, Abs. 2 BGB ist jeder, der einen Ursachenbeitrag liefert, sofern dieser Beitrag auf einem gemeinsamen Tatplan beruht. Eine Differenzierung nach dem Gewicht des Tatbeitrags erfolgt nicht.

Zivilrecht

Begriff	Definition
Einheitstheorie § 812 Abs. 1 S. 1 BGB	§ 812 Abs. 1 S. 1 BGB wird ein einheitlicher Bereicherungstatbestand entnommen, der Konstellationen zusammenfasst, die einem einheitlichen Prinzip der Rechtmäßigkeit des Habendürfens widersprechen. (Gegenansicht und h. M.: → *Trennungslehre*)
Entreicherung § 818 Abs. 3 BGB	Beim Bereicherten ist keine Vermögensmehrung mehr vorhanden; weder der Gegenstand selbst noch etwaig gezogene Nutzungen oder erhaltene Surrogate sind wertmäßig im Vermögen des Empfängers verblieben. Entscheidend hierfür ist eine wirtschaftliche Betrachtungsweise. Entreichernd wirken auch Minderungen im sonstigen Vermögen, die in unmittelbarem Zusammenhang mit der Bereicherung stehen und im Vertrauen auf das Behaltendürfen des Gegenstandes gemacht wurden.
Erfolgsunrecht, Lehre vom § 823 Abs. 1 BGB	Der Verletzungserfolg indiziert die Rechtswidrigkeit.
Erstattung (Reparation) §§ 249 ff., §§ 823 ff. BGB	Herstellung eines wirtschaftlich gleichwertigen Zustandes in der Güter- und Vermögenslage des Geschädigten, der Geschädigte ist nicht tatsächlich, wohl aber wirtschaftlich so zu stellen, wie er ohne das Schadensereignis stünde.
Fahrlässigkeit ■ einfache §§ 823 ff. BGB	Außerachtlassung der im Verkehr erforderlichen Sorgfalt (§ 276 Abs. 2 BGB).
■ grobe §§ 823 ff. BGB	Verletzung der im Verkehr erforderlichen Sorgfalt in einem besonders schweren Maße. Grob fahrlässig handelt, wer selbst einfachste Kontrollüberlegungen nicht anstellt.
Freiheit (i.S.d. § 823 Abs. 1 BGB)	Natürliches Gut, welches die Rechtsordnung als jedem Menschen zustehend anerkennt, nicht aber definiert. Darunter fällt nur die körperliche Fortbewegungsfreiheit, nicht die Entscheidungsfreiheit.
Fremdgeschäftsführungswille § 677; § 687 Abs. 1 BGB	Bewusstsein (kognitives Element) und Wille (voluntatives Element) des Geschäftsführers, die Angelegenheiten eines Anderen zu besorgen oder – im Falle des „auch fremden" Geschäfts – jedenfalls mit zu besorgen.
Gefährdungshaftung § 833 S. 1; § 7 Abs. 1 StVG	Haftung für Schäden, die daraus resultieren, dass eine gesetzlich nicht verbotene, aber risikobehaftete Tätigkeit oder Anlage betrieben wird. Die Haftung setzt kein Verschulden voraus, muss aber (spezial-) gesetzlich angeordnet sein.

BGB SchuldR | Gesetzliche Schuldverhältnisse

Begriff	Definition
Gesamtschuldnerregress, gestörter § 840 Abs. 1 BGB	Mehrere Deliktstäter sind für einen Schaden verantwortlich, der Geschädigte hat aber mit einem dieser Schädiger einen Haftungsverzicht vereinbart oder es liegen gesetzliche Vorschriften vor, aufgrund derer der betreffende Schädiger nur teilweise oder nur für bestimmte Verschuldensformen haftet.
Geschäft (im Sinne des Rechts der GoA) § 677 BGB	Jedes rechtsgeschäftliche oder tatsächliche Handeln mit wirtschaftlichen Folgen. Kein Geschäft führt, wer etwas unterlässt oder bloß duldet.
■ objektiv fremd § 677 BGB	Ein Handeln, das schon nach seinem äußeren Erscheinungsbild nicht zum Rechts- und Interessenkreis des Geschäftsführers gehört.
■ auch fremd § 677 BGB	Die Geschäftsführung betrifft zwei Geschäftskreise und liegt sowohl im Interesse des Geschäftsführers als auch im Interesse des Geschäftsherrn.
■ objektiv neutral § 677 BGB	Der Geschäftsführer könnte mit der Geschäftsführung sowohl ein eigenes, aber auch ein fremdes Geschäft führen. Entscheidend für die Einordnung als Fremd- oder Eigengeschäft ist dann die Willensrichtung des Geschäftsführers.
Geschäftsanmaßung	Siehe *Eigengeschäftsführung, angemaßte*.
Geschäftsführer § 677 BGB	Wer selbst oder durch von ihm beauftragte Dritte als Verantwortlicher im fremden Rechtskreis und im objektiven Fremdinteresse tätig wird („Gestor").
Geschäftsführung ohne Auftrag ■ berechtigte § 677 BGB	Die Einmischung in den fremden Rechtskreis ist aus Sicht des eigentlich Betroffenen erwünscht, weil eine aus Sicht der Rechtsordnung willkommene fremdnützige Tätigkeit betrieben wird.
■ echte § 677 BGB	Führung eines Geschäfts mit Fremdgeschäftsführungswillen.
■ unberechtigte § 677; § 683 S. 1 BGB	Zwar Handeln mit Fremdgeschäftsführungswillen, allerdings entgegen dem (beachtlichen) Willen oder Interesse des Geschäftsführers; somit stellt die Durchführung der Tätigkeit rechtswidrige Einwirkung auf die Rechtsgüter des Geschäftsherrn dar.

Zivilrecht

Begriff	Definition
■ unechte § 687 Abs. 1, Abs. 2 BGB	Jemand führt ein fremdes Geschäft als sein eigenes, obwohl er weiß, dass er dazu nicht berechtigt ist (§ 687 Abs. 2 BGB → *Eigengeschäftsführung, angemaßte*), oder, wenn er der Meinung ist, sein eigenes Geschäft zu führen (§ 687 Abs. 1 BGB → *Eigengeschäftsführung, irrtümliche*).
Geschäftsherr § 677 BGB	Derjenige, in dessen Rechtskreis unmittelbar gehandelt wird.
Gesundheitsverletzung § 823 Abs. 1 BGB	Jedes Hervorrufen oder Steigern eines von den normalen körperlichen Funktionen nachteilig abweichenden Zustandes.
Handlung § 823 Abs. 1 BGB	Jede vom Willen gesteuerte Muskelkontraktion, mithin jedes wenigstens potentiell beherrschbare, d.h. der Bewusstseinskontrolle und Willenslenkung unterliegende menschliche Verhalten, das durch Verstandeskräfte steuerbar ist. Keine solchen Handlungen sind Reflexe oder Verhaltensweisen während des Schlafes oder der Bewusstlosigkeit.
Handlungsunrecht, Lehre vom (auch Verhaltensunrecht) § 823 Abs. 1 BGB	Widerrechtlich ist nur, was auch objektiv pflichtwidrig (und nicht nur subjektiv vorwerfbar) ist.
Herausforderungsfälle § 823 Abs. 1 BGB	Fälle, in denen der Verletzer eine erste Ursache für eine Schädigung setzt, die den später Geschädigten zu einem gefährlichen Verhalten herausfordert, das wiederum eine neue, letztlich zur Schädigung führende Kausalkette in Gang setzt. Die Verletzung wird dem Schädiger gleichwohl zugerechnet, wenn sich der Geschädigte zu dem Verhalten aufgrund einer vernünftigen Abwägung von Zweck und Risiko seines Verhaltens veranlasst („herausgefordert") fühlen durfte.
Höhere Gewalt § 7 Abs. 2 StVG	Ein „außergewöhnliches, betriebsfremdes, von außen durch elementare Naturkräfte oder durch Handlungen dritter Personen herbeigeführtes Ereignis, das nach menschlicher Einsicht und Erfahrung nicht vorhersehbar ist und mit wirtschaftlich erträglichen Mitteln auch durch die äußerste, vernünftigerweise zu erwartende Sorgfalt nicht verhütet oder unschädlich gemacht werden kann" (BGHZ 7, 338).

BGB SchuldR | Gesetzliche Schuldverhältnisse

Begriff	Definition
Integritätsinteresse §§ 823 ff.; § 1 Abs. 1 ProdHaftG	Interesse daran, dass die sich im Eigentum oder Vermögen des Vertragspartners befindlichen Güter, die nicht Vertragsgegenstand sind, durch eine Vertragsleistung nicht verletzt werden. Die Haftung im Rahmen der vertraglichen Gewährleistung erstreckt sich i. d. R. nicht auf das Integritätsinteresse, sondern nur auf das → *Äquivalenzinteresse*.
„In sonstiger Weise" (etwas erlangt) § 812 Abs. 1 S. 1, 2. Alt. BGB	Fälle, in denen ein Vermögensgegenstand nicht durch Leistung erlangt wurde. Dazu gehören <ul><li>Bereicherung durch Eingriff (→ *Eingriffskondiktion*)</li><li>Bereicherung durch Zufall</li><li>Bereicherung durch nicht geschuldete und nicht abgestimmte Verwendungen auf einen Gegenstand (→ *Verwendungskondiktion*)</li><li>Bereicherung durch nicht geschuldete und nicht abgestimmte Zahlungen im Fremdinteresse (→ *Rückgriffskondiktion*).</li></ul>
Kausalität	
▪ haftungsbegründende § 823 Abs. 1 BGB	Kausalität und Zurechnungszusammenhang zwischen Verletzungshandlung und Verletzungserfolg.
▪ haftungsausfüllende § 823 Abs. 1 BGB	Kausalität und Zurechnungszusammenhang zwischen Verletzungserfolg und eingetretenem Schaden.
▪ hypothetische § 823 Abs. 1 BGB	Für den Schaden wäre hypothetisch auch eine andere Person oder ein anderer Umstand verantwortlich gewesen.
▪ Reserveursache § 823 Abs. 1 BGB	Schaden wäre auch ohne das Verletzerverhalten eingetreten. Reserveursachen sind grundsätzlich unbeachtlich. Ausnahmen gelten in folgenden Fällen: → *Schadensanlage* → *Kausalität, hypothetische* → *rechtmäßiges Alternativverhalten*.
▪ Rechtmäßiges Alternativverhalten § 823 Abs. 1 BGB	Einwand des Verletzers, er habe sich zwar pflichtwidrig verhalten, der entstandene Schaden wäre aber auch eingetreten, wenn er sich pflichtgemäß verhalten hätte. Nach h.M. ist ein solcher Einwand beachtlich.
▪ Schadensanlage § 823 Abs. 1	Umstände, die bereits bei dem Eintritt des Schadens vorlagen und notwendig binnen kurzem denselben Schaden verursacht hätten, sind bei der Schadensermittlung zu berücksichtigen, weil derartige Umstände den Wert der Sache bereits im Augenblick des Eingriffs gemindert haben.

Zivilrecht

Begriff	Definition
■ überholende § 823 Abs. 1 BGB	Bereits wirkende Schadensursache wird durch die Verletzerhandlung überholt. Eine überholende Kausalität entlastet den Schädiger grundsätzlich nicht.
Kenntnis vom Mangel des Rechtsgrundes § 819 Abs. 1 BGB	Positive Kenntnis, nicht bloßes Kennenmüssen; es genügt, wenn der Schuldner diejenigen Umstände positiv kennt, die nach juristischer Wertung dazu führen, dass er den Gegenstand gegenüber dem Kondiktionsgläubiger nicht behalten darf. Worauf genau sich die Kenntnis beziehen muss, hängt vom jeweiligen Kondiktionstyp (Leistung oder Nichtleistung) ab.
Körperverletzung § 823 Abs. 1 BGB	Verletzung der körperlichen Unversehrtheit durch Substanzeingriffe.
Kondiktion §§ 812 ff. BGB	Schuldrechtlicher Herausgabeanspruch; an dem bereicherungsrechtlichen „Etwas", auf das sich die Kondiktion bezieht, besteht noch nicht (oder nicht mehr) eine dingliche Position des Bereicherungsgläubigers (im Gegensatz zur sachenrechtlichen Vindikation, die sich als Herausgabeanspruch konkret auf einen Gegenstand bezieht, an dem bereits ein dingliches Recht besteht). → *Bereicherungsanspruch*
Kraftfahrzeugführer § 18 StVG	Lenken des Fahrzeugs und tatsächliche Gewalt über das Steuer.
Kraftfahrzeughalter § 7 Abs. 1 StVG	Halter ist, wer die Verfügungsgewalt über das Fahrzeug hat. Dazu genügt nicht die rein tatsächliche Verfügungsgewalt, erforderlich ist zudem ein rechtliches Herrschaftsverhältnis, welches auch die Verfügungsmacht über die Substanz des Fahrzeugs einschließt. Diese Verfügungsmacht hat, wer die Kosten des Fahrzeugs bestreitet und den vollen Sachnutzen aus dem Kfz zieht.
Kredit § 824 Abs. 1 BGB	Angenommene Fähigkeit eines Unternehmens, erhaltene Darlehen zurückzuzahlen. Der Kredit kann beeinträchtigt werden durch jede nachteilige Beeinflussung des wirtschaftlichen Rufs, der die aktuelle oder die künftige Fähigkeit zur Kreditrückzahlung beeinträchtigen kann. Durch den Kredit als Rechtsgut werden die gegenwärtige Vermögenssituation (Erworbenes) und die künftige Vermögenslage (Fortkommen) geschützt.
Lebensgüter § 823 Abs. 1 BGB	Schutzgüter, über die jeder Mensch natürlicherweise verfügt, die von jedermann zu achten sind und von niemandem verletzt werden dürfen (Leben, Körper, Gesundheit, Freiheit).

BGB SchuldR | Gesetzliche Schuldverhältnisse

Begriff	Definition
Leistung §§ 812, 813, 817 BGB	Zweck- und zielgerichtete Mehrung fremden Vermögens; es muss zum einen eine → *Zuwendung* eines Vermögensvorteils an einen Anderen erfolgen, zum anderen diese Zuwendung erkennbar auf irgendein Schuldverhältnis bezogen sein (→ *Leistungszweck*). Auslegung der Leistungshandlung in Zweifelsfällen nach objektivem Horizont des Empfängers einer Leistung (§§ 133, 157 BGB analog, h. M.).
Leistungskondiktion	Allgemein: siehe → *Trennungslehre*
■ condictio indebiti § 812 Abs. 1 S. 1, 1. Alt. BGB	Fehlen eines rechtlichen Grundes von Anfang an; Leistungserfolg ist auf die Erfüllung einer nicht bestehenden Schuld gerichtet. Die Rückforderung ist ausgeschlossen bei Kenntnis des Leistenden vom fehlenden Rechtsgrund, vgl. § 814 BGB.
■ condictio ob causam finitam § 812 Abs. 1 S. 2, 1. Alt. BGB	Kondiktion wegen späteren Wegfalls des rechtlichen Grundes; für eine Leistung war ein Rechtsgrund zunächst vorhanden, er ist später aber weggefallen. Der Rechtsgrund fehlte dagegen von Anfang an in Fällen, in denen ein Rechtsgeschäft angefochten wurde (→ *condictio indebiti*).
■ condictio causa data causa non secuta § 812 Abs. 1 S. 2, 2. Alt. BGB	Nichterreichen eines mit der Leistung zusätzlich beabsichtigten Zwecks (Zweckverfehlung); Leistung mit dem erkennbaren Willen, einen bestimmten zusätzlichen, über die Vertragserfüllung hinausgehenden Erfolg eintreten zu lassen. Die Kondiktion ist ausgeschlossen, wenn der Erfolgseintritt von Anfang an unmöglich war und der Leistende dies wusste oder der Leistende seinen Eintritt vereitelt hat (§ 815 BGB).
■ condictio ob turpem vel iniustam causam § 817 BGB	Leistung zur Verfolgung eines sitten- oder gesetzwidrigen Zwecks: § 817 S. 1 BGB: Nehmer einer Leistung verstößt durch die Annahme gegen Gesetz/gute Sitten. § 817 S. 2 BGB: Auch dem Geber fällt ein solcher Verstoß zur Last. Die Rückforderung ist ausgeschlossen.
■ Leistung auf eine einredebehaftete Forderung § 813 Abs. 1 BGB	Ergänzung des § 812 Abs. 1 S. 1, 1. Alt. BGB in Fällen, in denen auf eine Forderung geleistet wurde, obgleich aufgrund einer dauernden Einrede (ausgenommen: Verjährung, vgl. § 813 Abs. 1 S. 2 BGB) nicht hätte geleistet werden müssen. Die Rückforderung ist ausgeschlossen bei Kenntnis des Leistenden von der Einrede, vgl. § 814 BGB.

Zivilrecht

Begriff	Definition
Leistungszweck §§ 812, 813, 817 BGB	Muss über die eigentliche Vermögensmehrung hinausgehen und auf ein weiteres Ereignis bezogen sein. Welcher Zweck im Einzelnen verfolgt und ob dieser erreicht wurde, entscheidet darüber, ob mit oder → *ohne Rechtsgrund* geleistet wurde.
	Typischerweise liegt der Zweck einer Leistung darin, eine (schuldrechtliche) Verpflichtung zu erfüllen. Die Zweckbestimmung ist nach h.M. wie eine einseitige, empfangsbedürftige Willenserklärung zu behandeln. Minderjährige können daher ohne Mitwirkung ihrer Sorgeberechtigten keine eigenen Leistungszwecke setzen. Ob, an wen und auf welche Schuld geleistet wurde, bestimmt sich in Zweifelsfällen aus der objektivierten Sicht des Empfängers der Leistung (§§ 133, 157 BGB analog).
Luxusaufwendung § 818 Abs. 3 BGB	Aufwendungen, welche der Bereicherungsschuldner sich aus eigenen Mitteln niemals geleistet hätte. Der Bereicherungsgegenstand wird verschwenderisch eingesetzt, es bleibt kein Äquivalent für den Gegenstand im Vermögen. → *Entreicherung*
Mittäterschaft § 830 Abs. 1 S. 1, Abs. 2 BGB	Bewusstes und gewolltes gemeinschaftliches Handeln mehrerer (§ 830 Abs. 1 S. 1 BGB); Anstifter und Gehilfen stehen Mittätern gleich (§ 830 Abs. 2 BGB).
	Alle Beteiligten haften im Außenverhältnis als Gesamtschuldner (§ 840 BGB), ohne dass festgestellt werden muss, in welchem Maße jeder von ihnen den Schaden verursacht hat (Innenverhältnis: §§ 421, 426 ff. BGB).
Namensleugnung § 12 BGB	Bestreitung des rechtmäßigen Namensgebrauchs.
Namensanmaßung § 12 BGB	Verwechslungsgefahren erzeugender Namensgebrauch.
Nebentäter §§ 823 ff. BGB	Setzen ohne gemeinsame Verabredung und Planung oder bewusst und gewollt zusammenwirkendes Handeln einen Beitrag für eine deliktische Schädigung. Haftung: jeder Nebentäter für sich, also nur sofern und soweit er einen nachweisbaren Ursachenbeitrag für die Verletzung gesetzt hat. Sonderfall: → *Alternativtäter*
Nichtberechtigter ■ i. S. d. § 816 Abs. 1 BGB	ist, wer weder Inhaber des Rechts ist noch nach § 185 Abs. 1 BGB Verfügungsmacht über den Gegenstand erlangt hat. Nichtberechtigter bleibt, wer über einen Gegenstand verfügt hat, aber erst im Nachhinein hierfür die Genehmigung seitens des Eigentümers erhält (§ 185 Abs. 2 BGB).

BGB SchuldR | Gesetzliche Schuldverhältnisse

Begriff	Definition
■ i. S. d. § 816 Abs. 2 BGB	ist, wer weder Gläubiger der Forderung ist noch zu ihrer Einziehung vom wahren Gläubiger ermächtigt wurde (vgl. § 185 Abs. 1 BGB analog, § 362 Abs. 2 BGB; sog. Einziehungsermächtigung), und zwar auch nicht nachträglich (§§ 185 Abs. 2, 184 Abs. 1 BGB analog).
Nutzungen § 812 Abs. 1 S. 1; § 818 Abs. 1 BGB	Unmittelbare und mittelbare, d.h. auf einem Rechtsverhältnis beruhende Früchte (§ 99 BGB) und Gebrauchsvorteile (§ 100 BGB), die eine Sache (oder ein Recht) gewährt oder die aus einer Sache oder einem Recht gezogen werden können.
Objektive Zurechnung	siehe → *Herausforderungsfälle*
■ „Ohne Rechtsgrund" ■ § 812 Abs. 1 S. 1, 1. Alt. BGB	Bei der Leistungskondiktion: Unwirksamkeit der (vermeintlichen) schuldrechtlichen Leistungsbeziehung (z. B. Vertrag/Gesetz), so dass der mit der Leistung verfolgte bewusst gesetzte Zweck nicht erreicht wurde.
■ § 812 Abs. 1 S. 1, 2. Alt. BGB	Bei der Nichtleistungskondiktion: Vermögensverschiebung ist ohne Rechtsgrund, wenn sie das Ergebnis eines rechtswidrigen Eingriffs in den vermögensrechtlichen → *Zuweisungsgehalt* einer Befugnis darstellt, welche die Rechtsordnung einem Anderen (dem Entreicherten) überantwortet hat, und dieser Andere in die Handlung nicht einwilligt.
„Ohne Auftrag" § 677 BGB	Ohne vertragliche Berechtigung zum Tätigwerden.
„Ohne sonstige Berechtigung" § 677 BGB	Ohne gesetzliche Berechtigung zum Tätigwerden.
Organisationsverschulden § 823 Abs. 1 BGB	Fehlerhafte Organisation der betrieblichen Abläufe oder des Betriebes insgesamt durch den Betriebsinhaber.
Persönlichkeitsrecht ■ allgemeines § 823 Abs. 1 BGB	Recht des Einzelnen auf Achtung und Entfaltung seiner Besonderheit als individuelle Persönlichkeit; Schutz der Selbstbestimmung des Einzelnen in Angelegenheiten, die seine persönliche Entfaltung wesentlich betreffen.
■ Recht auf Ehre § 823 Abs. 1 BGB	Schutz sowohl des eigenen Ehrgefühls als auch der Wertschätzung durch Andere (innere/äußere Ehre). Ehrschutz im weiteren Sinne ist auch der Schutz gegen entwürdigende Behandlungen, so etwa der Schutz gegen „Mobbing" oder sexuelle Belästigungen am Arbeitsplatz.

Zivilrecht

Begriff	Definition
■ Recht auf Identität § 823 Abs. 1 BGB	Recht auf Kenntnis derjenigen Informationen, die erforderlich sind, um die eigene biologische Abstammung herleiten zu können, insbesondere Anspruch eines jeden Menschen darauf, seine biologischen Eltern zu kennen.
■ Recht auf Wahrung der Individualität (oder Besonderheit eines Menschen) § 823 Abs. 1 BGB	Interesse verletzt, wenn über einen Menschen unwahre Tatsachen von einigem Gewicht berichtet werden, selbst wenn diese Tatsachen als solche nicht ehrenrührig sind.
■ Recht auf Wahrung der Privatsphäre § 823 Abs. 1 BGB	Interesse betroffen, wenn über eine Person ohne deren Zustimmung bisher nicht öffentliche Lebensdetails verbreitet werden.
■ Schutz persönlicher Daten § 823 Abs. 1 BGB	Jedermann darf grundsätzlich selbst darüber entscheiden, wann und welche seiner persönlichen Lebenssachverhalte offenbart werden. Der Schutz personenbezogener Daten gegen ungenehmigte Erhebung, Speicherung, Verarbeitung und Bevorratung wird vornehmlich gewahrt durch das Bundesdatenschutzgesetz als besondere Ausprägung des Schutzes des allgemeinen Persönlichkeitsrechts.
Produkthaftung §§ 1 ff. ProdHaftG ■ Verletzungshandlung	Haftung nicht nur des Herstellers, sondern auch des Importeurs oder desjenigen, der seine Marke oder Firmenbezeichnung auf einem Produkt anbringt, nach dem ProdHaftG; Gefährdungshaftung. Inverkehrbringen eines fehlerhaften Produkts.
Produzentenhaftung § 823 Abs. 1 BGB	Haftung nach § 823 Abs. 1 BGB gestützt auf die Verletzung einer → *Verkehrssicherungspflicht*, welche den Hersteller von potentiell gefährlichen Waren im Hinblick auf die Abwendung von Gefahren für den Nutzer solcher Waren trifft.
■ Verletzungshandlung § 823 Abs. 1 BGB	Inverkehrbringen eines fehlerhaften Produkts, welches kausal für die Rechtsgutsverletzung ist, wenn die Verletzung einer aus dem Organisationsbereich des Produzenten stammenden Verkehrspflichtverletzung damit einhergeht.
a) Konstruktionsfehler	Fehlerhafte Konzeption und Planung eines Produkts.
b) Fabrikationsfehler	Unzureichende Organisation und Kontrolle bei der Herstellung des Produkts.
c) Instruktionsfehler (Anleitungsfehler)	Unterlassener Warnhinweis in der Gebrauchsanleitung oder auf dem Produkt selbst.

BGB SchuldR | Gesetzliche Schuldverhältnisse

Begriff	Definition
d) Produktbeobachtungsfehler	Unterlassene Warnung nach dem Bekanntwerden von Fehlern oder Risiken.
e) Entwicklungsfehler	Nichtbeachtung der technisch möglichen und erkennbaren Vorkehrungen gegen Entwicklungsfehler.
Recht	
■ am eingerichteten und ausgeübten Gewerbebetrieb § 823 Abs. 1 BGB	Schützt den Bestand des Unternehmens, also die Summe seiner Einrichtungen, sowie die gewerbliche Betätigung, d.h. den Ablauf der Produktion (Entfaltungsfreiheit im wirtschaftlichen Bereich).
■ sonstiges § 823 Abs. 1 BGB	Absolutes, gegen jedermann geschütztes Recht.
■ subjektives § 823 Abs. 1 BGB	Recht, das einer Person von der Rechtsordnung zur ausschließlichen Nutzung und Beherrschung zugewiesen wird.
Rechtsfolgenverweisung	Eine Rechtsnorm verweist auf die Rechtsfolgen einer anderen Norm, nicht auf deren Tatbestandsvoraussetzungen. (Bsp.: nach h. M.: § 684 S. 1 BGB verweist nicht auf § 812 Abs. 1 S. 1, 2. Alt. BGB, sondern nur auf §§ 818 ff. BGB.)
Rechtsgrundverweisung (Tatbestandsverweisung)	Eine Rechtsnorm verweist auf den Grundtatbestand einer anderen Rechtsnorm, dessen vollständiger Tatbestand ist dann zu prüfen (Bsp.: nach h. M.: § 951 Abs. 1 S. 1 BGB verweist auf den Grundtatbestand des § 812 Abs. 1 BGB, nicht nur auf dessen Rechtsfolgen, also §§ 818 ff. BGB).
Rechtswidrigkeitstheorie § 812 Abs. 1 S. 1, 2. Alt; § 816 BGB	Bestimmung von Eingriffsobjekt und Eingriff bei der Kondiktion „in sonstiger Weise": maßgeblich ist, ob die zur Bereicherung führende Handlung widerrechtlich war. Dann stellt sie einen Eingriff in ein Rechtsgut dar und ist „auf Kosten" des Gläubigers des Bereicherungsanspruches geschehen (andere Ansicht und h. M.: → *Zuweisungstheorie*).
Reflexschaden § 823 Abs. 1 BGB	Vermögensschaden, der als mittelbare Folge einer deliktischen Handlung im Vermögen Dritter entsteht und nur ersatzfähig ist, wenn auch ein deliktisch geschütztes Rechtsgut verletzt wurde.

Zivilrecht

Begriff	Definition
Rückgriffskondiktion § 812 Abs. 1 S. 1, 2. Alt. BGB	Bereicherung des Bereicherungsschuldners erfolgt nicht durch Leistung, sondern („in sonstiger Weise") durch nicht geschuldete und nicht abgestimmte Zahlungen im Fremdinteresse, aber mit entlastender Wirkung für den Schuldner.
	Vorrang der §§ 677 ff. BGB und zahlreicher Regressregelungen sowie vorrangige Vertragsregelungen zu beachten;
	Vorrang der Leistungskondiktion besonders zu beachten.
Sachwerttheorie § 816 Abs. 1 S. 1 BGB	Der Anspruch aus § 816 Abs. 1 S. 1 BGB ist begrenzt durch den objektiven Wert der Sache; der Verfügende muss deshalb einen etwaig erzielten Gewinn nicht herausgeben (andere Ansicht und h. M.: → *Vorteilsherausgabetheorie*).
Saldotheorie § 812 Abs. 1 S. 1, 1. Alt. BGB	Rückabwicklung (unwirksamer) gegenseitiger Verträge: Beide Kondiktionen bleiben synallagmatisch miteinander verknüpft durch Saldierung beider Leistungen, weil auch die „Hinleistungen" nach §§ 320 ff. BGB synallagmatisch miteinander verknüpft gewesen wären.
	Bei durch den Austauschzweck verbundenen gegenseitigen Leistungen ist „per Saldo" nur bereichert, wer mehr empfangen als gegeben hat.
	Bei gleichartigen Leistungen kann die jeweilige Kondiktion der anderen Seite von der eigenen Leistung von vorn herein abgezogen werden, so dass nur eine Kondiktion übrig bleibt. Die Saldotheorie führt abkürzend dazu, dass ein automatischer Abzug ohne Aufrechnungserklärung erfolgt.
	Bei ungleichartigen Leistungen wäre keine Aufrechnung möglich. Die beiden Kondiktionen bleiben aber auch hier nach § 320 BGB synallagmatisch miteinander verknüpft, daher findet eine gesetzliche Saldierung statt, die zur Rückgabe des erhaltenen Gegenstandes Zug um Zug gegen Rückzahlung des gezahlten Preises führt.
	(a. A.: → *Zweikondiktionentheorie*)
Schaden (allgemein) §§ 249 ff.; §§ 823 ff. BGB	Jede nach einer Gesamtbetrachtung verbleibende, unfreiwillige Werteinbuße an den Vermögensgütern des Verletzten.

BGB SchuldR | Gesetzliche Schuldverhältnisse

Begriff	Definition
Schädigungsverbot, bereicherungsrechtliches § 818 Abs. 3 BGB	Abgeschöpft wird im Bereicherungsrecht nur, was unrechtmäßig erlangt und behalten wurde, auf das sonstige Vermögen des Bereicherten wird nicht zugegriffen. Nur diejenige Vermögensmehrung, die beim Bereicherungsschuldner tatsächlich (noch) vorhanden ist, wird abgeschöpft (§ 818 Abs. 3 BGB). Ausnahme: §§ 818 Abs. 4 bis 820 BGB (→ *verschärfte Haftung*).
Schockschaden § 823 Abs. 1 BGB	Psychisch vermittelte Störung innerer körperlicher und geistiger Vorgänge.
Schutzgesetz § 823 Abs. 2 BGB	Jede Rechtsnorm, die nach Zweck und Inhalt zumindest auch dazu dienen soll, den Einzelnen gegen eine Verletzung seiner privaten Rechtsgüter oder Interessen zu schützen.
Schutzzweck der Norm § 823 Abs. 1 BGB	Einschränkung der Haftung, wenn der geltend gemachte Schaden nicht mehr innerhalb des Schutzzwecks dieser Vorschrift liegt, wenn es sich also nicht mehr um Folgen handelt, die in den Bereich derjenigen Gefahren fallen, um derentwillen die Rechtsnorm erlassen worden ist.
Stoffgleichheit § 823 Abs. 1 BGB	Liegt ein → *Weiterfresserschaden* an der mangelhaften Sache selbst vor, ist dieser nur ersatzfähig, wenn er nicht stoffgleich mit dem Vertragsmangel selbst ist. Stoffgleich mit dem Vertragsmangel sind Schäden, die durch den Wert der Sache oder deren Reparatur mit abgegolten sind, mithin das → *Äquivalenzinteresse* betreffen. Entspricht der Mangelunwert qualitativ und seinem Umfang nach nicht der hierdurch bewirkten Eigentumsschädigung, so betrifft er das → *Integritätsinteresse* und ist damit nicht stoffgleich. Kriterien hierfür sind das deutliche wertmäßige Auseinanderfallen zwischen anfänglichem Mangel und Eigentumsbeeinträchtigung, die leichte Auffindbarkeit und Behebbarkeit des anfänglichen Mangels und die Frage, ob der Mangel an einem funktional abgrenzbaren Einzelteil der Gesamtsache vorlag.

Zivilrecht

Begriff	Definition
Subsidiarität der Nichtleistungskondiktion §§ 812 ff. BGB	Die Nichtleistungskondiktion ist nur eröffnet, sofern das bereicherungsrechtliche „Etwas", die Vermögensmehrung, nicht durch Leistung, auch nicht durch die durch einen Dritten, erfolgt ist.
	Grund: Dem Leistenden sollen die aus einem zugrunde liegenden vertraglichen Schuldverhältnis resultierenden Einreden erhalten werden und keine Einreden aus einem von ihm nicht verantworteten Leistungsverhältnis aufgedrängt werden. Zudem soll jede Partei nur die mit dem selbst gewählten Leistungspartner verbundenen Insolvenzgefahren tragen: Vorrang der Leistungsbeziehungen.
	Ausnahme: §§ 816 Abs. 1 S. 2, 822 BGB, die eine Direktkondiktion über die unmittelbare Austauschbeziehung hinweg eröffnen.
Tierhalter § 833 S. 1 BGB	ist, wer die Bestimmungsmacht über ein Tier hat, in der Regel ist dies der Eigentümer.
Totalreparation, Prinzip der §§ 249 ff. BGB	Prinzipiell Erstattung aller Einbußen ohne Begrenzung auf die Leistungsfähigkeit des Schuldners.
Trennungslehre § 812 Abs. 1 S. 1 BGB	Dem § 812 Abs. 1 S. 1 BGB ist kein einheitlicher, sondern ihm sind zwei verschiedene Rückgabeansprüche zu entnehmen. Sie dienen unterschiedlichen Zwecken.
	(a.A.: → *Einheitstheorie*)
■ Leistungskondiktion §§ 812, 813, 817 BGB	Soll eine den Zwecken der Parteivereinbarung zuwiderlaufende Vermögensverschiebung korrigieren; sie dient der Rückgewähr von → *Leistungen*, die aufgrund schuldrechtlich fehlerhafter oder nichtiger Verträge ausgetauscht wurden.
■ Nichtleistungskondiktion § 812 Abs. 1 S. 1, 2. Alt. BGB	Hierunter fallen alle sonstigen Konstellationen, bei denen ein angefallener Vermögensvorteil aufgrund wertender Betrachtung nicht demjenigen gebührt, der ihn innehat; erfasst sind alle Vorfälle, Handlungen und Ereignisse, die nicht „Leistung" sind und zu einer rechtlich missbilligten Vermögensmehrung führen.
Unterlassen § 823 Abs. 1 BGB	Entspricht einer Verletzungshandlung, wenn eine Rechtspflicht zum Handeln bestand, z.B. Schutz- und Garantenpflichten aus Gesetz oder durch die Gerichte formulierte Verkehrspflichten bzw. Verkehrssicherungspflichten.

BGB SchuldR | Gesetzliche Schuldverhältnisse

Begriff	Definition
Ursachenzweifel § 830 Abs. 1 S. 2 BGB	Es lässt sich nicht mehr feststellen, wer von mehreren Tätern konkret für eine Rechtsgutverletzung ursächlich geworden ist. Wenn nachgewiesen werden kann, dass die Rechtsgutverletzung von jedem der Täter alternativ verursacht worden sein könnte, kann der Geschädigte jeden der Schädiger in voller Höhe in Anspruch nehmen.
Verfügung § 816 Abs. 1 S. 1 BGB	Jedes Rechtsgeschäft, durch welches die dingliche Rechtslage eines Gegenstandes unmittelbar verändert wird. Die Änderung kann in einer Übertragung, Belastung, Aufhebung oder Inhaltsänderung bestehen, durch die auf den Bestand des Gegenstandes oder Rechtes selbst eingewirkt wird; die Einwirkung muss „dinglichen" und „rechtsgeschäftlichen" Charakter haben.
■ Wirksamkeit ggü. Berechtigtem (i. S. d. § 816 Abs. 1 S. 1 und S. 2 BGB	Eine Verfügung hat durch Mitwirkung des Berechtigten oder aufgrund gesetzlicher Vorschrift zu einer dinglichen Rechtsänderung geführt, die der ursprünglich Berechtigte gegen sich gelten lassen muss, z.B. in Fällen des Rechtsscheinerwerbs.
Verkehrspflichten § 823 Abs. 1 BGB	Resultieren aus der Verantwortung für eine Gefahrenquelle. Verkehrspflicht ist die Pflicht, Dritte vor Schäden hieraus zu schützen. Fallgruppen: ■ Verkehrseröffnung ■ Beherrschung einer Gefahrenquelle ■ Übernahme einer Aufgabe im Rahmen einer besonderen beruflichen Stellung, Funktion oder Sachkunde.
Verkehrssicherungspflicht § 823 Abs. 1 BGB	Pflicht desjenigen, der eine gefährliche Sache oder Einrichtung unterhält oder einen gefährlichen Verkehr eröffnet, dafür zu sorgen, dass hiervon keine Gefahren ausgehen.
Verrichtungsgehilfe § 831 Abs. 1 BGB	Ist derjenige, dem eine Tätigkeit vom Geschäftsherrn übertragen wurde und der hinsichtlich der Ausführung dieser Tätigkeit von den Weisungen des Geschäftsherrn abhängig ist.
Verschärfte Haftung §§ 818 Abs. 4, 819 BGB	Der Bereicherungsschuldner haftet „nach den allgemeinen Vorschriften", d.h. insbesondere nach den Normen des allgemeinen Schuldrechts (bspw. § 292 BGB). Wichtigste Folge der verschärften Haftung ist, dass er sich nicht auf → *Entreicherung* (§ 818 Abs. 3 BGB) berufen kann. Siehe auch → *Bösgläubigkeit* und → *Kenntnis*.

Zivilrecht

Begriff	Definition
Vertrauensgrundsatz, verkehrsrechtlicher §§ 7, 18 StVG	Grundsätzlich darf derjenige, der sich im Straßenverkehr regelgerecht verhält, darauf vertrauen, dass auch die übrigen Verkehrsteilnehmer sich regelgerecht verhalten. Daher darf ein Kraftfahrer so lange auf das verkehrsgerechte Verhalten eines anderen Verkehrsteilnehmers vertrauen, wie keine deutlichen Anzeichen für ein ordnungswidriges Verhalten des anderen erkennbar werden oder die Örtlichkeit zu besonderer Vorsorge Anlass gibt. Der Vertrauensgrundsatz gilt nicht gegenüber schwächeren Verkehrsteilnehmern (Kinder, ältere Menschen).
Verwendungskondiktion § 812 Abs. 1 S. 1, 2. Alt. BGB	Eine Bereicherung des Bereicherungsschuldners erfolgt nicht durch Leistung, sondern („in sonstiger Weise") durch nicht geschuldete und nicht abgestimmte Verwendungen auf einen fremden Gegenstand zum Nutzen des tatsächlichen Eigentümers.

§§ 677, 994 ff. BGB oder ein bestehendes Schuldverhältnis können die Verwendungskondiktion verdrängen;

Verdrängung auch, wenn aufgrund eines wirksamen Vertragsverhältnisses „geleistet" wurde;

Vorrang des (gescheiterten) Vertragsverhältnisses (Leistungskondiktion) beachten! |
Vorsatz §§ 823 ff. BGB	Wissen und Wollen der Tatbestandsverwirklichung.
Vorsatztheorie §§ 823 ff. BGB	Vorsatz liegt vor, wenn der Täter die Rechtsgutsbeeinträchtigung und die Verletzungshandlung kennt und beides will. Überdies muss ihm bewusst sein, dass sein Handeln rechtswidrig ist.
Vorteilsausgleichung §§ 249 ff.; §§ 823 ff. BGB	Unbeschadet des Prinzips der Totalreparation darf der Geschädigte durch die Reparation nicht besser gestellt werden, als er vor dem Schadensereignis stand. Insbesondere darf er dem Schädiger nicht die Reparatur etwaiger Altschäden unterschieben, sondern muss sich Besserstellungen, die adäquat kausale Folge der Schädigung sind, anrechnen lassen.
Vorteilsherausgabetheorie § 816 Abs. 1 S. 1 BGB	Gem. § 816 Abs. 1 S. 1 BGB muss der Verfügende das durch die Verfügung Erlangte herausgeben. Hat der Verfügende einen höheren Kaufpreis erzielt als den eigentlichen Sachwert, so muss er nach h. M. den gesamten erlösten Vorteil einschließlich eines etwaig erzielten Gewinns herausgeben. (a. A.: → *Sachwerttheorie*)

Begriff	Definition
Weiterfresserschaden § 823 Abs. 1 BGB	Vertraglich geschuldete (fehlerhafte oder latent fehlerhafte) Gegenstände sorgen nach Lieferung dafür, dass das sonstige Eigentum des Belieferten geschädigt wird.
	Handelt es sich bei den eingetretenen Schäden um solche an dem gelieferten Gegenstand selbst, sind diese nur ersatzfähig, wenn sie nicht → *stoffgleich* mit der in Folge des Vertragsverstoßes mangelhaften Sache sind.
Wert, gemeiner § 818 Abs. 2 BGB	Verkehrswert oder Marktwert des Bereicherungsgegenstandes, er kann höher oder niedriger als die effektive Bereicherung des Schuldners sein. Nach h. M. ist entscheidend für die Berechnung der Zeitpunkt der Entstehung des Kondiktionsanspruchs.
Zahlung (Wirksamkeit ggü. dem Berechtigten) § 816 Abs. 2 BGB	ist gegenüber dem Berechtigten wirksam i.S.d. § 816 Abs. 2 BGB, wenn das Gesetz die schuldbefreiende Wirkung der Zahlung anordnet (z. B. §§ 370, 793, 808, 851, 893, 1155, 2367, 2368 Abs. 2 BGB).
Zweikondiktionentheorie § 812 Abs. 1 S. 1, 1. Alt. BGB	Bei der Rückabwicklung der einander aufgrund eines (unwirksamen) gegenseitigen Vertrages gegenüberstehenden Leistungen darf jede Partei gesondert ihre Leistung nach § 812 Abs. 1 S. 1, 1. Alt. BGB kondizieren. Beide Kondiktionen werden unabhängig voneinander behandelt, bei der Rückabwicklung des gegenseitigen Vertrages stehen zwei selbständige Ansprüche einander gegenüber. Die Verknüpfung der Ansprüche erfolgt allenfalls durch Aufrechnung oder Zurückbehaltungsrechte.
	Probleme entstehen, wenn bei einer Partei Entreicherung nach § 818 Abs. 3 BGB eingetreten ist (a. A. und h. M.: → *Saldotheorie*). Diese Probleme sind jedenfalls hinzunehmen, wenn an Minderjährige geleistet wurde oder der Gläubiger nicht schutzwürdig ist, insbesondere weil er arglistig gehandelt hat (so auch die → *Saldotheorie*).
Zuweisungsgehalt, Lehre vom § 812 Abs. 1 S. 1, 2. Alt. BGB	Formel, welche die h.M. benutzt, um für die Nichtleistungskondiktion zu entscheiden, ob man eine Vermögensmehrung behalten darf, aber auch, um den Inhaber der Kondiktion, also die Person, auf deren Kosten eine Bereicherung erfolgte, zu bestimmen.
	Eine Bereicherung erfolgt auf Kosten des Bereicherungsgläubigers, wenn der Vorteil von der Rechtsordnung dem Bereicherungsgläubiger zugewiesen war (z.B. beim Eingriff in absolute dingliche Rechte und in Immaterialgüterrechte). Das Gesetz weist allein dem Rechtsinhaber die Befugnis zu, über einen Gegenstand zu verfügen oder diesen zu nutzen.

Zivilrecht

Begriff	Definition
	Einen Zuweisungsgehalt haben absolute Rechte mit vermögensrechtlichem Inhalt, sie weisen ihrem Inhaber den Substanz- und Nutzungs- oder Gebrauchswert gegenüber jedermann zu.
Zuweisungstheorie § 812 Abs. 1 S. 1, 2. Alt.; § 816 BGB	Die Bestimmung von Eingriffsobjekt und Eingriff bei der Kondiktion „in sonstiger Weise" erfolgt nach der h. M. nach der Zuweisungstheorie: Der Widerspruch zur rechtlichen Güterzuordnung ist entscheidend für die Frage nach der Rechtsgrundlosigkeit einer Vermögensverschiebung und dient zugleich der Ausfüllung des Tatbestandsmerkmals „auf dessen Kosten" (→ *Zuweisungsgehalt*).
Zuwendung §§ 812, 813, 817 BGB	Eine für den Leistenden bewusste und von ihm gewollte Vermögensverfügung, sie muss daher auf einer zurechenbaren und freiwilligen menschlichen Handlung beruhen.

Schuldrecht
Gesetzliche Schuldverhältnisse
Von Prof. Dr. Karl-Nikolaus Peifer
3. Auflage 2012, 333 S., brosch., 23,– €
ISBN 978-3-8329-7678-1

BGB Sachenrecht I
Bewegliche Sachen

Begriff	Definition
Abhandenkommen i.S.v. § 935 BGB	Abhanden gekommen i.S.v. § 935 Abs. 1 ist eine Sache, wenn dem Eigentümer oder demjenigen, dem er den unmittelbaren Besitz freiwillig überlassen hat, der unmittelbare Besitz ohne (nicht notwendig gegen) seinen Willen entzogen worden ist. Entscheidend ist also im Regelfall der nicht von seinem Willen getragene Verlust des Besitzes durch den unmittelbaren Besitzer.
Absolutheitsgrundsatz	Der Absolutheitsgrundsatz beschreibt die Eigenart der dinglichen Rechte, gegenüber Jedermann zu wirken und verleiht so absolute Rechtsmacht.
Abstraktionsgrundsatz	Der Abstraktionsgrundsatz besagt, dass die Wirksamkeit des Verfügungsgeschäfts unabhängig von der Wirksamkeit des zugrunde liegenden Verpflichtungsgeschäfts beurteilt werden muss.
Anwartschaftsrecht	Ein Anwartschaftsrecht liegt vor, wenn von einem mehrstufigen Entstehungstatbestand eines Rechts schon so viele Erfordernisse erfüllt sind, dass von einer gesicherten Rechtsposition des Erwerbers gesprochen werden kann, die der Veräußerer nicht mehr durch eine einseitige Erklärung bzw. das Unterlassen einer Erklärung zu zerstören vermag (sog. wesensgleiches Minus zum Vollrecht).
Berechtigter	Berechtigt zur Übertragung des Eigentums ist primär der Eigentümer der Sache selbst, sofern er nicht ausnahmsweise in seiner Verfügungsbefugnis beschränkt ist.
Beschränkte dingliche Rechte	Beschränkt dingliche Rechte sind gegenüber dem Vollrecht Eigentum in zweifacher Weise eingeschränkt. Erstens beschränken sie die Stellung des Eigentümers, da er die Sache, an der ein solches Recht besteht, nur noch beschränkt verwerten kann, zweitens und vor allem aber gewähren sie ihrem Inhaber im Unterschied zum Eigentum eben keine unbeschränkte Herrschaftsmacht, sondern nur eine inhaltlich auf bestimmte Handlungsweisen beschränkte Herrschaft an der Sache.
Besitz	Besitz ist die tatsächliche Herrschaft über eine Sache (§ 854 Abs. 1).

Zivilrecht

Begriff	Definition
Besitz	Der Besitz im Rechtssinne ist die rein tatsächliche Herrschaft über eine Sache, ohne dass es zunächst darauf ankommt, ob diese tatsächliche Herrschaft auch rechtlich gebilligt wird.
Besitzdiener	Besitzdiener ist eine Person die die tatsächliche Herrschaft über eine Sache in der Weise ausübt, dass sie den Weisungen eines anderen über die Art und die Dauer seines Umgangs mit der Sache unterworfen ist und diese auf Verlangen des Weisungsbefugten auch sofort herauszugeben hat (absoluten Weisungsunterworfenheit).
Besitzkehr	Das Recht der Besitzkehr (§ 859 Abs. 2) erlaubt eine Wiederansichnahme der Sache, wenn man deren Wegnahme nicht verhindern kann, den Täter aber auf frischer Tat ertappt.
Besitzkonstitut	Das Besitzkonstitut ist ein Rechtsverhältnis, aufgrund dessen der Erwerber den mittelbaren Besitz an der Sache erlangt, während der Veräußerer Besitzer der Sache bleibt, diese nun aber nicht mehr für sich selbst (also als Eigenbesitzer), sondern für den Erwerber (also als Fremdbesitzer gleicher Stufe) besitzt und diesem nunmehr den Besitz mittelt.
Besitzwehr	Das dem Besitzer primär eingeräumte Recht zur Besitzwehr (§ 859 Abs. 1) ist ein Sonderfall der Notwehr und gibt dem Besitzer das Recht, sich gegen jede unautorisierte Besitzentziehung mit Gewalt zu wehren.
Bestandteile	Als Bestandteil bezeichnet man die Teile einer zusammengesetzten Sache, wobei man zwischen wesentlichen und nicht wesentlichen Bestandteilen unterscheidet.
Deliktischer Besitzer	Deliktischer Besitzer ist derjenige, der sich eine Sache durch (schuldhaft) verbotene Eigenmacht oder eine gegen das Eigentum gerichtete Straftat (z.B. §§ 242, 249, 263 StGB; str. für § 246 StGB) verschafft hat.
Dereliktion	Die Dereliktion ist ein einseitiges Rechtsgeschäft und zugleich eine Verfügung über das Eigentum, die mit der Abgabe der betreffenden Willenserklärung wirksam wird.
Dingliche Einigung	Die dingliche Einigung ist ein dinglicher Vertrag zwischen Veräußerer und Erwerber und bezieht sich darauf, dass Eigentum an einer bestimmten beweglichen Sache übertragen werden soll, und ist daher von der Einigung bei dem der Eigentumsübertragung regelmäßig zugrunde liegenden Verpflichtungsgeschäft streng zu trennen.

BGB SachenR I | Bewegliche Sachen

Begriff	Definition
Dingliche Rechte	Dingliche Rechte gewähren ihrem Inhaber ein absolutes Zugriffsrecht auf die Sache selbst. Das bedeutet, dass sie ihm durch die unmittelbare Zuordnung eine gegenüber Jedermann wirkende Herrschaftsmacht über die Sache die Möglichkeit vermitteln, Dritte von jedwede Einwirkung auszuschließen.
Eigenbesitzer	Eigenbesitzer ist, wer eine Sache als ihm gehörig besitzt (§ 872), d.h. so nutzt und handhabt, als ob sie ihm gehöre (animus domini).
Eigentum	Eigentum ist die rechtliche Herrschaft über eine Sache, mithin das Recht, mit einer Sache nach freiem Belieben verfahren und mit ihr tun und lassen zu können, was man will (sog. umfassende Herrschaftsrecht, § 903).
Eigentümer-Besitzer-Verhältnis	Beim Eigentümer-Besitzer-Verhältnis (§§ 987-1003) handelt es sich um ein umfassendes und von seiner Grundkonzeption her abschließendes Rechtsverhältnis zwischen dem Eigentümer und dem Besitzer ohne Besitzrecht. Es behandelt einerseits die Nebenansprüche des Eigentümers auf Schadensersatz (§§ 989-993) und Nutzungsersatz (§§ 987, 988) und anderseits die Gegenansprüche des Besitzes auf Verwendungsersatz (§§ 994-1003).
Eigentumsbeeinträchtigung i.S.d. § 1004 Abs. 1 BGB	Eine Eigentumsbeeinträchtigung ist jede Einwirkung auf die dem Eigentum innewohnende Herrschaftsmacht des Eigentümers (vgl. § 903), als Eingriffe in die rechtliche Stellung des Eigentümers wie auch die tatsächliche Seite der Eigentümerbefugnisse, die von Außen kommen und auf unredliches Verhalten zurückzuführen sind. Dabei ist auf das Empfinden eines normalen Durchschnittsmenschen abzustellen sein. (str., vgl. § 17)
Eigentumsvorbehalt	Der Eigentumsvorbehalt ist ein selbständiges, nicht akzessorisches Sicherungsrecht.
Einfacher Eigentumsvorbehalt	Beim Eigentumsvorbehalt (§ 449 Abs. 1) wird der Kaufvertrag zwar unbedingt abgeschlossen, im Zweifel ist aber anzunehmen, dass das Eigentum an der Kaufsache erst unter der aufschiebenden Bedingung vollständiger Zahlung des Kaufpreises übertragen wird (§§ 929 Abs. 1, 158 Abs. 1).
Enger Verwendungsbegriff	Nach dem engen Verwendungsbegriff, soll eine grundlegende Umgestaltung der Sache jedenfalls dann keine Verwendung mehr darstellen, wenn dadurch die Zweckbestimmung der Sache geändert wird (BGH).

Zivilrecht

Begriff	Definition
Ersitzung	Ein gesetzlicher Eigentumserwerb durch Ersitzung erfolgt nach § 937, wenn jemand eine bewegliche Sache gutgläubig (bona fides) zehn Jahre (tempus) als (auch bloß mittelbarer) Eigenbesitzer besessen hat.
Erweiterter Eigentumsvorbehalt	Beim erweiterten Eigentumsvorbehalt wird die aufschiebende Bedingung im Rahmen der dinglichen Einigung (§§ 929 Satz 1, 158 Abs. 1) auf weitere einzubeziehende Forderungen erstreckt. Die Erweiterung des Eigentumsvorbehalts liegt also in einer Erweiterung des Sicherungszwecks.
Fremdbesitzer	Fremdbesitzer ist, wer fremden Oberbesitz anerkennt, also insbesondere alle Nutzungsbesitzer.
Gebrauchsvorteile	Gebrauchsvorteile im Sinne des § 100 sind diejenigen Vorteile, welche die Nutzung oder der Gebrauch einer Sache oder eines Rechts gewährt, ohne Früchte im Sinne des § 99 zu sein.
Guter Glaube	Gemäß § 932 Abs. 2 BGB ist der Erwerber bösgläubig, wenn er positiv weiß oder infolge grober Fahrlässigkeit nicht weiß, dass die veräußerte Sache nicht dem Veräußerer gehört.
Handlungsstörer	Handlungsstörer ist derjenige, welcher die Eigentumsbeeinträchtigung durch sein Verhalten, sei es durch aktives Tun oder pflichtwidriges Unterlassen, adäquat kausal verursacht.
Herausgabeanspruch nach § 985 BGB	Der Herausgabeanspruch nach § 985 ist ein dinglicher Anspruch, mit dem der Eigentümer die Herausgabe (= Verschaffung des mittelbaren oder unmittelbaren Besitzes) von dem Besitzer verlangen kann, sofern diesem kein Recht zum Besitz zusteht (§ 986, sog. Vidikationsanspruch).
Herstellerbegriff i.S.d. § 950 BGB	Bei der Bestimmung der Herstellereigenschaft i.S.v. § 950 ist von einem objektiven Herstellerbegriff auszugehen, der unabhängig vom Willen der Parteien ist und an vorgefundene soziale Gegebenheiten anknüpft. Hersteller in diesem objektiven Sinne ist daher derjenige, der den Verarbeitungsvorgang verantwortlich steuert und das wirtschaftliche Risiko für die Absetzbarkeit des neu erstellten Produktes auf dem Markt übernimmt (str., a. A. BGH vgl. § 10).

BGB SachenR I | Bewegliche Sachen

Begriff	Definition
Inhalt des Guten Glaubens	Inhaltlich muss der gute Glaube des Erwerbers bei den §§ 932–934 darauf gerichtet sein, dass der Veräußerer Eigentümer der betreffenden Sache(n) ist. Der gute Glaube an die bloße Verfügungsbefugnis genügt bei §§ 932 ff. nicht.
Luxusverwendungen	Luxusverwendungen sind solche Verwendungen, die den Wert der Sache objektiv nicht erhöhen oder für den Eigentümer jedenfalls nicht von Nutzen sind.
Mitbesitz	Beim Mitbesitz teilen sich mehrere – ebenso wie beim mittelbaren Besitz – die Besitzerstellung an einer Sache. Im Unterschied zum mittelbaren Besitz gestaltet sich dieses Teilen hier jedoch nicht in Form eines Stufenverhältnisses, sondern als ein grundsätzlich gleichberechtigtes Miteinander, so dass jeder der Mitbesitzer nur durch die dem anderen Mitbesitzer zustehende tatsächliche Gewalt beschränkt ist.
Mittelbare Früchte	Mittelbare Früchte sind nach § 99 Abs. 3 die Erträge, die eine Sache oder ein Recht aufgrund eines Rechtsverhältnisses über die Sache/das Recht gewährt – und dies bereits mit dem Eintritt der Fälligkeit und nicht erst mit der realen Zahlung.
Mittelbarer Besitz	Von einem bloß mittelbaren Besitz spricht man bei der sog. „vergeistigten" Sachherrschaft. Hier lässt man die Sachherrschaft durch einen anderen ausüben. Dies setzt stets einen unmittelbaren Besitzer und ein Besitzmittlungsverhältnis zwischen diesem und dem mittelbaren Besitzer voraus
Nachgeschalteter Eigentumsvorbehalt	Beim nachgeschalteten Eigentumsvorbehalt veräußert der Vorbehaltskäufer die Kaufsache seinerseits unter Eigentumsvorbehalt weiter an den Zweitabnehmer, dieser wird ebenfalls Inhaber eines Anwartschaftsrechts.
Nachträglicher Eigentumsvorbehalt	Beim nachträglichen (einvernehmlichen) Eigentumsvorbehalt handelt es sich schuldrechtlich um eine einverständliche Änderung des ursprünglichen Kaufvertrages (§ 311 Abs. 1). Sachenrechtlich wird die Vertragsänderung dadurch umgesetzt, dass der Käufer dem Verkäufer die Sache gem. §§ 929 Satz 1, 930 zurücübereignet, und zwar nunmehr unter der auflösenden Bedingung vollständiger Kaufpreiszahlung; dabei genügt der geänderte Kaufvertrag als Besitzkonstitut i.S.d. § 930 (str., a. A. BGH § 12).

Zivilrecht

Begriff	Definition
Nebenbesitz	Beim Nebenbesitz anerkennt ein Besitzmittler als tatsächlicher Besitzer den Besitz zugleich für mehrere Oberbesitzer und verhält sich auch faktisch so.
Nießbrauch	Unter dem Nießbrauch versteht man das unvererbliche und unveräußerliche (Ausnahme: § 1059a) dingliche Recht, alle Nutzungen aus dem mit dem Nießbrauch belasteten Gegenstand zu ziehen, die in dessen Substanz nicht eingreifen.
Notwenige Verwendungen	Notwendige Verwendungen sind solche Verwendungen, die objektiv – bei vernünftiger wirtschaftlicher Betrachtungsweise – erforderlich sind, um die Sache in ihrem wirtschaftlichen Bestand einschließlich ihrer Nutzungsfähigkeit zu erhalten oder diese wiederherzustellen.
Nützliche Verwendungen	Nützliche Verwendungen im Sinne des § 996 sind solche Verwendungen, die zwar nicht zum Erhalt oder zum ordnungsgemäßen Nutzen der Sache notwendig sind, aber deren Wert erhöhen oder ihre Gebrauchsfähigkeit steigern.
Nutzungen	Nutzungen sind Gebrauchsvorteile und Früchte (§§ 99, 100).
Nutzungen	Nutzungen i.S.v. § 100 sind die unmittelbaren (§ 99 Abs. 1, 2) und mittelbaren (§ 99 Abs. 3) Früchte sowie Gebrauchsvorteile einer Sache oder eines Rechts.
Petitorischer Besitzschutz	Beim petitorischen Besitzschutz wird der Besitz unter Berufung auf ein Recht zum Besitz geschützt, indem man entsprechende Herausgabe- oder Störungsunterlassungsklagen (§ 1007) aus dem dieses Besitzrecht vermittelndem Rechtsverhältnis geltend macht.
Pfandrecht i.S.d. § 1204 BGB	Das Pfandrecht an einer beweglichen Sache – auch Fahrnispfand genannt – ist ein beschränktes dingliches Recht, das seinem Inhaber die Befugnis zuweist, die Sache zu verwerten, um aus dem Verwertungserlös eine ihm zustehende Forderung zu befriedigen. Beim Pfandrecht handelt es sich, da nach § 1204 nur zur Sicherung einer bestimmten Forderung begründet werden kann, daher um ein streng akzessorisches Sicherungsrecht.
Possessorischer Besitzschutz	Beim possessorischen Besitzschutz werden Ansprüche bei Besitzentziehung (§ 861) oder bei Besitzstörung (§ 862) unmittelbar aus dem Besitz – ohne Frage nach der Rechtsbeziehung – abgeleitet.

BGB SachenR I | Bewegliche Sachen

Begriff	Definition
Prozessbesitzer	Prozessbesitzer ist derjenige Besitzer, welcher die Sache nach Eintritt der Rechtshängigkeit der Herausgabeklage in Besitz hat (§§ 987, 989, 996).
Publizitätsgrundsatz	Der Publizitätsgrundsatz verlangt die Einhaltung bestimmter Publizitätsformen bei der Bestellung und Übertragung dinglicher Rechte. Diese Publizitätsmittel sind bei beweglichen Sachen der Sachbesitz (vgl. § 1006) und bei Grundstücksrechten die Eintragung im Grundbuch (vgl. § 891).
Rechtsgesamtheiten	Rechtsgesamtheiten fassen nicht nur Sachen, sondern Sachen und Rechte unter einem gemeinsamen Oberbegriff zusammen.
Redliche Besitzer	Redlich ist derjenige Besitzer, der sich beim Besitzerwerb eine Rechtsposition vorstellt, die ihm dem Eigentümer gegenüber ein Recht zum Besitz vermitteln würde.
Sachen	Sachen im Sinne des Sachenrechts sind nur körperliche Gegenstände (§ 90). Körperlichkeit im Rechtssinne liegt immer dann vor, wenn eine Beherrschbarkeit nach sachenrechtlichen Grundsätzen gegeben ist; die Lehren der Physik treten dahinter zurück.
Sachenrecht	Das Sachenrecht enthält Vorschriften, die vor allem die Beziehungen von Rechtssubjekten zu den Sachen als wesentliche Rechtsobjekte regeln.
Sachgesamtheit	Eine Sachgesamtheit ist eine Mehrheit von Einzelsachen, die im Verkehr wegen ihres gemeinsamen Zwecks, als ein Ganzes angesehen wird, sofern nicht eine der Einzelsachen derart dominiert, dass diese als die Hauptsache und die anderen Teile nur als unselbständige Bestandteile derselben aufgefasst werden.
Sachinbegriff	Bei den sog. Sachinbegriffen (natürliche Mehrheiten) hat nur die Mehrheit selbst, nicht aber jeder einzelne Teil eine praktische und wirtschaftliche Bedeutung. Es handelt sich dabei um solche Sachen, die Gegenstand einer Vermengung nach § 948 sein können.
Schatzfund	Ein Schatz ist eine Sache, die solange verborgen gewesen ist, dass der Eigentümer nicht mehr zu ermitteln ist (§ 984).
Scheinbestandteile	Scheinbestandteile sind Sachen, die nur zu einem vorübergehenden Zweck mit dem Grund und Boden fest verbunden oder in ein Gebäude eingefügt worden sind.

Zivilrecht

Begriff	Definition
Sicherungsübereigung	Eine Sicherungsübereigung ist eine Eigentumsübertragung mit der Abrede, die zur Sicherung übereignete Sache nur bei Nichterfüllung der Gesicherten Forderung zu verwerten; rechtlich erfordert sie Einigung und anstelle der Übergabe der Sache – Vereinbarung eines konkreten Besitzkonstituts i.S.v. § 930 BGB (BGH), wobei zunehmend auch der Sicherungsvertrag selbst als derartiges Besitzmittlungsverhältnis anerkannt wird (§ 13).
Sicherungsvertrag	Durch den Sicherungsvertrag verpflichtet sich der Darlehensnehmer oder ein Dritter (Sicherungsgeber), dem Darlehensgeber (Sicherungsnehmer) das Eigentum am Sicherungsgut, meist bewegliche Sachen, zur Sicherung der Darlehensrückforderung zu verschaffen. Diese Sicherungsvereinbarung ist ein schuldrechtlicher Vertrag eigener Art (§§ 311 Abs. 1, 241) und der rechtliche Grund (causa) für die Sicherungsübereignung selbst.
Spezialitätsgrundsatz	Der Spezialitätsgrundsatz besagt, dass dingliche Rechte nur an bestimmten einzelnen Sachen möglich sind.
Störereigenschaft	Störer i.S.d. § 1004 Abs. 1 ist derjenige, auf dessen Willen der beeinträchtigende Zustand zurückgeht und von dessen Willen die Beseitigung abhängt. Entscheidend ist das Merkmal des Willens.
Tatsächliche Übergabe i.S.v. § 929 Satz 1 BGB	Die Übergabe i.S.v. § 929 Satz 1 ist gekennzeichnet durch einen vollständigen Besitzverlust auf der Eigentümerseite und Begründung einer Besitzposition auf der Erwerberseite.
Teilbesitz	Teilbesitz ist ein Besitz an bloßen Teilen einer im Rechtssinne einheitlichen Sache ist. Voraussetzung ist, dass die Teile räumlich abgegrenzt und tatsächlich zu sondern sind, so dass eine selbständige Herrschaftsausübung an diesen Teilen möglich ist.
Trennungsgrundsatz	Der Trennungsgrundsatz besagt, dass Verpflichtungs- und Verfügungsgeschäfte juristisch zu trennen sind.
Typenzwang	Der Grundsatz des Typenzwangs besagt, dass das BGB abschließend eine bestimmte Zahl von Sachenrechten regelt (= nummerus clausus) und diese mit einem gesetzlich genau vorgeschriebenen Inhalt belegt.
Unbewegliche Sachen	Unbewegliche Sachen sind die Grundstücke, also die räumlich abgrenzbaren und durch katastermäßige Vermessung genau bezeichneten Teile der Erdoberfläche, die im Grundbuch als selbständige Grundstücke eingetragen oder zumindest als solche eintragbar sind.

BGB SachenR I | Bewegliche Sachen

Begriff	Definition
Unmittelbare Rechtsfrüchte	Unmittelbare Rechtsfrüchte sind gemäß § 99 Abs. 2 die Erträge, die ein Recht seiner Bestimmung gemäß gewährt.
Unmittelbare Sachfrüchte	Unmittelbare Sachfrüchte sind nach § 99 Abs. 1 die Erzeugnisse einer Sache, also die natürlichen Tier- und Bodenprodukte sowie die sonstige Ausbeute, welche aus der Sache ihrer Bestimmung gemäß gewonnen wird, ohne die Sache zu verbrauchen oder zu zerstören.
Unmittelbarer Besitz	Unmittelbarer Besitz steht demjenigen zu, der rein tatsächlich die Sache inne hat und die tatsächliche Herrschaft über die Sache ausüben, d.h. sie nach seinem Willen nutzen und gebrauchen kann, ohne auf andere Personen angewiesen zu sein.
Unredliche Besitzer	Unredlich ist dementsprechend derjenige Besitzer, dem beim Erwerb des Besitzes bekannt oder infolge grober Fahrlässigkeit unbekannt ist, dass er nicht zum Besitz berechtigt ist (§§ 990 Abs. 1 Satz 1, 932 Abs. 2)
Verarbeitung oder Umbildung i.S.v. § 950 BGB	Eine Verarbeitung i.S.d. § 950 Abs. 1 liegt bereits bei einer Veränderung des bearbeiteten Stoffes selbst vor. Nicht erforderlich ist die Erbringung körperlicher Arbeit, sondern allein entscheidend ist das Entstehen einer neuen Sache, wobei oftmals bereits die umgangssprachliche Benennung mit einer anderen Bezeichnung einen Hinweis gibt.
Verarbeitungsklausel	In Verarbeitungsklauseln wird vereinbart, dass nicht der Vorbehaltskäufer, sondern der Vorbehaltsverkäufer Eigentümer der neuen Sache werden soll, die unter Verwendung der unter Eigentumsvorbehalt gelieferten Materialien hergestellt worden ist.
Verbindung i.S.v. § 947 Abs. 1 BGB	Werden bewegliche Sachen so miteinander verbunden, dass sie wesentliche Bestandteile einer neuen Hauptsache werden, so werden die bisherigen Eigentümer der Einzelsachen nach § 947 Abs. 1 Miteigentümer der neuen Sache im Sinne von § 1008.
Verbindung i.S.v. § 947 Abs. 2 BGB	Wird eine bewegliche Sache mit einer Hauptsache verbunden, so wird der Eigentümer der Hauptsache Alleineigentümer der verbundenen beweglichen Sache (§ 947 Abs. 2). Das ist dann der Fall, wenn die beigefügte Sache fehlen könnte, ohne dass das Wesen der aus der Verbindung sich ergebenden Sache beeinträchtigt würde.

Zivilrecht

Begriff	Definition
Verbindung i.S.v. § 946 BGB	Wird eine bewegliche Sache mit einem Grundstück dergestalt verbunden, dass sie wesentlicher Bestandteil des Grundstücks wird, erstreckt sich das Eigentum an dem Grundstück auch auf diese Sache (§ 946). Wesentlicher Bestandteil eines Grundstücks wird eine bewegliche Sache dann, wenn die Verbindung derart erfolgt, dass eine Trennung nicht oder nicht ohne wesentliche Wertminderung der verbundenen Sache möglich ist.
Verbotene Eigenmacht	Verbotener Eigenmacht ist die Entziehung oder Störung des Besitzes ohne oder gegen den Willen des Besitzers (§ 858).
Verfügungsgeschäfte	Verfügungsgeschäfte sind Rechtsgeschäfte, die unmittelbar auf ein Recht durch Übertragung, Belastung, Inhaltsänderung oder Aufhebung einwirken.
Verlängerter Eigentumsvorbehalt	Beim verlängerter Eigentumsvorbehalt gestattet der Vorbehaltsverkäufer die Weiterveräußerung und/oder Verarbeitung der Kaufsachen im Rahmen eines ordnungsgemäßen Geschäftsbetriebs (§ 185 Abs. 1) und sichert sich ersatzweise an den Surrogaten, die an die Stelle des vorbehaltenen Eigentums treten.
Verlorene Sache	Eine Sache ist verloren i.S.d. § 965 Abs. 1, wenn sie besitzlos ist und wenn der Besitz ohne den Willen des Eigentümers endete.
Vermischung und Vermengung i.S.v. § 948 BGB	Vermischung ist die Verbindung von Flüssigkeiten oder Gasen, durch die diese ihre körperliche Abgrenzung verlieren. Vermengung ist ein untrennbares Zusammenfallen beweglicher Sachen.
Verpflichtungsgeschäfte	Verpflichtungsgeschäfte sind Rechtsgeschäfte, die für die eine Vertragspartei lediglich Verpflichtungen erzeugen ohne die dingliche Rechtslage zu ändern.
Vertragswidriger Eigentumsvorbehalt	Beim sog. vertragswidrigen Eigentumsvorbehalt enthält der Kaufvertrag zwar eine Stundungsabrede, jedoch keinen Eigentumsvorbehalt, der Verkäufer will sich aber gleichwohl sichern und nur bedingt übereignen. Hierzu muss er eine entsprechende sachenrechtliche Einigung mit dem Käufer herbeiführen.
Vertretbare Sachen	Vertretbare Sachen sind alle Sachen, die im Verkehr nach Zahl, Maß oder Gewicht bestimmt zu werden pflegen.

Begriff	Definition
Verwendungsbegriff	Unter dem Begriff der Verwendung i.S.d. §§ 994 ff. sind grundsätzlich alle die freiwilligen Aufwendungen des Besitzers zu verstehen, die nach seinem Willen der Sache zumindest auch unmittelbar zugute kommen sollen, also ihrer Erhaltung, Wiederherstellung oder Verbesserung dienen.
Vorausabtretung	Die Verlängerung eines Eigentumsvorbehalts durch Vorausabtretung ist nichts anderes als eine – häufig formularmäßig vereinbarte – Kombination aus Eigentumsvorbehalt und Sicherungszession.
Weiter Verwendungsbegriff	Nach dem weiteren Verwendungsbegriff sind Verwendungen alle willentlichen Vermögensaufwendungen sind, die der Sache zugute kommen sollen (h. L.).
Weitergeleiteter Eigentumsvorbehalt	Beim weitergeleiteter Eigentumsvorbehalt wird der Vorbehaltskäufer verpflichtet, die Kaufsache nur derart weiterzuveräußern, dass bis zur Zahlung des Kaufpreises der Vorbehaltsverkäufer weiter ihr Eigentümer bleibt; nur unter dieser Voraussetzung ist der Käufer überhaupt zur Weiterveräußerung ermächtigt (§§ 185 Abs. 1, 158 Abs. 1).
Wertverhältnis	Ein erhebliches Überwiegen des Stoffwerts kann in der Regel bei einem Verhältnis von 100 (Stoffwert) zu 60 (Verarbeitungswert) abgenommen werden.
Wesentliche Bestandteile	Wesentliche Bestandteile sind gem. § 93 solche Teile einer Sache, die von der Hauptsache nicht getrennt werden können, ohne dass der eine oder andere Teil zerstört oder in seinem Wesen geändert oder wesentlich in seinem Wert gemindert wird.
Wesentliche Bestandteile eines Gebäudes	Zu den wesentlichen Bestandteilen des Gebäudes (und damit regelmäßig wegen § 94 Abs. 1 des Grundstücks) gehören die zur Herstellung des Gebäudes eingefügten Sachen. Eingefügt sind Sachen schon dann, wenn zwischen ihnen und dem Gebäude ein räumlicher Zusammenhang hergestellt ist, der über das bloße Einstellen hinausgeht, also diese dem Gebäude dauerhaft dienen sollen.
Wesentliche Bestandteile eines Grundstücks	Zu den wesentlichen Bestandteilen eines Grundstücks gehören die mit dem Grund und Boden fest verbundenen Sachen (§ 94 Abs. 1).

Zivilrecht

Begriff	Definition
Zubehör	Zubehör sind nach § 97 bewegliche Sachen, die ohne Bestandteil einer Hauptsache zu sein, dem wirtschaftlichen Zweck einer Hauptsache dauernd zu dienen bestimmt sind und zu ihr in einer entsprechenden räumlichen Beziehung stehen.
Zustandsstörer	Zustandsstörer ist derjenige, welcher die Herrschaft über eine gefahrbringende Sache ausübt, durch welche die Störung allein oder mitverursacht wird, wenn und soweit die Beseitigung der Störung immerhin noch vom Willen des Störers abhängt, ohne dass es darauf ankommt, ob er zu dem störenden Zustand beigetragen oder ihn gekannt hat.

Sachenrecht I
Bewegliche Sachen
Von Prof. Dr. Ralph Weber
3. Auflage 2013, 416 S., brosch., 22,- €
ISBN 978-3-8329-7710-8

BGB Sachenrecht II
Grundstücksrecht

Begriff	Definition
Abgrenzung Vormerkung und Widerspruch	„Die Vormerkung prophezeit" die künftige Rechtsänderung; „der Widerspruch protestiert" gegen die Richtigkeit des Grundbuchs.
Akzessorietät der Hypothek	Wie aus den Worten „zur Befriedigung wegen einer ihm zustehenden Forderung" in § 1113 Abs. 1 folgt und in §§ 1163 Abs. 1, 1177 Abs. 1 zum Ausdruck kommt, ist die Hypothek in Entstehung, Bestand und Durchsetzbarkeit grundsätzlich von der gesicherten Forderung abhängig (Akzessorietät). Die Hypothek entsteht mithin nur, sofern eine durch sie gesicherte Forderung besteht, und sie kann nur Bestand haben, solange die zu sichernde Forderung nicht erloschen ist. Außerdem kann gemäß § 1153 die Forderung nur zusammen mit der Hypothek an einen neuen Gläubiger übertragen werden.
Aneignung	Durch Aneignung nach § 928 Abs. 2 können nur herrenlose Sachen zu Eigentum erworben werden. Ein Grundstück wird dadurch herrenlos, dass der Eigentümer gegenüber dem Grundbuchamt den Verzicht auf sein Eigentum erklärt und dieser Verzicht gemäß § 928 Abs. 1 in das Grundbuch eingetragen wird. Die Aneignung des herrenlos gewordenen Grundstücks erfolgt sodann durch die Eintragung des neuen Eigentümers in das Grundbuch.
Antragsgrundsatz	Der Antragsgrundsatz verlangt, dass alle Eintragungen im Grundbuch, die sich auf Rechtsverhältnisse beziehen (Rechtsänderungen, Berichtigungen und Löschungen) nur auf Antrag erfolgen sollen (§ 13 Abs. 1 Satz 1 GBO). Antragsberechtigt ist nach § 13 Abs. 1 Satz 2 GBO jeder, dessen Recht von der Eintragung betroffen wird (also der Veräußerer als bisheriger Eigentümer, dessen Eigentumsrecht durch die beantragte Eintragung eines neuen Eigentümers erlischt) oder zu dessen Gunsten die Eintragung erfolgen soll (also der Erwerber, der ja durch die beantragte Eintragung Eigentum an dem Grundstück erwirbt).
Auflassung	Als Auflassung bezeichnet man die Einigung zwischen Veräußerer und Erwerber über den Eigentumsübergang an einem Grundstück (§ 925). Als Spezialnorm für den Eigentumswechsel bei Grundstücken schreibt § 925 eine gleichzeitige (wenn auch nicht notwendig persönliche) Anwesenheit von Veräußerer und Erwerber vor der zuständigen Stelle, also regelmäßig einem Notar, vor. Die

Zivilrecht

Begriff	Definition
	Auflassung kann weder mit einer Bedingung noch mit einer Zeitbestimmung verbunden werden (§ 925 Abs. 2). Die Auflassung ist strikt zu trennen von dem zugrunde liegenden schuldrechtlichen Rechtsgeschäft.
Auflassungs-vormerkung	Häufigste Erscheinungsform der Vormerkung ist die sog. Auflassungsvormerkung, durch die der Anspruch auf die Einräumung des Eigentums am Grundstück gesichert wird.
Bauwerk	Ein Bauwerk ist, nach der heute noch gebräuchlichen Definition des Reichsgerichts, eine durch Verwendung von Arbeit und bodenfremdem Material in Verbindung mit dem Erdboden hergestellte Sache.
Bergwerkseigentum	Unter dem Bergwerkseigentum versteht man gemäß § 9 Abs. 1 BBergG das ausschließliche Recht, auf bestimmten Grundstücken die in der Bewilligung bezeichneten Bodenschätze aufzusuchen und zu gewinnen. Es wird durch staatliche Verleihung begründet und steht in seiner rechtlichen Behandlung einem Grundstück gleich. Die Eintragung erfolgt auf einem gesonderten Blatt des Grundbuchs. Die Übertragung des Bergwerkseigentums erfordert dementsprechend eine Einigung in Form der Auflassung und Eintragung.
Beschlagnahme	Die Beschlagnahme ist eine Maßnahme der Zwangsvollstreckung. Sie bewirkt die zwangsweise Sicherstellung des Grundstücks zur Sicherung der Rechte des die Vollstreckung betreibenden Hypothekengläubigers. In Beschlag genommen werden können die mithaftenden Gegenstände zum einen im Wege der Immobiliarvollstreckung durch die gerichtliche Anordnung der Zwangsversteigerung oder der Zwangsverwaltung des Grundstücks zugunsten des Hypothekengläubigers, §§ 20, 146 ZVG.
Beschränkte persönliche Dienstbarkeit	Sie entspricht in ihrem Inhalt der Grunddienstbarkeit, steht jedoch anders als diese nicht dem jeweiligen Eigentümer eines Grundstück, sondern einer bestimmten natürlichen oder juristischen Person zu (§ 1090; sog. subjektiv-persönliche Natur). Die b. p. D. ist deshalb nicht veräußerlich, übertragbar (Ausnahme: b. p. D. zugunsten einer juristischen Person oder einer rechtsfähigen Personengesellschaft), belastbar und vererblich; auch ihre Ausübung kann nur bei Gestattung durch den Eigentümer einem Dritten überlassen werden (§ 1092). Im Übrigen gelten die Vorschriften über die Grunddienstbarkeit.

Begriff	Definition
Besitzloses dingliches Recht	Die Hypothek ist zunächst ein dingliches Recht und als solches unmittelbar objektbezogen und nicht personenbezogen. Sie gibt dem Hypothekar deshalb eine Rechtsmacht an dem Grundstück, das für einen bestimmten Kapitalwert haftet. Die Hypothek ist überdies ein besitzloses dingliches Recht, denn der Eigentümer muss seinen Besitz am Grundstück nicht aus der Hand geben. Die Hypothek gewährt dem Gläubiger somit weder Besitz- noch Nutzungsrechte. Stattdessen wird ihm zur Sicherung seines Zugriffsrechts das Recht zugesprochen, substanzgefährdende Eingriffe in das Grundstück abzuwehren, um so wenigstens die Sicherheit der Hypothek zu schützen.
Bewilligungsgrundsatz	Nach dem Bewilligungsgrundsatz muss derjenige, dessen Recht von der Eintragung unmittelbar oder mittelbar betroffen ist, die Eintragung bewilligen (sog. formelles Konsensprinzip, § 19 GBO). Wenn dagegen die Eintragung eines Eigentumsübergangs an einem Grundstück oder die Bestellung, Änderung des Inhalts oder Übertragung eines Erbbaurechts beantragt ist, kommt wegen der weitreichenden öffentlich-rechtlichen wie privatrechtlichen Folgen ergänzend noch § 20 GBO hinzu. Danach darf die Eintragung des neuen Eigentümers eben nicht schon dann erfolgen, wenn der alte Eigentümer diese bewilligt, sondern es muss zusätzlich der Nachweis der materiell-rechtlichen Einigung, also der Auflassung erfolgen.
Buchersitzung	Ist ein dingliches Recht an einem Grundstück im Grundbuch zu Unrecht gelöscht oder ein kraft Gesetzes entstandenes Recht nicht eingetragen worden, so erlischt es, wenn der Anspruch des Berechtigten gegen den Eigentümer verjährt ist. Voraussetzung ist die widerspruchsfreie dreißigjährige Eintragung des Betreffenden als Eigentümer (bzw. als Rechtsinhaber bei den beschränkt dinglichen Rechten) im Grundbuch und entsprechender Eigenbesitz des Eingetragenen, wobei mittelbarer Eigenbesitz genügt.
Dingliches Vorkaufsrecht	Das dingliche Vorkaufsrecht nach §§ 1094 ff. ermöglicht dem Berechtigten, von dem verpflichteten Eigentümer das belastete Grundstück zu denselben Bedingungen zu kaufen, zu denen der Verpflichtete es an einen Dritten verkauft hat. Der Berechtigte hat also die dinglich gesicherte Möglichkeit, in einen Kaufvertrag des Verpflichteten mit einem Dritten „einzusteigen". Das dingliche Vorkaufsrecht der §§ 1094 ff. ist vom schuldrechtlichen oder auch persönlichen Vorkaufsrecht der §§ 463 ff. zu unterscheiden. Letzteres begründet allein Rechtsbeziehungen zwi-

Zivilrecht

Begriff	Definition
	schen dem Vorkaufsberechtigten und -verpflichteten. Nur das dingliche Vorkaufsrecht wirkt als dingliches Recht auch gegenüber Dritten (vgl. § 1098 Abs. 2).
Dingliches Wohnungsrecht aus § 1093 BGB	Das Wohnungsrecht in § 1093 ist ein Unterfall der beschränkten persönlichen Dienstbarkeit mit dem Inhalt, ein Gebäude oder einen Teil eines Gebäudes unter Ausschluss des Eigentümers des Grundstücks als Wohnung zu nutzen.
Eigentümergrundschuld	Eine Eigentümergrundschuld, ist eine Grundschuld, die dem Grundstückseigentümer als Inhaber zusteht. Sie entsteht in einer Reihe von Fällen kraft Gesetzes, insbesondere bei Nichtvalutierung einer hypothekarisch gesicherten Forderung oder der Tilgung der Darlehensforderung durch den persönlichen Schuldner. Daneben kann sich der Grundstückseigentümer gemäß § 1196 Abs. 1 aber auch selbst eine Grundschuld am eigenen Grundstück bestellen.
Eigentumsbeeinträchtigung i.S.d. § 1004 BGB	Eine gesetzliche Definition der Eigentumsbeeinträchtigung fehlt. Begrifflich fällt darunter nach herrschender Ansicht jede Einwirkung auf die dem Eigentum innewohnende Herrschaftsmacht des Eigentümers (vgl. § 903), also Eingriffe in die rechtliche Stellung des Eigentümers wie auch in die tatsächliche Seite der Eigentümerbefugnisse, die von Außen kommen und auf unredliches Verhalten zurückzuführen sind. Eine Eigentumsbeeinträchtigung i.S.d. § 1004 liegt zum einen vor, wenn auf die Sache selbst eingewirkt wird, selbst wenn dies zu einer Werterhöhung führt. Solche aktiven oder positiven Einwirkungen auf den räumlich-gegenständlichen Bereich der Sache sind nach allgemeiner Meinung somit stets als Beeinträchtigungen anzusehen, es gilt eine weite Auslegung. Eine Beeinträchtigung der Sachsubstanz ist nicht erforderlich.
Eigentumsübertragung an Grundstücken	Für die Eigentumsübertragung an Grundstücken sind die Einigung zwischen Erwerber und Veräußerer (§ 925 Abs. 1), die Eintragung des Erwerbers ins Grundbuch (§ 873 Abs. 1), das Einigsein der Parteien bis zum Zeitpunkt der Vollendung des Rechtserwerbs (regelm. bis zur Eintragung, § 873 Abs. 1) und die Verfügungsbefugnis des Veräußerers erforderlich.
Erbbaurecht	Unter einem Erbbaurecht versteht man gemäß der Legaldefinition in § 1 Abs. 1 ErbbauRG das veräußerliche und vererbliche absolute Recht, „auf oder unter der Oberfläche eines Grundstücks ein Bauwerk zu haben".

BGB SachenR II | Grundstücksrecht

Begriff	Definition
Gesamthypothek	Die Gesamthypothek nach § 1132 stellt eine besondere Form der Hypothek dar, bei der eine einzelne Hypothek für ein und dieselbe Forderung an mehreren Grundstücken besteht.
Grundbuch	Das Grundbuch hat die Aufgabe, einen bestimmten Teil der Erdoberfläche als Grundstück i.S.d. BGB auszuweisen und die rechtlichen Verhältnisse an diesem Grundstück für die am Rechtsverkehr Beteiligten anzugeben und erschöpfend zu dokumentieren. Es wird beim Grundbuchamt – einer Abteilung des Amtsgerichts – für die im jeweiligen Amtsgerichtsbezirk belegenen Grundstücke in Form einer ausschließlichen Zuständigkeit geführt (§ 1 GBO). Das Grundbuch gibt Auskunft über die wichtigsten privatrechtlichen Rechte (Eigentum und Belastungen) an einem Grundstück. Jede Verfügung über ein Grundstück oder ein Recht an einem Grundstück bedarf gemäß § 873 zu seiner Wirksamkeit der Eintragung im Grundbuch.
Grundbuchberichtigungsanspruch, § 894 BGB	Mit dem Berichtigungsanspruch gibt das Gesetz in § 894 einen materiell-rechtlichen Anspruch gegen den zu Unrecht Eingetragenen auf Zustimmung zur Grundbuchberichtigung. § 894 ist der sicherste und oftmals allein verbleibende Weg des wahren Berechtigten, um der Gefahr eines Rechtsverlustes an einen gutgläubigen Dritten vorzubeugen.
Grunddienstbarkeit	Die Grunddienstbarkeit dient dazu, die Nutzungsbefugnisse des Eigentümers eines (herrschenden) Grundstücks auf ein anderes (dienendes) Grundstück zu erweitern. Dies kann in drei Formen geschehen (§ 1018 Var. 1 bis Var. 3). Die Grunddienstbarkeit kann nicht auf ein positives Tun des Eigentümers des dienenden Grundstücks gerichtet sein. Für die Bestellung, Übertragung und Aufhebung einer Grunddienstbarkeit gelten die allgemeinen Vorschriften über Grundstücksrechte (§§ 873 ff.).
Grundpfandrechte	Zu den Grundpfandrechten zählen die Hypothek (§§ 1113 ff.), die Grundschuld (§§ 1191 ff.) und die Rentenschuld (§§ 1199 ff.). Ihnen ist gemein, dass sie ihren Inhaber zur Befriedigung aus dem belasteten Grundstück berechtigen.
Grundschuld	Die Grundschuld ist als ein beschränkt dingliches Verwertungsrecht an einem Grundstück ausgestaltet, mit dem Inhalt, dass an denjenigen, zu dessen Gunsten die Grundstücksbelastung erfolgt, eine bestimmte Geldsumme aus dem Grundstück zu zahlen ist. Dies folgt aus der Legal-

Zivilrecht

Begriff	Definition
	definition in § 1191 Abs. 1. Im Unterschied zur Hypothek fehlt der in § 1113 Abs. 1 verwendete Passus „wegen einer ihm zustehenden Forderung". Die Grundschuld setzt damit im Gegensatz zur Hypothek keine zu sichernde Forderung voraus (fehlende Akzessorietät der Grundschuld).
Grundstück	Grundstücke sind demnach also die räumlich abgegrenzten und durch katastermäßige Vermessung genau bezeichneten Teile der Erdoberfläche, die im Grundbuch als selbständige Grundstücke eingetragen oder zumindest als solche eintragbar sind, § 2 Rn. 10. Man bezeichnet diese auch als Flurzelle. Den Grundstücken werden die im Schiffs- bzw. Seeschiffsregister eingetragenen Schiffe und Schiffsbauwerke sowie die Luftfahrzeuge, die in der Luftfahrzeugrolle eingetragen sind, gleichgestellt.
Grundstücksgleiches Recht	Ein grundstücksgleiches Recht ist ein dingliches Recht, das rechtlich wie ein Grundstück behandelt wird (z. B. Erbbaurecht).
Handlungsstörer	Handlungsstörer ist derjenige, welcher die Eigentumsbeeinträchtigung durch sein Verhalten, sei es durch aktives Tun oder pflichtwidriges Unterlassen, adäquat kausal verursacht.
Hypothek	Wie aus der Legaldefinition in § 1113 Abs. 1 folgt, ist die Hypothek ein Kreditsicherungsmittel, das nach § 1147 dem Hypothekengläubiger (Hypothekar) das Recht gewährt, für seine fällige Geldforderung im Wege der Zwangsvollstreckung Befriedigung aus dem Grundstück zu verlangen. Ihr besonderer Vorteil besteht darin, dass als dingliches Sicherungs- und Verwertungsrecht dem Hypothekengläubiger gegenüber den persönlichen Gläubigern eine vorzugsweise Befriedigung gewährt.
Isolierte Grundschuld	Die isolierte oder reine Grundschuld liegt vor, wenn der Eigentümer dem Gläubiger eine Grundschuld an seinem Grundstück bestellt, ohne dass dieser gegen ihn eine Forderung innehat oder jemals erlangt. Es fehlt mithin an einem zu sichernden Gegenstand, was durch die Bezeichnung „isoliert" zum Ausdruck kommen soll. Der Gläubiger erhält über § 1192 Abs. 1 daher allein den dinglichen Duldungsanspruch aus § 1147, mithin ein „isoliertes" Recht auf Verwertung des Grundstücks in Höhe des Betrages der Grundschuld. Ein schuldrechtlicher Zahlungsanspruch besteht daneben nicht.

BGB SachenR II | Grundstücksrecht

Begriff	Definition
Kataster	Unter Kataster versteht man ein Verzeichnis aller Grundstücke eines Staatsgebietes, das wiederum in einzelne Parzellen aufgeteilt ist.
Löschungsvormerkung und Löschungsanspruch	Die sog. Löschungsvormerkung (§ 1179) und der gesetzliche Löschungsanspruch (§ 1179a) schützen den Anspruch eines nachrangigen Grundpfandrechtsgläubiger gegen Grundstückseigentümer auf Löschung eines vorrangigen Grundpfandrechts für das noch recht ungewisse künftige Ereignis des Zusammenfallens von Eigentum und vorrangigem Grundpfandrecht.
Negative Publizität des Grundbuchs	Entsprechend wird bei einem nicht eingetragenen oder gelöschten Recht (die Löschung einer Grundbucheintragung erfolgt nicht durch Durchstreichen oder sonstiges Unleserlichmachen, sondern durch Unterstreichen mit einem Rotstift [= sog. Rötung]) vermutet, dass dieses Recht nicht bzw. nicht mehr besteht. Insoweit spricht man von der negativen Publizität des Grundbuchs.
Nießbrauch	Unter dem Nießbrauch versteht man das unvererbliche und unveräußerliche (Ausnahme: § 1059a) dingliche Recht, alle Nutzungen aus dem mit dem Nießbrauch belasteten Gegenstand zu ziehen, die in dessen Substanz nicht eingreifen.
Notwegerecht, § 917 BGB	Zur Erschließung und damit zur Bebaubarkeit eines Grundstücks gehört grundsätzlich die eine ordnungsgemäße Benutzung des Grundstücks sichernde Verbindung mit einem öffentlichen Weg. Fehlt es daran ausnahmsweise, so kann der Eigentümer von den Nachbarn verlangen, dass sie bis zur Beseitigung des Erschließungsmangels die Benutzung ihrer Grundstücke zur Bereitstellung der erforderlichen Verbindung mit dem öffentlichen Weg dulden.
Öffentlich-rechtlicher Glaube des Grundbuchs	Das Gesetz schützt durch die Vermutungs- oder Gutglaubenswirkung des Grundbuchs (sog. Richtigkeitsvermutung des Grundbuchs, § 891) nicht nur den Berechtigten selbst, sondern auch und insbesondere den Rechtsverkehr, der sich auf die Verlautbarungen des Grundbuchs verlassen kann. Das Grundbuch fungiert hierbei als Rechtsscheinträger. Dies bezeichnet man als den öffentlichen Glauben des Grundbuchs, der gerade dann rechtlich bedeutsam wird, wenn das Grundbuch unrichtig ist oder zumindest unrichtig sein kann.

Zivilrecht

Begriff	Definition
Positive Publizität des Grundbuchs	§ 891 stellt die Vermutung auf, dass derjenige, der im Grundbuch als Berechtigter (Eigentümer des Grundstücks oder Inhaber eines beschränkten dinglichen Rechts an einem Grundstück) eingetragen ist, auch der wirklich Berechtigte ist und ihm das genannte Recht somit auch wirklich zusteht und er darüber auch verfügen kann. Man bezeichnet dies auch als die positive Publizität des Grundbuchs.
Reallast	Eine Reallast berechtigt nach § 1105 Abs. 1 eine bestimmte Person, wiederkehrende Leistungen aus dem belasteten Grundstück zu verlangen. Hierbei kann es sich um Sach-, Geld- oder Dienstleistungen handeln. Die wiederkehrenden Leistungen müssen nicht regelmäßig wiederkehren wie bei der Rentenschuld. Es genügt, wenn zwei Leistungen geschuldet werden. Für die Begründung, Übertragung und Aufhebung gelten die allgemeinen Vorschriften über Grundstücksrechte.
Rentenschuld	Die Rentenschuld ist eine Grundschuld, durch die das Grundstück nicht für eine feste Summe, sondern für fortdauernde Zahlungen an regelmäßig wiederkehrenden Terminen haftet (§§ 1199 ff.). Bei ihrer Begründung muss der Betrag bestimmt werden, durch dessen Zahlung die Rentenschuld durch den Grundstückseigentümer abgelöst werden kann (Ablösungssumme).
Richtigkeitsvermutung i.S.d. § 891 BGB	Nach der Richtigkeitsvermutung des § 891 Abs. 1 besteht die Vermutung, dass ein im Grundbuch eingetragenes Recht besteht und dem ausgewiesenen Inhaber zusteht. Ebenso wird vermutet, dass ein im Grundbuch gerötetes Recht nicht mehr besteht und eintragungsfähige, aber nicht eingetragene Rechte nicht bestehen.
Sachen	Sachen im Sinne des Sachenrechts sind nur körperliche Gegenstände (§ 90). Körperlichkeit im Rechtssinne liegt immer dann vor, wenn eine Beherrschbarkeit nach sachenrechtlichen Grundsätzen gegeben ist; die Lehren der Physik treten dahinter zurück.
Sachenrecht	Das Sachenrecht enthält Vorschriften, die vor allem die Beziehungen von Rechtssubjekten zu den Sachen als wesentliche Rechtsobjekte regeln.

BGB SachenR II | Grundstücksrecht

Begriff	Definition
Sicherungsgrundschuld	Die Sicherungsgrundschuld wird zur Sicherung einer Forderung bestellt. Im Unterschied zur Hypothek bleibt hier allerdings das Grundpfandrecht abstrakt zur gesicherten Forderung, so dass die Grundschuld in ihrer Entstehung wie in ihrem Bestand von der Existenz der Forderung unabhängig ist. Die Verknüpfung von Forderung und Grundschuld als Sicherungsmittel geschieht demnach nicht durch die Akzessorietät, sondern durch eine Parteivereinbarung, den sog. Sicherungsvertrag, auch Sicherungsabrede genannt; er ist die causa.
Sicherungshypothek, §§ 1184–1186 BGB	Sicherungshypothek ist eine Hypothek, bei der sich das Recht des Hypothekengläubigers allein nach der zugrunde liegenden Forderung bestimmt (§ 1184). Der Gläubiger muss daher, um die Hypothek geltend machen zu können, den Bestand der Forderung nachweisen; er kann sich hierfür nicht auf den öffentlichen Glauben des Grundbuchs berufen. Infolge der strengen Akzessorität ist auch der gutgläubige Erwerb der Sicherungshypothek bei nicht bestehender Forderung ausgeschlossen (§ 1138 findet nach § 1185 Abs. 2 keine Anwendung). Die Sicherungshypothek ist stets Buchhypothek.
Störer	Nach Ansicht des BGH ist Störer derjenige, auf dessen Willen der beeinträchtigende Zustand zurückgeht und von dessen Willen die Beseitigung abhängt. Entscheidend ist das Merkmal des Willens.
Tabularersitzung, § 901 BGB	Die sog. Tabularersitzung des § 901 „regelt quasi den umgekehrten Fall der Ersitzung", nämlich das tatsächliche Erlöschen an sich bestehender eintragungsfähiger, aber zu Unrecht im Grundbuch gelöschter beschränkt dinglicher Rechte.
Tempus-Prinzip	Das Tempus-Prinzip, auch Prioritätsgrundsatz genannt, entscheidet über die Reihenfolge und damit über den Rang der Grundstücksrechte. Nach dem in § 879 Abs. 1 Satz 2 enthaltenen materiell-rechtlichen Prioritätsprinzip richtet sich der Rang der Grundstücksrechte nach der Reihenfolge ihrer Eintragung.

Zivilrecht

Begriff	Definition
Überbau, § 912 BGB	Hat ein Grundstückseigentümer bei der Errichtung eines Gebäudes über die Grundstücksgrenze teilweise auf ein fremdes Grundstücks gebaut, so kann sich an sich der Eigentümer dieses Grundstücks hiergegen mit der Klage wegen Eigentumsstörung (§ 1004) wehren. Der Überbau ist jedoch zu dulden, wenn der Überbauende ohne Vorsatz oder grobe Fahrlässigkeit (Verschulden) gehandelt und der Nachbar nicht vor oder sofort nach der Grenzüberschreitung Widerspruch erhoben hat (sog. entschuldigter Überbau).
Unbewegliche Sachen	Unbewegliche Sachen sind die Grundstücke, also die räumlich abgrenzbaren und durch katastermäßige Vermessung genau bezeichneten Teile der Erdoberfläche, die im Grundbuch als selbständige Grundstücke eingetragen oder zumindest als solche eintragbar sind.
Unrichtigkeit des Grundbuchs	Das Grundbuch ist unrichtig, wenn sein Inhalt nicht der wahren Rechtslage entspricht, wenn also der materielle mit dem formellen Inhalt des Grundbuchs in Widerspruch steht.
Verfügung	Unter Verfügung versteht man jedes Rechtsgeschäft, das unmittelbar auf die dingliche Rechtslage einwirkt, also die Begründung, Übertragung, Inhaltsänderung oder Aufhebung von (Grundstücks-)Rechten.
Verfügungsbefugnis	Verfügungsbefugt ist grundsätzlich der materiell-rechtliche Träger der dinglichen Rechtsposition, hier also der Eigentümer als Rechtsinhaber, sofern nicht ausnahmsweise ein relatives oder absolutes Verfügungsverbot vorliegt.
Vertretbare Sachen	Vertretbare Sachen sind alle Sachen, die im Verkehr nach Zahl, Maß oder Gewicht bestimmt zu werden pflegen.
Voreintragungsprinzip	Eine Eintragung soll nach § 39 Abs. 1 GBO nur erfolgen, wenn die in ihrem Recht betroffene Person als Berechtigter voreingetragen ist (Ausnahmen: Erben, § 40 GBO und Briefpfandrechte, § 39 Abs. 2 GBO).
Vormerkung	Mit der Vormerkung erfolgt eine grundbuchmäßige Sicherung des schuldrechtlichen Anspruchs auf eine dingliche Rechtsänderung. Die Vormerkung ist als ein Sicherungsrecht eigener Art anzusehen, das der Sicherung eines schuldrechtlichen Anspruchs auf dingliche Rechtsänderung dient und damit neben dem relativen Verfügungsverbot in einzelnen Richtungen auch dingliche Wirkungen entfaltet.

BGB SachenR II | Grundstücksrecht

Begriff	Definition
Widerspruch gemäß § 899 BGB	Der Widerspruch richtet sich gegen jede Unrichtigkeit des Grundbuchs, also gegen eine unrichtige Eintragung oder Löschung eines Rechts sowie dagegen, dass eine Rechtsänderung, die sich ohne Eintragung vollzogen hat, nicht eingetragen wurde. Der Widerspruch als grundbuchrechtliches Sicherungsmittel eigener Art weist mithin auf eine (mögliche) Unrichtigkeit des Grundbuchs hin, er „protestiert" gegen die Richtigkeit des Grundbuchs. Er soll einen Rechtsverlust des wahren Berechtigten bis zur endgültigen Klärung der Rechtslage verhindern.
Wirkung des Widerspruchs	Der Widerspruch zerstört den öffentlichen Glauben des Grundbuchs hinsichtlich der Eintragung, auf die er sich bezieht, wenn er bis zum Zeitpunkt der Vollendung des Rechtserwerbs eingetragen ist. Dies folgt aus § 892 Abs. 1 Satz 1 („welcher ein Recht ... erwirbt").
Wohnungseigentum	Unter Wohnungseigentum i.S.d. WEG versteht man nach dessen Legaldefinition in § 1 Abs. 2 WEG das Sondereigentum an einer Wohnung in Verbindung mit dem Miteigentumsanteil an dem gemeinschaftlichen Eigentum, zu dem das Sondereigentum gehört.
Zustandsstörer	Zustandsstörer dagegen ist derjenige, welcher die Herrschaft über eine gefahrbringende Sache ausübt, durch welche die Störung allein oder mit verursacht wird, wenn und soweit die Beseitigung der Störung immerhin noch vom Willen des Störers abhängt, ohne dass es darauf ankommt, ob er zu dem störenden Zustand beigetragen oder ihn gekannt hat.

Sachenrecht II
Grundstücksrecht
Von Prof. Dr. Ralph Weber
3. Auflage 2011, 336 S., brosch., 22,– €
ISBN 978-3-8329-6921-9

Erbrecht

Begriff	Definition
Andeutungstheorie	Eine letztwillige Verfügung ist nach § 133 BGB nach dem wirklichen Willen auszulegen. Die Grenze dieser weiten Interpretationsmöglichkeiten bestimmt die Andeutungstheorie: So muss sich für die durch Auslegung gewonnene Lösung jedenfalls eine Andeutung im Testament finden.
Auflage	Die Auflage ist eine Leistungsverpflichtung, ohne dass dabei jemand ein Forderungsrecht erhält (§ 1940 BGB).
Ausschlagung einer Erbschaft	Da die Erbschaft sofort und unmittelbar anfällt, muss der Erbe die Möglichkeit haben, die Erbschaft abzulehnen. Diese erklärt er mit der Ausschlagung (§ 1942 I BGB).
Erbenhaftung	Alle Erben haften für die Nachlassschulden als Gesamtschuldner. Sie haben aber verschiedene Möglichkeiten, die Haftung auf den Nachlass zu beschränken.
Erbrecht	Im objektiven Verständnis bezeichnet das Erbrecht die Gesamtheit der Normen, welche die Weitergabe des Vermögens aufgrund eines Todesfalls regeln. Im subjektiven Verständnis bezeichnet Erbrecht – im Gegensatz zum Volksmund, der damit denjenigen bezeichnet, der sich etwas erhofft, – nur die Rechtsstellung desjenigen, der nach dem Erbfall tatsächlich Erbe geworden ist. Die Expektanz wird grds. nicht geschützt, selbst der Vertragserbe aus einem Erbvertrag muss u.a. erst den Erbfall erleben, um seine Rechte aus dem Vertrag geltend machen zu können.
Erbschaftskauf	Der Erbe kann seine gesamte Stellung als (Mit-)Erbe notariell mitsamt der Beteiligung am Nachlass verkaufen (§ 2371 BGB).
Erbschein	Zum Nachweis der Erbenstellung im Geschäftsverkehr, um so auf das Vermögen des Erblassers zugreifen zu können, stellt das Nachlassgericht nach einer ersten Prüfung demjenigen einen Zeugnis über das Erbrecht aus, den es für den Erben hält (§ 2353 BGB).
Erbvertrag	Der Erbvertrag ist eine letztwillige Verfügung neben den Testamenten, auch hierdurch wird ein Nachfolgerecht begründet (§ 1941 BGB).
Ersatzerbe	Für den Fall, dass der im Testament bestimmte Erbe vor oder nach dem Erbfall wegfällt, kann der Erblasser eine Ersatzperson als Erben bestimmen (§ 2096 BGB).

Erbrecht

Begriff	Definition
„Favor testamenti"	Damit wird ein Interpretationsgrundsatz bezeichnet, wonach letztwillige Verfügungen allgemein so interpretiert werden sollen, dass sie und ihre einzelnen Bestimmungen nach Möglichkeit wirksam sind.
Letztwillige Verfügung	Unter einer l.V. versteht man alle gewillkürten Gestaltungen der Erbfolge, egal ob sie die gesetzliche Erbfolge bestätigen oder abändern.
Miterbengemeinschaft	Mehrere Erben bilden eine Miterbengemeinschaft (§ 2032 BGB), bis sie den Nachlass unter sich konkret aufteilen. Diese Miterbengemeinschaft ist eine Gesamthandsgemeinschaft.
Nacherbe	Die Stellung als Erbe kann zeitlich so gestaffelt werden, dass erst ein Vorerbe, dann ein Nacherbe den Nachlass erhält (§ 2100 BGB).
Nachlasspfleger	Das Nachlassgericht setzt einen Nachlasspfleger ein, um den Nachlass zu schützen und verwalten zu lassen, bis der Erbe bestimmt und handlungsfähig ist (§ 1960 I BGB).
Parentelsystem	Mit dem P. wird die Familie in Ordnungen aufgeteilt. Diese Ordnungen umfassen den Erblasser bzw. aufsteigend seine Eltern, Großeltern usw. sowie die gesamten Abkömmlinge. Die erste Ordnung schließt die anderen aus, usw. Die Erbschaft wird grds. unter allen Angehörigen der ersten Ordnung verteilt.
Pflichtteil	Das Pflichtteilsrecht ist ein Forderungsrecht der Abkömmlinge sowie des Ehepartners und seiner Eltern gegen den Erben, soweit sie nicht Erben wurden oder der ihnen zugewendete Teil kleiner als die Hälfte ihres gesetzlichen Erbteils (§ 2305 BGB) ist. Der Pflichtteil umfasst genau die Hälfte des gesetzlichen Erbrechts.
Testament	Ein Testament ist eine Form der letztwilligen Verfügung. Sie kann einseitig oder – im Fall von Eheleuten oder einer eingetragenen Lebenspartnerschaft – auch gemeinschaftlich erstellt werden.
Testamentsvollstreckung	Der Erblasser kann bestimmen, dass und inwieweit nicht der Erbe, sondern ein Testamentsvollstrecker mit der Verwaltung des Nachlasses entweder bis zur Verteilung oder auf Dauer zuständig sein soll (§§ 2197ff BGB).

Zivilrecht

Begriff	Definition
Testierfähigkeit	Ähnlich wie die Geschäftsfähigkeit für die allgemeinen Rechtsgeschäfte ist die Testierfähigkeit die spezielle Fähigkeit, letztwillige Verfügungen treffen zu können. Sie muss dabei nicht genau der Geschäftsfähigkeit entsprechen.
Testierwille	Grundlage einer letztwilligen Verfügung ist der Testierwille, also die Absicht, den Nachlass letztwillig zu regeln.
Vermächtnis	Das Vermächtnis ist nach deutschem Recht ein Forderungsrecht gegen den Erben, etwas aus dem Nachlass herausverlangen zu können (§ 1939 BGB).
Widerruf einer Verfügung von Todes wegen	Ausdruck der Testierfreiheit ist, dass der Erblasser sein Testament jederzeit durch ein anderes Testament widerrufen bzw. aufheben kann (§§ 2253f BGB). Nur die Bindungswirkung des gemeinschaftlichen Testaments bzw. der Erbvertrags könnte dem im Weg stehen.

Erbrecht
Allgemeiner Teil
Von Prof. Dr. Mathias Schmoeckel
3. Auflage 2014, 290 S., brosch., 24,- €
ISBN 978-3-8329-7964-5

Handelsrecht

Begriff	Definition
Ablieferung § 377 I HGB	Zeitpunkt, in dem die Ware so in den Macht- und Zugriffsbereich des Käufers oder eines von ihm eingeschalteten Dritten gelangt ist, dass dieser die Mangelfreiheit der Sache überprüfen kann.
Angemessener Ausgleich eines Handelsvertreters § 89 b I 1 HGB	Durchschnittsverdienst der letzten fünf Jahre der Tätigkeit des Handelsvertreters (§ 89 b II), jedoch höchstens eine Jahresprovision.
Arthandlungsvollmacht § 54 I 2. Alt HGB	Bevollmächtigung zur Vornahme aller rechtsgeschäftlichen Handlungen, die zu einer zu einem bestimmten Handelsgewerbe gehörenden Art von Geschäften zählen.
Auftragsbestätigung (-)	Annahme eines Angebots des Vertragspartners.
Beiderseitiges Handelsgeschäft § 343 ff. HGB	Ein Geschäft, das für beide Parteien ein Handelsgeschäft ist.
Betreiber eines Gewerbes § 1 ff. HGB	Derjenige, in dessen Namen die Geschäfte abgeschlossen werden und der aus ihnen berechtigt und verpflichtet wird.
Betriebszugehörigkeit eines Rechtsgeschäftes § 343 HGB	Wenn das Geschäft dem Zweck bzw. dem Interesse des Handelsgewerbes, der Erhaltung seiner Substanz und der Erzielung von Gewinn dienen soll.
Deklaratorische Eintragung	Eine Eintragung, deren Wirkung sich darin erschöpft, Rechtsvorgänge zu bekunden, die bereits außerhalb des Registers wirksam geworden sind.
Einseitiges Handelsgeschäft § 345 HGB	Ein Geschäft, das nur für eine Partei ein Handelsgeschäft ist.
Erwerb iSd § 25 HGB	Erwerb unter Lebenden, der zu einem Wechsel des Unternehmensträgers führt. Eine Gesamtrechtsnachfolge ist kein Erwerb iSd § 25.
Firma § 17 HGB	Name des Kaufmanns unter dem er im Handelsverkehr seine Geschäfte betreibt.
Firmenfortführung § 25 HGB	Der prägende Bestandteil der Firma bleibt aus der Sicht des Rechtsverkehrs gleich. Auf die Zustimmung des Veräußerers kommt es nicht an.

Zivilrecht

Begriff	Definition
Fixhandelskauf § 376 HGB	Die Leistung des einen Teils soll zu einer bestimmten Zeit oder innerhalb einer fest bestimmten Frist bewirkt werden und der Fortbestand des Leistungsinteresses des Gläubigers ist an die Rechtzeitigkeit der Leistung gebunden.
Franchisenehmer	Ein selbständiger Unternehmer, der von einem anderen Unternehmer (Franchisegeber) ständig damit betraut ist, im eigenen Namen und auf eigene Rechnung gegen Zahlung eines Entgelts, Produkte am Markt anzubieten, und hierbei gegen Entrichtung eines Entgelts an den Franchisegeber zur Nutzung des Konzeps befugt, aber auch verpflichtet ist.
Freiberufliche Tätigkeiten § 1 ff. HGB	Vorwiegend höchstpersönliche Dienstleistungen, die idR künstlerische, wissenschaftliche oder akademische Fähigkeiten erfordern. (vgl. § 1 II PatG)
Gemischte Gesamtvertretung § 125 III HGB	Ein Prokurist kann nur gemeinsam mit einem organschaftlichen Vertreter handeln und umgekehrt.
Generalhandlungsvollmacht § 54 I 1. Alt. HGB	Bevollmächtigung zur Vornahme von Geschäften und Rechtshandlungen, die der Betrieb eines solchen Handelsgewerbes gewöhnlich mit sich bringt. Beachte Unterschied zur Generalvollmacht iSd § 167 I BGB.
Gesamtprokura § 48 I HGB	Nur mehrere Prokuristen gemeinsam können einen Kaufmann vertreten.
Geschäft iSd § 343 HGB	Jedes rechtserhebliche willentliche Verhalten.
Geschäftsfortführung § 25 HGB	Der den Schwerpunkt der geschäftlichen Tätigkeit bildende wesentliche Kern wird übernommen.
Gewerbe § 1 ff. HGB	Eine selbständige, entgeltliche und planmäßige auf eine gewisse Dauer angelegte Tätigkeit, die nicht den freien Berufen zuzuordnen ist.
Gewinnerzielungsabsicht § 1 ff. HGB	Die Intention, mit seinen Leistungen einen Überschuss zu erwirtschaften.
Gewöhnliche Geschäfte iRd Ladenvollmacht § 57 HGB	Rechtsgeschäftliche Handlungen, die für die konkrete Branche und den konkreten Ladentyp üblich sind.
Grundlagengeschäft § 49 I HGB	Rechtsgeschäfte, die die Organisation des Handelsgewerbes betreffen (Grundlagengeschäfte werden nicht vom Umfang der Prokura erfasst).

Handelsrecht

Begriff	Definition
Grundsatz der Firmenbeständigkeit (-)	Eine Firma darf auch bei Veränderungen des Namens und des Inhabers weitergeführt werden, solange sie nicht gegen den Grundsatz der Firmenwahrheit verstößt.
Grundsatz der Firmeneinheit (-)	Ein Unternehmensträger darf für ein Unternehmen nur eine Firma führen.
Grundsatz der Firmenwahrheit § 18 II HGB	Das Zeichen darf keine Angaben über geschäftliche Verhältnisse enthalten, die für die angesprochenen Verkehrskreise wesentlich und zudem geeignet sind, diese irrezuführen.
Grundsatz der Firmenunterscheidbarkeit § 30 I HGB	Eine Firma muss sich von allen am selben Ort oder derselben Gemeinde befindlichen und in das Handelsregister eingetragenen Firmen deutlich unterscheiden.
Gutgläubigkeit iSd § 15 I HGB	Der Dritte kennt die wahre Rechtslage nicht. Eine (grob) fahrlässige Unkenntnis ist unschädlich.
Gutgläubigkeit iSd § 366 I HGB	Der Erwerber ist gutgläubig, wenn ihm die Verfügungsbeschränkung des Verfügenden unbekannt oder infolge leichter Fahrlässigkeit unbekannt ist.
Gutgläubigkeit iSd § 366 III HGB	Bezieht sich nicht auf den guten Glauben an eine Verfügungsbefugnis des Kommissionärs (bzw. Frachtführers, Spediteurs oder Lagerhalters), sondern auf die Befugnis zum Abschluss von Verträgen, die in Verbindung mit der Besitzverschaffung zur Entstehung des gesetzlichen Pfandrechts führen.
Handelsgeschäft iSd § 25 HGB	Ein kaufmännisches Handelsgewerbe.
Handelsgeschäft iSd § 343 HGB	Ein Geschäft, an dem mindestens ein Kaufmann beteiligt ist und das zu seinem Handelsgewerbe gehört.
Handelsgesellschaft § 6 I HGB	Eine Gesellschaft, die in das Handelsregister eingetragen wird bzw. werden muss.
Handelsgewerbe § 1 II HGB	Ein Gewerbe, das einen in kaufmännischer Weise eingerichteten Geschäftsbetrieb erfordert.
Handelskauf §§ 373-381 HGB	Ein Rechtsgeschäft, das den Kauf von Waren und Wertpapieren zum Gegenstand hat und das für mindestens eine Partei ein Handelsgeschäft ist.
Handelsmakler § 93 I HGB	Wer gewerbsmäßig für andere die Vermittlung von Verträgen über Gegenstände des Handelsverkehrs übernimmt, ohne von ihnen ständig damit betraut zu sein.

Zivilrecht

Begriff	Definition
Handelsvertreter § 84 I 1 HGB	Wer als selbständiger Gewerbetreibender ständig damit betraut ist, für einen anderen Unternehmer Geschäfte zu vermitteln (Vermittlungsvertreter) oder in dessen Namen abzuschließen (Abschlussvertreter).
Handlungsvollmacht § 54 HGB	Vollmacht, die ein Kaufmann im Rahmen seines Handelsgewerbes erteilt und die nicht Prokura ist.
In kaufmännischer Weise eingerichteter Gewerbebetrieb § 1 II HGB	Ein Unternehmen, das nach Art und Umfang seiner Tätigkeit am Markt nur überschaubar und kontrollierbar ist, wenn wesentliche Grundzüge des kaufmännischen Wirtschaftens berücksichtigt werden.
Kannkaufmann § 2 HGB	Wer ein Kleingewerbe betreibt und kraft Eintragung ins Handelsregister die Kaufmannseigenschaft erlangt.
Kaufmännische Einrichtung § 1 II HGB	Strukturen, die ein Kaufmann gewöhnlich für die Organisation und Abwicklung seines Unternehmens benötigt und verwendet.
Kaufmännisches Bestätigungsschreiben	Ein Schreiben, das der Absender, der ersichtlich davon ausgeht, dass zwischen den Kontrahenten ein Vertrag bereits abgeschlossen wurde, im unmittelbaren Anschluss an die Verhandlungen versendet, um diese zu bestätigen.
Kennzeichnungseignung § 18 I 1 1. HS HGB	Sie kommt einem Zeichen zu, wenn es geeignet ist, sich dem Rechtsverkehr als Bezeichnung eines Unternehmensträgers einzuprägen.
Kleingewerbetreibender § 2 HGB	Wer ein Gewerbe betreibt, aber einen in kaufmännischer Weise eingerichteten Gewerbebetrieb nicht erfordert.
Kommissionsagent §§ 84 ff. HGB analog	Selbständiger Gewerbetreibender, der ständig damit betraut ist, im eigenen Namen, aber für Rechnung eines anderen Unternehmers, Verträge abzuschließen.
Kommissionär § 383 HGB	Wer gewerbsmäßig entweder als Kaufmann oder als nicht eingetragener Kleingewerbetreibender (§ 383 II 2) im eigenen Namen, aber auf Rechnung eines anderen (Kommittent), Geschäfte abschließt.
Kommittent § 383 HGB	Der Auftraggeber, für dessen Rechnung der Kommissionär tätig wird.
Konstitutive Eintragung	Eine Eintragung, die die materielle Wirkung der eingetragenen Tatsache erst herbeiführt.

Handelsrecht

Begriff	Definition
Kontokorrent § 355 HGB	Eine Form der Leistungsabwicklung, die eine gegenseitige Verrechnung von beidseitigen Forderungen und Verbindlichkeiten zweier Vertragspartner durch Feststellung eines Saldos zum Gegenstand hat.
Laden § 57 HGB	Für das Publikum offenstehende Räume, in denen der Inhaber seine Geschäfte betreibt und am Markt auftritt.
Ladenvollmacht § 57 HGB	Die Bevollmächtigung zur Vornahme von rechtsgeschäftlichen Handlungen, die in dem in Rede stehenden Laden gewöhnlich vorgenommen werden.
Land- und forstwirtschaftliche Tätigkeit § 3 HGB	Die Bearbeitung und Ausnutzung des Bodens mit dem Ziel, organische Stoffe zu gewinnen.
Negative Publizität § 15 I HGB	Ein Dritter darf auf eine Nichteintragung bzw. -bekanntmachung vertrauen.
Planmäßig und auf gewisse Dauer angelegt § 1 ff. HGB	Eine Tätigkeit, die auf eine unbestimmte Vielzahl von Geschäftsabschlüssen ausgerichtet ist und nicht von Anfang an die Erreichung eines eng umgrenzten Erfolges bezweckt.
Positive Publizität § 15 III HGB	Ein Dritter darf auf die fälschlicherweise eingetragene und bekanntgemachte Tatsache vertrauen.
Prokura § 48 ff. HGB	Eine rechtsgeschäftlich erteilte Vertretungsmacht, deren Umfang gesetzlich bestimmt ist.
Saldo § 355 HGB	Der Überschuss der gegenseitigen Forderungen und Verbindlichkeiten, der einem der Vertragspartner zusteht.
Scheinkaufmann (-)	Wer in zurechenbarer Weise den Eindruck einer Kaufmannseigenschaft erweckt und damit kausal das rechtsgeschäftliche Handeln eines gutgläubigen Dritten herbeigeführt hat.
Selbständigkeit § 84 I 2 HGB	Selbständig ist, wer im Wesentlichen frei seine Tätigkeit gestalten und seine Arbeitszeit bestimmen kann.
Spezialhandlungsvollmacht § 54 I 3. Alt. HGB	Bevollmächtigung zur Vornahme einzelner, zu einem Handelsgewerbe gehörender Geschäfte.
Ständige Betrauung § 84 I 1 HGB	Ständig betraut ist derjenige, dessen Tätigkeit auf eine Vielzahl von Vertragsabschlüssen gerichtet und auf eine gewisse Dauer angelegt ist.
Unterscheidungskraft § 18 I 1 2. HS HGB	Die Eignung einer Firma, einen Unternehmensträger von einem anderen zu unterscheiden.

Zivilrecht

Begriff	Definition
Untersuchung § 377 I HGB	Ein tatsächlicher Vorgang, der die Mangelhaftigkeit der abgelieferten Sache feststellen soll.
Unverzüglichkeitsgebot § 25 HGB	Danach muss die Anmeldung zur Eintragung im Handelsregister oder die sonstige Mitteilung unverzüglich (ohne schuldhaftes Zögern) nach der Unternehmensübernahme erfolgen, damit die Haftung wirksam ausgeschlossen wird.
Veranlasserprinzip § 15 III HGB	Es muss sich nur derjenige eine unrichtige Bekanntmachung zurechnen lassen, der durch sein Handeln zumindest mittelbar das Tätigwerden des Registergerichts veranlasst hat.
Vertragshändler (analog §§ 84 ff. HGB)	Ein Gewerbetreibender, der im eigenen Namen und auf eigene Rechnung Waren des Herstellers (bzw. Lieferanten) vertreibt und dabei in die Absatzorganisation des Herstellers eingegliedert ist.
Zweigniederlassung § 13 HGB	Ein Unternehmensteil, der eine gewisse Eigenständigkeit innehält und sich in dauerhafter räumlicher Trennung von der Hauptniederlassung befindet.

Handelsrecht
Von Prof. Dr. Anja Steinbeck
3. Auflage 2014, 256 S., brosch., 22,– €
ISBN 978-3-8329-5523-6

Gesellschaftsrecht

Begriff	Definition
Abspaltungsverbot	Ansprüche, die den Gesellschaftern aus dem Gesellschaftsverhältnis gegeneinander zustehen, sind nicht übertragbar
Akzessorietätstheorie	Der handelnde Gesellschafter verpflichtet kraft seiner Vertretungsmacht nur die Gesellschaft. Seine und die Haftung der Mitgesellschafter folgt aus einer analogen Anwendung des § 128 HGB.
Bareinlage	Erbringung der geschuldeten Einlage als Geldleistung.
Bestimmtheitsgrundsatz	Aus der Mehrheitsentscheidungen zulassenden Klausel im Gesellschaftsvertrag muss sich eindeutig ergeben, über welche Beschlussgegenstände mit Mehrheit entschieden werden kann.
Doppelverpflichtungstheorie	Die Gesellschafter haften für rechtsgeschäftliche Verbindlichkeiten persönlich, wenn der handelnde Gesellschafter beim Abschluss des Rechtsgeschäfts nicht nur die Gesellschaft, sondern auch die anderen Gesellschafter wirksam vertritt.
Einfache Nachfolgeklausel	Klausel im Gesellschaftsvertrag, nach der die Gesellschaft mit den Erben fortgesetzt wird, ohne dass in der Klausel bestimmte Personen als Erben genannt werden.
Einlage des Kommanditisten	Beitrag, den zu erbringen sich der Kommanditist im Gesellschaftsvertrag verpflichtet hat, um das haftende Vermögen der Gesellschaft zu vermehren.
Einlagen	Beiträge, die zur Eigenkapitalbildung in das Gesellschaftsvermögen zu erbringen sind, um die Haftungsmasse zu mehren.
Eintrittsklausel	Klausel, die bestimmten Personen das Recht einräumt, im Falle des Todes eines Gesellschafters in die Gesellschaft einzutreten.
Erfüllungstheorie	Der Gesellschafter, der gegenüber einem Dritten für Verbindlichkeiten der Gesellschaft haftet, schuldet diesem die Erfüllung der Verbindlichkeit in natura, also dasselbe, das dieser von der Gesellschaft erlangt hätte.
Existenzvernichtender Eingriff	Gezielter, betriebsfremden Zwecken dienender und kompensationsloser Entzug von Vermögenswerten, die die Gesellschaft zur Begleichung ihrer Verbindlichkeiten benötigt.

Zivilrecht

Begriff	Definition
Fortsetzungsklausel	Klausel im Gesellschaftsvertrag, der zufolge die Gesellschaft beim Tod eines Gesellschafters unter den verbleibenden Gesellschaftern fortgesetzt wird.
Geschäftsführung	Jede auf die Verfolgung des Gesellschaftszwecks gerichtete Tätigkeit der Gesellschafter.
Grundsatz der Selbstorganschaft	Die Gesellschafter selbst sind dazu berufen, die Geschäfte der Gesellschaft zu führen und diese gegenüber Dritten zu vertreten.
Haftsumme	Betrag, auf den die Haftung des Kommanditisten gegenüber den Gläubigern einer KG der Höhe nach beschränkt ist; Haftungsobergrenze im Außenverhältnis.
Haftungstheorie	Der Gesellschafter, der gegenüber einem Dritten für Verbindlichkeiten der Gesellschaft haftet, haftet dem Gläubiger stets nur auf das Interesse, schuldet ihm also immer nur Geld.
Handelndenhaftung	Haftung für ein Handeln im Namen der Gesellschaft vor deren Eintragung nach § 11 Abs. 2 HGB.
Hin- und Herzahlen	Der Einlagebetrag soll absprachegemäß, z.B. als Darlehen oder auf Grund einer Treuhandabrede, wieder an den Einleger zurückfließen.
Kaduzierung	Verfahren nach §§ 21 ff. GmbHG, nach dem der Ausschluss eines säumigen Gesellschafters ermöglicht wird.
Kernbereichslehre	Es existiert ein Kernbereich von Rechten, die nicht der Disposition der Mehrheit unterliegen.
Kommanditist	Gesellschafter einer KG, bei dem die Haftung gegenüber Gesellschaftergläubigern auf den Betrag einer bestimmten Vermögenseinlage beschränkt ist.
Komplementär	Gesellschafter einer KG, dessen Haftung gegenüber Gesellschaftergläubigern nicht beschränkt ist, sondern die unbeschränkt persönlich haften.
Lehre von der fehlerhaften Gesellschaft	Bei einer in Vollzug gesetzten Gesellschaft können Nichtigkeits- und Anfechtungsgründe nur für die Zukunft berücksichtigt werden.

Gesellschaftsrecht

Begriff	Definition
Qualifizierte Nachfolgeklausel	Klausel im Gesellschaftsvertrag, nach der die Gesellschaft mit bestimmten, in der Klausel benannten Erben fortgesetzt wird.
Quotenschaden	Schaden, der einem Altgläubiger einer GmbH dadurch entstanden ist, dass die zu erzielende Quote verringert worden ist, weil das zum Zeitpunkt der Insolvenzreife bestehende Vermögen durch die verzögerte Antragsstellung noch weiter geschmälert wurde.
Sacheinlage	Jede Form der Einlage, die nicht in Geld besteht.
Sozialansprüche	Ansprüche, die der Gesellschaft gegen einzelne Gesellschafter zustehen und die aus dem Gesellschaftsverhältnis herrühren.
Sozialverpflichtungen	Ein auf dem Gesellschaftsverhältnis beruhender Anspruch des Gesellschafters gegen die Gesellschaft.
Verdeckte Sacheinlage	Zwar ist die Erbringung einer Bareinlage vereinbart, jedoch wird diese unter eine Abrede gestellt, so dass der Gesellschaft letztlich kein Geld, sondern ein Sachwert zufließt.
Vermögenstheorie	Gesellschafter sind Inhaber eines dinglich gebundenen Gesamthandsvermögens, das von dem Privatvermögen der Gesellschafter strikt zu trennen ist.
Verlustdeckungshaftung	Haftung der Gesellschafter für die im Gründungsstadium begründeten Verbindlichkeiten.
Vinkulierung	Verknüpfung der Wirksamkeit der Abtretung von Geschäftsanteilen mit bestimmten Voraussetzungen, zum Beispiel der Genehmigung der Gesellschaft.
Vorbelastungshaftung	Die Gesellschafter haften der Gesellschaft anteilig auf den Ausgleich des Differenzbetrags, der sich am Stichtag der Eintragung zwischen dem Wert des Gesellschaftsvermögens und dem Stammkapital ergibt.
Vorgesellschaft/ Vor-GmbH	Gesellschaft sui generis, die mit formgerechtem Abschluss des Gesellschaftsvertrages entsteht, bis zur Eintragung der GmbH fortdauert und mit der späteren GmbH identisch ist.

Zivilrecht

Begriff	Definition
Vorgründungs-gesellschaft/ Vorvertrags-gesellschaft	Innen-GbR, die im Vorgründungsstadium der GmbH bis zur notariellen Beurkundung des Gesellschaftervertrages besteht.

Gesellschaftsrecht
Von Prof. Dr. Johann Kindl
2011, 356 S., brosch., 24,– €
ISBN 978-3-8329-1995-5

Bankrecht

Begriff	Definition
Abstrakte Sicherheiten	Sicherheiten, die in ihrem rechtlichen Bestand von der gesicherten Forderung unabhängig sind und auch nach deren Tilgung noch dem Darlehensgeber zustehen, z.B. Sicherungsgrundschuld, Sicherungsübereignung, Sicherungsabtretung.
AGB-Banken/ -Sparkassen	Die AGB-Banken und die im Wesentlichen gleichlautenden AGB-Sparkassen enthalten zahlreiche wichtige Vereinbarungen für die privatrechtliche Geschäftsbeziehung zwischen Bank und Kunde. Sie werden stets in die geschlossenen Verträge einbezogen.
Akzeptkredit	Die Grundform des sog. Haftungskredits, bei dem die Bank einen auf sie gezogenen Wechsel (nach dem Wechselgesetz) akzeptiert, womit sie für dessen Einlösung haftet, und dem Aussteller (Kunden) so die Möglichkeit gibt, den Wechsel als Zahlungsmittel oder zur Geldbeschaffung durch Veräußerung des Wechsels zu verwenden.
Akzessorische Sicherheiten	Sicherheiten, die in ihrem rechtlichen Bestand von der gesicherten Forderung abhängig sind und automatisch erlöschen, soweit das Darlehen zurückgezahlt wurde, z.B. Pfandrecht, Bürgschaft, Hypothek (mit der Besonderheit, dass eine Eigentümergrundschuld entsteht, soweit das Darlehen zurückgezahlt wurde).
Allgemeiner Bankvertrag	Konkludent geschlossener Rahmenvertrag zwischen Bank und Kunde, aus dem als Dauerschuldverhältnis besondere Sorgfalts-, Verhaltens- und Berufspflichten hergeleitet werden sollen und der übergeordnet zu den einzelnen Verträgen bestehen soll. Die Lehre vom Allgemeinen Bankvertrag wird vom BGH und der wohl überwiegenden Lit. zu Recht als überflüssig abgelehnt.
Anderkonto	Treuhandkonto, auf dem der Kontoinhaber fremdes Geld verwaltet, das ihm von einem Treugeber zur Verfügung gestellt wurde. Oftmals geführt von Notaren, Rechtsanwälten oder Steuerberatern, die hierauf Kundengelder für bestimmte Geschäftsvorfälle treuhänderisch verwalten.

Zivilrecht

Begriff	Definition
Anlageberatung	Anlageberatung ist die vertraglich gewollte und aufgrund besonderer Sachkunde erteilte informierende Aufklärung und bewertende Beurteilung bestimmter Anlageformen, die sich bezieht auf eine konkret ins Auge gefasste oder zunächst unbestimmt gewollte Anlage wie auch auf die persönlichen und wirtschaftlichen Verhältnisse dessen, der die Beratung in Anspruch nimmt. § 2 Abs. 3 Nr. 9 WpHG definiert Anlageberatung als die Abgabe von persönlichen Empfehlungen an Kunden oder deren Vertreter, die sich auf Geschäfte mit bestimmten Finanzinstrumenten beziehen, sofern die Empfehlung auf eine Prüfung der persönlichen Umstände des Anlegers gestützt oder als für ihn geeignet dargestellt wird und nicht ausschließlich über Informationsverbreitungskanäle oder für die Öffentlichkeit bekannt gegeben wird.
Anlagevermittlung	Bei der Anlagevermittlung vertreibt der Vermittler, in der Regel für einen Kapital suchenden Dritten, bestimmte Kapitalanlagen, z.B. Aktien, sonstige Wertpapiere usw. § 2 Abs. 3 Nr. 4 WpHG definiert Anlagevermittlung als die Vermittlung von Geschäften über die Anschaffung und die Veräußerung von Finanzinstrumenten.
Anleger- und objektgerechte Beratung	Banken sind ihren Kunden im Rahmen eines Beratungsvertrags zu einer anleger- und objektgerechten Beratung verpflichtet. Die anlegergerechte Beratung bezieht sich auf die zu beratende Person, insbesondere auf seine wirtschaftlichen Verhältnisse. Entscheidend für die Pflichten der Bank sind insoweit die Wünsche und Vorstellungen des Kunden und Beratungsempfängers, ferner sein Informationsstand und Erfahrungshorizont sowie seine objektiven wirtschaftlichen Interessen und seine finanzielle Situation. Wichtig hierfür ist die Einordnung des Kunden als in solchen Geschäften entweder unerfahrenen, „unprofessionellen" Privatkunden oder als ausreichend erfahrenen, versierten und informierten professionellen Kunden. Eine anlegergerechte Beratung setzt demnach voraus, dass die Bank den Wissensstand des Kunden über Anlagegeschäfte der vorgesehenen Art, seine Risikobereitschaft und sein Anlageziel berücksichtigt. Nicht erforderlich ist es, dass der Anlageberater den Kunden ausdrücklich zu diesen Umständen befragt, wenn ihm die für eine anlegergerechte Beratung relevanten Umstände bereits bekannt sind.

Bankrecht

Begriff	Definition
	Die objektgerechte Beratung bezieht sich auf die konkret gewünschte oder als möglich ins Auge gefasste Anlageform. Hier richten sich die Pflichten der Bank in erster Linie danach, welche Anlageobjekte gewollt und mit welchen Vermögensrisiken diese verbunden sind. Eine objektgerechte Beratung erfordert demnach eine Aufklärung des Kunden über die allgemeinen Risiken (z.B. Konjunkturlage, Entwicklung des Kapitalmarkts) sowie die speziellen Risiken, die sich aus den besonderen Umständen des Anlageobjekts ergeben. Während eine Aufklärung über diese Umstände richtig und vollständig zu sein hat, muss die Bewertung und Empfehlung eines Anlageobjekts unter Berücksichtigung der genannten Gegebenheiten ex ante betrachtet lediglich vertretbar sein. Der Kunde trägt damit das Risiko, dass sich eine Anlageentscheidung im Nachhinein als falsch erweist.
Annuitätendarlehen	Ratenkredit, der mit regelmäßigen (i.d.R. monatlichen oder vierteljährlichen) gleichbleibenden Raten (Annuitäten) zurückgezahlt wird. In der Annuität sind Tilgung und Zinsen enthalten, wobei der Zinsanteil mit jeder Zahlung wegen der Rückführung der verzinslichen Darlehensforderung abnimmt und der Tilgungsanteil sich gleichermaßen erhöht.
Atypische Sicherheiten	Hierbei handelt es sich um Vereinbarungen, die den Rückzahlungsanspruch des Darlehensgebers stützen sollen, ohne einen direkten zusätzlichen wirtschaftlichen Wert zu verschaffen. Z.B. Positiv- und Negativerklärungen oder Rangrücktrittserklärungen.
Automatisierte Zahlungssysteme	Hierunter werden eine Reihe von Geschäften des bargeldlosen Zahlungsverkehrs zusammengefasst, wie z.B. das ec-Geldautomatensystem, die Electronic-cash-Systeme durch ec-Kartenzahlung in Geschäften mittels Geheimnummer oder Unterzeichnung eines Einzugsauftrages, die Zahlung mittels Geldkarte, das Online-Banking sowie das Elektronische Geld (E-Geld, Netzgeld), mit dem in Zahlungssystemen im Internet bezahlt wird.
Avalkredit	Übernahme einer Bürgschaft (Aval) durch die Bank im Auftrag des Kunden einem Dritten gegenüber, z.B. Mietbürgschaft, Gewährleistungsbürgschaft. Es handelt sich für die Bank um eine Eventualverbindlichkeit, da ihre Inanspruchnahme ungewiss ist. Im Falle ihrer Inanspruchnahme kann sie bei ihrem Kunden Regress nehmen.

Zivilrecht

Begriff	Definition
Bankaufsichtsrecht	Teil des öffentlichen Bankrechts, das die Funktionssicherheit des Bankwesens gewährleisten soll. Im Hinblick auf die nationale Bankaufsicht ist dieses ganz überwiegend im Kreditwesengesetz geregelt. Daneben finden sich aufsichtsrechtliche Bestimmungen im Kapitalanlagegesetzbuch, im Bausparkassengesetz und im Geldwäschegesetz. Die Bankaufsicht wird von der Bundesanstalt für Finanzdienstleistungsaufsicht wahrgenommen.
Bankentgelte	Bankentgelte ist der Oberbegriff für die von den Kreditinstituten für ihre Leistungen beanspruchten unterschiedlichen Gegenleistungen bzw. Entschädigungen in Form von Zinsen, Entgelten, Aufwendungsersatz und Schadensersatz (ggf. als Pauschalen). Unter bestimmten Voraussetzungen unterliegen die zugrundeliegenden AGB-Klauseln einer richterlichen Inhaltskontrolle.
Bankgeheimnis	Eine gesetzlich in Deutschland nicht geregelte, sich als Nebenpflicht aus der Vertragsbeziehung zwischen Bank und Kunde ergebende Verpflichtung der Bank, auf die Rechte und Interessen des Kunden Rücksicht zu nehmen und kundenbezogene Tatsachen und Wertungen vertraulich zu behandeln. Es findet Erwähnung in Nr. 1 Abs. 1 AGB-Sparkassen und wird auch in § 30a Abgabenordnung vorausgesetzt.
Bankkonto	Von einer Bank für einen Kunden geführte Abrechnung über die einzelnen Teile der Geschäftsbeziehung. Es gibt je nach Art des zugrunde liegenden Vertrages unterschiedliche Kontoarten (Zahlungskonto, Sparkonto, Darlehenskonto usw.). Das Konto ist auch Teil der kaufmännischen Buchführungspflicht der Bank.
Bankrecht	Die Summe aller Regelungen, die für die einzelnen Bankgeschäfte gelten, und solche Regelungen, die das Bankgewerbe als Institution betreffen.
Basel II, III	In den Regelwerken Basel II und III werden vom Baseler Ausschuss für Bankenaufsicht – als Folge der Finanzmarktkrisen – erhöhte Eigenkapitalanforderungen für Banken definiert.

Bankrecht

Begriff	Definition
Bereitstellungsprovision	In Form eines Prozentsatzes vom (Rest-)Darlehensbetrag ausgedrücktes Entgelt für die Bereithaltung eines Darlehens zur Auszahlung an den Darlehensnehmer auf dessen Abruf. Die Bank vereinbart dies regelmäßig ab einem bestimmten Zeitpunkt nach Abschluss des Darlehensvertrages als Gegenleistung dafür, dass sie die (noch nicht oder nicht vollständig vom Darlehensnehmer abgerufene) Darlehensvaluta selbst refinanzieren und sodann für den Abruf durch den Kunden verfügbar halten muss, ohne bereits den Darlehenszins berechnen zu können (mangels Auszahlung).
Besitzmittlungsverhältnis	Rechtsverhältnis im Sinne des § 868 BGB, vermöge dessen der unmittelbare Besitzer einer Sache einem anderen gegenüber auf Zeit zum Besitz berechtigt oder verpflichtet ist (letzterer ist der mittelbare Besitzer). Im Kreditsicherungsrecht ist die Sicherungsabrede in einem Sicherungsübereignungsvertrag z.B. ein solches Rechtsverhältnis, das ein Besitzmittlungsverhältnis im Sinne des § 868 BGB darstellt.
Bestimmtheitsgrundsatz	Bei der Übereignung einer Sache zur Sicherheit oder der Abtretung einer bestehenden Forderung zur Sicherheit sind diese so eindeutig im Sicherungsvertrag zu bezeichnen, dass allein anhand dieses Vertrages ohne Hinzuziehung weiterer Unterlagen eindeutig festgestellt werden kann, welche Sache übereignet bzw. welche Forderung abgetreten wurde.
Bundesanstalt für Finanzdienstleistungsaufsicht	Seit 2002 bestehende deutsche Aufsichtsbehörde für Banken und Finanzdienstleistungsunternehmen, die für die Umsetzung des Bankaufsichtsrechts und die Kontrolle der Institute zuständig ist.
Bürgschaft	Gemäß § 765 BGB ist dies die Verpflichtung des Bürgen gegenüber dem Gläubiger eines Dritten, für die Verbindlichkeit des Dritten einzustehen.
Deckungsverhältnis	Beschreibt bei einem bargeldlosen Zahlungsvorgang gleich welcher Art das Rechtsverhältnis zwischen dem Zahler und seiner Bank (Zahlungsdienstleister).

Zivilrecht

Begriff	Definition
Disagio	Zinsvorauszahlung in einer Summe bei Auszahlung des Darlehens, um die monatliche Zinsbelastung zu reduzieren. Es wird von der Bank ein bestimmter Betrag von dem auszuzahlenden Darlehensbetrag sogleich abgesetzt und als Vorauszahlung auf die Zinsschuld einbehalten. Es handelt sich aber gleichwohl um ein laufzeitabhängiges Entgelt. Der Zeitraum, auf den das Disagio zu verteilen sein soll, wird regelmäßig im Vertrag vereinbart. Im Falle einer vorzeitigen Rückzahlung des Darlehens kann daher ein Erstattungsanspruch bestehen.
Drei Säulen des Bankwesens	Hiermit werden die drei (Banken-)Institutsgruppen in Deutschland bezeichnet: die öffentlich-rechtlichen Landesbanken und Sparkassen, die genossenschaftsrechtlichen Volks- und Raiffeisenbanken sowie die privatrechtlichen Großbanken und Privatbankiers.
Drittschuldner-erklärung	Gemäß § 840 ZPO von der Bank innerhalb von zwei Wochen ab Zustellung eines Pfändungs- und Überweisungsbeschlusses gegenüber einem Pfändungsgläubiger abzugebende Wissenserklärung über das Bestehen und den Umfang gepfändeter Ansprüche des Kunden (Vollstreckungsschuldner) gegen die Bank (Drittschuldner).
Drittsicherheiten	Die von einer anderen Person als dem Darlehensnehmer selbst gewährte Sicherheit. Bürgschaften und Garantien sind stets Drittsicherheiten, aber auch alle anderen Sicherheiten können als Drittsicherheiten gewährt werden.
Eingang vorbehalten	Die Banken schreiben Einzugspapiere (Schecks, Lastschriften) den Konten ihrer Kunden jeweils unter der Bedingung gut, dass diese von den Zahlungspflichtigen letztlich bei Vorlage auch eingelöst werden. Geht das Geld von diesen nicht ein, weil die Lastschrift oder der Scheck z.B. mangels Deckung des Kontos des Zahlungspflichtigen nicht eingelöst werden konnte, wird die Gutschrift auf dem Kundenkonto wieder rückgängig gemacht.
Einlagensicherung	Sicherungssystem, das im Falle einer Bankeninsolvenz jedenfalls einen Teil der Kundengelder (jeweils mind. 20.000 €) gewährleistet. Neben der Mindestabsicherung haben die verschiedenen Institutsgruppen in Deutschland unterschiedliche zusätzliche Sicherungssysteme aufgebaut, über die weitere Beträge abgesichert werden.

Bankrecht

Begriff	Definition
Einrede der Vorausklage	Der Bürge kann gemäß § 771 BGB die Befriedigung des Gläubigers im Wege der Einrede der Vorausklage verweigern, solange nicht der Gläubiger eine Zwangsvollstreckung gegen den Hauptschuldner ohne Erfolg versucht hat. Auf diese Einrede kann der Bürge aber bereits im Vorwege verzichten und übernimmt dann eine sog. „selbstschuldnerische Bürgschaft".
Einzelabtretung	Abtretung einer einzelnen Forderung zur Sicherheit an den Darlehensgeber.
Einzelkonto	Einer Person als alleinigem Kontoinhaber zustehendes Konto.
electronic-cash-System	Zahlung von Waren oder Dienstleistungen mit einer ec-Karte an einer automatisierten Kasse des Unternehmens entweder im POS- (Geheimnummer) oder im POZ-Verfahren (Unterzeichnung Abbuchungsbeleg).
Elektronisches Geld	Als „E-Geld" oder „Netzgeld" wird der (i.d.R. im Internet) elektronisch gespeicherte Gegenwert einer Forderung gegen den jeweiligen Emittenten bezeichnet. Der Kunde lässt dem Emittenten z.B. durch Überweisung auf ein Konto einen entsprechenden Geldbetrag zukommen, der ihm sodann als E-Geld für Zahlungsvorgänge z.B. im Internet zur Verfügung gestellt wird (z.B. Guthaben bei „Paypal").
Elektronisches Lastschriftverfahren	Beim ELV zahlt der Kunde mit seiner ec-Karte an einer automatisierten Kasse eine Ware oder Dienstleistung, indem über den geschuldeten Betrag ein Leistungsbeleg erstellt und von dem Kunden unterzeichnet wird. Dies ermächtigt den Unternehmer den Betrag mittels (elektronischer) Lastschrift vom Konto des Kunden abzubuchen. Eine Zahlungsgarantie besteht indes nicht, so dass eine Einlösung bei mangelnder Kontodeckung nicht erfolgt.
Emittentenrisiko	Bezeichnet das Risiko, dass ein Anleger sein in ein bestimmtes Wertpapier investiertes Geld wegen der Insolvenz des Emittenten nicht zurück erhält. Emittent ist eine Institutionen, die zum Zwecke der Kapitalbeschaffung Wertpapiere oder ähnliche Urkunden auf den Geld- oder Kapitalmärkten ausgibt oder mit Hilfe eines Bankenkonsortiums ausgeben lässt.

Zivilrecht

Begriff	Definition
Execution-only	Unter „Execution-only" versteht die Bankpraxis die Durchführung von Wertpapiergeschäften ohne vorhergehende Beratung. Die Dienstleistung der Bank beschränkt sich im Wesentlichen auf die Ausführung und Abrechnung der Aufträge. Es sind hierbei zwei verschiedene Grundtypen von Geschäften zu unterscheiden: Das absolute „Execution-only-Geschäft", das in § 31 Abs. 7 WpHG erwähnt wird, ist eine Geschäftsform, bei der die Bank sich auf die reine Ausführung von Wertpapieraufträgen (z.B. Aktienkäufe) beschränken darf, ohne irgendwelche Prüfungs- oder Warnpflichten erfüllen zu müssen. In der Praxis hat diese Geschäftsform nur geringe Bedeutung, da sie auf sog. nicht-komplexe Finanzinstrumente beschränkt ist. Häufiger kommen demgegenüber sog. „beratungsfreie Geschäfte", geregelt in § 31 Abs. 5 WpHG, vor. Die Bank muss bei Eingang solcher Aufträge prüfen, ob der betroffene Kunde über die erforderlichen Kenntnisse und Erfahrungen verfügt, um die Risiken im Zusammenhang mit der Art der Finanzinstrumente angemessen beurteilen zu können (sog. „Angemessenheitsprüfung", § 31 Abs. 5 S. 1 und 2 WpHG).
Existenzgründer	Gemäß § 512 BGB ist dies eine Person, die ein Darlehen mit einem Nettobetrag von maximal 75.000 € für die Aufnahme einer gewerblichen oder selbständigen beruflichen Tätigkeit aufnimmt. Dies führt zur Anwendbarkeit der verbraucherschützenden Vorschriften über Verbraucherdarlehen und erweitert daher den „Verbraucherbegriff" des § 13 BGB für das Darlehensgeschäft.
Explorationspflicht	Nach § 31 Abs. 4 S. 1 WpHG i.V.m. § 6 WpDVerOV besteht im Rahmen der Anlageberatung eine Pflicht der Bank, sich umfassend über den Anleger zu informieren, soweit das für eine geeignete Anlage erforderlich ist. Dazu gehören Informationen über die Erfahrungen und Kenntnisse des Kunden in Bezug auf Geschäfte mit bestimmten Arten von Finanzinstrumenten, sein beruflicher Hintergrund, seine Anlageziele, seine finanziellen Verhältnisse und seine Risikobereitschaft.
Freigabeanspruch	Anspruch auf Rückgewähr einer abstrakten Sicherheit nach vollständiger oder teilweiser Rückzahlung des gesicherten Darlehens.
Garantie	Abstrakte Sicherheit, bei der der Garant für die Verschaffung eines bestimmten Betrages unabhängig von einer gesicherten Forderung die Haftung übernimmt.

Bankrecht

Begriff	Definition
Geeignetheitsprüfung	Die Bank ist im Rahmen einer Anlageberatung aufsichtsrechtlich zu einer individuellen Geeignetheitsprüfung verpflichtet. Das konkrete Geschäft muss mit den Anlagezielen des Kunden übereinstimmen. Die daraus erwachsenden Anlagerisiken müssen für ihn finanziell tragbar sein und der Kunde muss mit seinen Kenntnissen und Erfahrungen diese Risiken verstehen können (§ 31 Abs. 4 S. 2 WpHG). Danach ungeeignete Anlageprodukte dürfen nicht empfohlen werden.
Gelddarlehen	Grundform des Zahlungskredits. Überlassung einer bestimmten Geldsumme als Darlehen im Sinne des § 488 BGB.
Geldkarte	Der Kunde kann einen bestimmten Betrag (i.d.R. max. 200 €) z.B. von seinem Zahlungskonto auf einen Mikrochip auf der Geldkarte übertragen (ein solches „Aufladen" ist z.B. auch am Geldautomaten möglich) und diese sodann als Zahlungsmittel bei Unternehmen, die dieses Zahlungsmittel akzeptieren, verwenden. Die geschuldeten Beträge werden bei Vorlage der Geldkarte von dem Chip abgebucht und auf das Konto des Unternehmens übertragen. Dies dient insbesondere der Bezahlung von Kleinbeträgen.
Gemeinschaftskonto	Mehreren Personen als Mitkontoinhaber zustehendes Konto. Es wird zwischen „Und-Konten" (gemeinschaftliche Verfügungsberechtigung aller Kontoinhaber) und „Oder-Konten" (alleinige Verfügungsberechtigung der jeweiligen Kontoinhaber) unterschieden.
Globalabtretung (-zession)	Abtretung einer Vielzahl bestehender und künftiger Forderungen aus dem Geschäftsbetrieb des Sicherungsgebers zur Sicherung eines Darlehens. Bei der Globalzession gehen die im Vertrag bezeichneten künftigen Forderungen bereits mit ihrer Entstehung auf den Sicherungsnehmer über.
(Sicherungs-) Grundschuld	Belastung eines Grundstücks in der Weise, dass an denjenigen, zu dessen Gunsten die Belastung erfolgt, die bestimmte Geldsumme aus dem Grundstück zu zahlen ist (§ 1191 BGB). Bei der Sicherungsgrundschuld (§ 1192 Abs. 1a BGB) dient die Grundschuld der (abstrakten) Sicherung eines Anspruchs, z.B. Darlehensrückzahlungsanspruch.

Zivilrecht

Begriff	Definition
Honorarberatung	Mit dem „Gesetz zur Förderung und Regulierung einer Honorarberatung über Finanzinstrumente (Honoraranlageberatungsgesetz)" vom 25.4.2013 wird zusätzlich zur bisherigen Anlageberatung unter dem Begriff der Honorar-Anlageberatung eine neue gesetzlich definierte Form der Anlageberatung geschaffen. An diese Dienstleistung werden Anforderungen gestellt, die über die Anforderungen an die herkömmliche Anlageberatung hinausgehen: Das bestehende Zuwendungsverbot nach dem Wertpapierhandelsgesetz wird ausgeweitet und die Honorar-Anlageberatung darf (in Abgrenzung zur Provisionsberatung) nur gegen Honorar des Kunden erbracht werden, vgl. §§ 31 Abs. 4b-4d WpHG. Gemäß § 31 Abs. 4b WpHG muss ein Wertpapierdienstleistungsunternehmen, das Anlageberatung erbringt, Kunden vor Beginn der Beratung und vor Abschluss des Beratungsvertrages rechtzeitig und in verständlicher Form darüber informieren, ob die Anlageberatung als Honorar-Anlageberatung erbracht wird. Ist dies nicht der Fall, ist dem Kunden mitzuteilen, ob im Zusammenhang mit der Anlageberatung Zuwendungen von Dritten angenommen und behalten werden dürfen.
Hypothek	Belastung eines Grundstücks in der Weise, dass an denjenigen, zu dessen Gunsten die Belastung erfolgt, eine bestimmte Geldsumme zur Befriedigung wegen einer ihm zustehenden Forderung aus dem Grundstück zu zahlen ist (§ 1113 BGB). Es handelt sich hierbei um eine akzessorische Sicherheit, die in der Praxis nahezu keine Bedeutung mehr hat, da sie durch die abstrakte Grundschuld verdrängt wurde.
IBAN/BIC	„International Bank Account Number" (neue EU-einheitliche internationale Kontonummer für Zahlungen im SEPA-Raum). „Bank Identifier Code" (neue EU-einheitliche internationale Bankleitzahl für Zahlungen im SEPA-Raum).
Immobiliardarlehen	Gemäß § 503 Abs. 1 BGB ist dies ein Verbraucherdarlehen, das von der Sicherung durch ein Grundpfandrecht abhängig gemacht wird und zu Bedingungen gewährt wird, die für grundpfandrechtlich gesicherte Darlehensverträge und deren Zwischenfinanzierung üblich sind.
Inkassoverhältnis	Beschreibt bei einem bargeldlosen Zahlungsvorgang gleich welcher Art das Rechtsverhältnis zwischen dem Empfänger der Zahlung und seiner Bank (Zahlungsdienstleister des Zahlungsempfängers).

Bankrecht

Begriff	Definition
Interbankenverhältnis	Beschreibt bei einem bargeldlosen Zahlungsvorgang gleich welcher Art das Rechtsverhältnis zwischen den an der Zahlungsabwicklung beteiligten Banken (Zahlungsdienstleister).
Kapitalanleger-Musterverfahren	Ein Kapitalanleger-Musterverfahren ist ein im Kapitalanlegermusterverfahrensgesetz (KapMuG) geregeltes Verfahren, mit dem eine Vielzahl von Geschädigten Ansprüche wegen falscher, irreführender oder unterlassener öffentliche Kapitalmarktinformationen geltend machen können. Im Musterverfahren können Tatsachen- und Rechtsfragen, die sich in mindestens zehn individuellen Schadensersatzprozessen gleichlautend stellen, einheitlich durch das Oberlandesgericht mit Bindungswirkung für alle Kläger entschieden werden.
	Das durch das KapMuG geregelte Musterverfahren lässt sich in zwei Verfahrensabschnitte gliedern: Zum einen in das Vorlageverfahren, welches vor dem Landgericht als Prozessgericht stattfindet, zum anderen in das eigentliche Musterverfahren vor dem Oberlandesgericht. Eine Verfahrensbündelung findet nur im Hinblick auf das eigentliche Musterverfahren statt; es ändert sich also nichts an dem Grundsatz, dass jeder Anleger seine Ansprüche gesondert gerichtlich geltend zu machen hat. Die Besonderheit des Musterverfahrens besteht darin, dass das Landgericht als erste Instanz die Feststellungsfragen formuliert und diese – obwohl gedanklich Teil des Ausgangsverfahren vor dem Prozessgericht – dem Oberlandesgericht als zweite Instanz vorlegt. Dieses prüft sodann die Zulässigkeit der Vorlage und führt ggf. die Beweisaufnahme durch. An den vom Oberlandesgericht zu treffenden Musterentscheid ist wiederum das Prozessgericht des Ausgangsverfahrens gebunden.
Kapitalmarktrecht	Die Summe der Normen, mit denen die Organisation der Kapitalmärkte und der auf sie bezogenen Tätigkeiten sowie das marktbezogene Verhalten der Marktteilnehmer geregelt werden.

Zivilrecht

Begriff	Definition
Kick Backs	Bei „Kick Backs" handelt es sich um von Emittenten oder Fondsgesellschaften an die beratende Bank fließende Rückvergütungen aus den Ausgabeaufschlägen und jährlichen Verwaltungsgebühren. Nach der vom BGH entwickelten sog. „Kick Back"-Rechtsprechung besteht eine Pflicht der Bank zur Offenlegung von verdeckten Rückvergütungen. Danach ist die Aufklärung über Rückvergütungen notwendig, um dem Kunden einen bestehenden Interessenkonflikt der Bank (§ 31 Abs. 1 Nr. 2 WpHG) offenzulegen. Erst durch die Aufklärung werde der Kunde in die Lage versetzt, das Umsatzinteresse der Bank selbst einzuschätzen und zu beurteilen, ob die Bank ihm ein bestimmtes Produkt nur deswegen empfiehlt, weil sie selbst daran verdient. Aufklärungspflichtige Rückvergütungen sind nach der Rechtsprechung des BGH – regelmäßig umsatzabhängige – Provisionen, die im Gegensatz zu Innenprovisionen nicht aus dem Anlagevermögen, sondern aus offen ausgewiesenen Provisionen wie zum Beispiel Ausgabeaufschlägen und Verwaltungsvergütungen gezahlt werden, so dass beim Anleger zwar keine Fehlvorstellung über die Werthaltigkeit der Anlage entstehen kann, deren Rückfluss an die beratende Bank aber nicht offenbart wird, sondern hinter dem Rücken des Anlegers erfolgt, so dass der Anleger das besondere Interesse der beratenden Bank an der Empfehlung gerade dieser Anlage nicht erkennen kann.
Konsensualvertrag	Ein mit Angebot und Annahme (§§ 145 ff. BGB) zustande kommender Vertrag. In Abgrenzung zu der früher für Darlehensverträge vertretenen „Realvertragstheorie", nach der für einen wirksamen Darlehensvertrag zusätzlich noch die Auszahlung des Darlehens erforderlich war, wird der Darlehensvertrag heute als Konsensualvertrag angesehen.
Kontenpfändung	Der Zugriff eines Gläubigers des Bankkunden mittels eines Pfändungs- und Überweisungsbeschlusses (§§ 829 ff. ZPO) auf dessen Ansprüche gegen die Bank aus einer bestehenden Kontoverbindung (z.B. Auszahlungsanspruch bzgl. Guthaben).
Kontenwahrheit	Banken in Deutschland ist es nach § 154 Abgabenordnung verboten, Konten auf einen falschen oder erdichteten Namen zu führen. Auch ein bloßes Nummernkonto ist nicht zulässig. Die Bank hat sich bei Kontoeröffnung durch entsprechende amtliche Legitimationspapiere Gewissheit über die Person des Kontoinhabers zu verschaffen.

Bankrecht

Begriff	Definition
Kontokorrent-/ Dispositionskredit	Eine auf einem laufenden Zahlungskonto eingeräumte Kreditlinie, bis zu der der Kunde auf dem Konto einen Kredit gegen Zahlung von Sollzinsen in Anspruch nehmen kann. Die Rückzahlung und erneute Inanspruchnahme kann jederzeit erfolgen.
Kontokorrentbindung	Mit Einstellung eines einzelnen Anspruchs in ein Kontokorrent wird die Selbständigkeit dieses Anspruchs „gelähmt", d.h. dieser kann nicht mehr gesondert, sondern nur als Teil des sich durch die Verrechnung der eingestellten gegenseitigen Ansprüche ergebenden Saldos geltend gemacht, gepfändet, verpfändet oder abgetreten werden.
Kontokorrentkonto	Ein im Sinne des § 355 HGB geführtes Konto in laufender Rechnung, in das die gegenseitigen Ansprüche eingestellt und regelmäßig miteinander verrechnet (saldiert) werden, wobei der sich ergebende Saldo anerkannt und sodann einen abstrakten Schuldgrund bildet, während die eingestellten Einzelpositionen hierin untergehen.
Kontonummer (IBAN)	Dies ist die individuelle Nummer eines bestehenden Kontos, mit dem dieses genau identifiziert und z.B. mit Geldüberweisungen von außen angesprochen werden kann. Im Rahmen der Internationalisierung des Zahlungsverkehrs wird die Kontonummer nunmehr ersetzt durch die sog. IBAN (International Bank Account Number), die aus einer Kombination der früheren Kontonummer und der Bankleitzahl (jetzt „BIC" – Bank Identifier Code) besteht.
Kontovollmacht	Rechtsgeschäftlich erteilte Vertretungsmacht zur Verfügung über einzelne Konten des Kontoinhabers durch einen Bevollmächtigten. Die Bank verlangt i.d.R. eine Erteilung solcher Vollmachten auf institutseigenen und von ihr entwickelten Vollmachtsformularen.
Kredit	Zeitweilige Überlassung von Kaufkraft, z.B. durch Gewährung von Zahlungsaufschub, durch Überlassung von Geld oder die Übernahme einer Bürgschaft usw.
Kreditkarte	Unbares Zahlungsmittel, mit dem der Karteninhaber Waren oder Dienstleistungen von dem System angeschlossenen Vertragsunternehmen durch Vorlage und Unterzeichnung eines Leistungsbeleges bezahlen kann. Das Vertragsunternehmen erhält das geschuldete Geld von dem Kreditkartenherausgeber. Dieser belastet dem Karteninhaber i.d.R. einmal monatlich die Summe aller auf diesem Wege gezahlten Beträge auf dessen Zahlungskonto. Bis zur Belastung wird dem Karteninhaber daher „Kredit" gewährt".

Zivilrecht

Begriff	Definition
Lastschrift	Bei einer Zahlung mittels Lastschrift zieht der Zahlungsempfänger aufgrund einer Vereinbarung mit dem Zahlungspflichtigen einen meist regelmäßig geschuldeten Betrag (gleicher oder unterschiedlicher Höhe) von dem Konto des Zahlungspflichtigen ein, indem er bei seiner eigenen Bank eine Lastschrift zur Gutschrift auf seinem Konto einreicht. Diese schreibt dem Konto des Zahlungsempfängers den Gegenwert „Eingang vorbehalten" gut und zieht die Lastschrift (ggf. über weitere Verrechnungsbanken) von dem Konto des Zahlungspflichtigen ein. Es bestehen unterschiedliche Arten von Lastschriftverfahren (Einzugsermächtigungs-, Abbuchungsauftragsverfahren, SEPA-Basislastschrift-, SEPA-Firmenlastschriftverfahren), bei denen insbesondere unterschiedliche Widerspruchsmöglichkeiten für den Zahlungspflichtigen bestehen.
Mantelabtretung	Abtretung einer Vielzahl bestehender und künftiger Forderungen aus dem Geschäftsbetrieb des Sicherungsgebers an die Bank zur Sicherung eines Darlehens. Der Übergang der Forderungen erfolgt dabei – in Abgrenzung zur Globalzession – erst mit der Übergabe von sog. Drittschuldnerlisten, in denen die abzutretenden Forderungen im Einzelnen bezeichnet werden, an die Bank.
Nichtabnahme-entschädigung	Entschädigung der Bank für die Nichtabnahme eines vereinbarten Darlehens. Hiermit soll der Schaden der Bank ausgeglichen werden, der dadurch entsteht, dass sie sich für den Zeitraum ihrer geschützten Zinserwartung (erste ordentliche Kündigungsmöglichkeit des Darlehensnehmers) refinanzieren muss, der Kunde das Darlehen aber nicht wie vereinbart abnimmt. Die Berechnung erfolgt wie bei der Vorfälligkeitsentschädigung nach der Aktiv-/Aktiv- oder der Aktiv-/Passivmethode.
Öffentliches Bankrecht	Gegenstand ist das Währungs- und Geldrecht sowie das Organisations- und Aufsichtsrecht für Banken und Kapitalmärkte. Insoweit handelt es sich um gewerberechtliche Spezialregelungen für Banken und Finanzdienstleistungsunternehmen. Siehe auch „Bankaufsichtsrecht" und „BAFin".
Online-Banking	Durchführung von Zahlungsverkehrsleistungen mittels Online-Verbindung über das Internet zwischen Kunde und Bank. Der Kunde erfasst seine Aufträge selbst im System der Bank und übermittelt diese via Internet.

Bankrecht

Begriff	Definition
Patronatserklärung	Erklärung einer Muttergesellschaft (Patronin) gegenüber ihrer Tochtergesellschaft (interne Patronatserklärung) oder direkt gegenüber dem Kreditgeber der Tochtergesellschaft (externe Patronatserklärung) mit dem Ziel, die (gute) Bonität der Muttergesellschaft auf die Tochtergesellschaft zu übertragen. Es wird zwischen „harten" und „weichen" Patronatserklärungen unterschieden. Nur aus harten Patronatserklärungen steht einer Bank ggf. ein Schadensersatzanspruch gegen die Patronin zu, falls der Darlehensnehmer insolvent wird und damit eine Verpflichtung aus der Patronatserklärung verletzt wird.
Personalsicherheit	Diese begründet einen schuldrechtlichen Anspruch gegen den Sicherungsgeber, z.B. Bürgschaft, Schuldbeitritt oder Garantie.
Pfändungsschutzkonto	Jede Person darf ein Konto als sog. „P-Konto" errichten bzw. ein bereits bestehendes Konto entsprechend umwidmen § 850k ZPO). Auf diesem Konto wird ihm Schutz vor Pfändungsgläubigern dahingehend gewährt, dass trotz vorliegender Pfändungen von Gläubigern ein bestimmter Sockelbetrag an Guthaben (unabhängig von seiner Herkunft) stets zur freien Verfügung zur Sicherung des Lebensunterhaltes unangetastet bleibt.
Pharming	Manipulation von Onlinebanking-Internetseiten der Bank, so dass der Nutzer auf eine andere Internetseite umgeleitet wird und dadurch eine andere Geldtransaktion vornimmt als gewollt, insbesondere Geld auf ein anderes Konto z.B. im Ausland überweist.
Phishing	Manipulation von Onlinebanking-Internetseiten der Bank, durch die die Authentifizierungsinstrumente (PIN, TAN) des Kunden „abgefischt" werden sollen, um diese für betrügerische Verfügungen über dessen Konten zu verwenden.
POS-System	Zahlung mittels ec-Karte und Geheimnummer (PIN) an automatisierten Karten, wobei die Zahlung des jeweiligen Betrages seitens der Bank gegenüber dem Unternehmer garantiert wird.
POZ-System	Zahlung mittels ec-Karte an automatisierten Kassen, wobei eine Zahlungsgarantie gegenüber dem Zahlungsempfänger seitens der Bank nicht besteht. Es wird lediglich ein Leistungsbeleg erstellt und von dem Kunden unterzeichnet. Dies berechtigt den Zahlungsempfänger zum Einzug des Betrages mittels (elektronischer) Lastschrift, für die aber keine Einlösegarantie besteht.

Zivilrecht

Begriff	Definition
Preisaushang	Dieser wird in den Geschäftsräumen der Kreditinstitute ausgehängt und beinhaltet die Zinsen und Entgelte für die wesentlichen Standardleistungen der Bank. Die Bank erfüllt hiermit ihre Verpflichtung aus § 5 Preisangabenverordnung. Zudem soll dieser durch entsprechenden Verweis in den AGB als Grundlage der Preisvereinbarung mit dem Kunden dienen (vgl. Nr. 12 AGB-Banken, Nr. 17 AGB-Sparkassen).
Preisverzeichnis	Das Preisverzeichnis enthält – anders als der Preisaushang – nicht nur die Preise für die „wesentlichen" Standardleistungen, sondern für „alle" angebotenen Standardleistungen der Bank. Auch hierauf wird in den AGB als Grundlage der Preisvereinbarung mit dem Kunden verwiesen. Es wird üblicherweise nicht in den Geschäftsräumen ausgelegt. Es müssen für eine wirksame Einbeziehung aber die AGB-rechtlichen Voraussetzungen beachtet werden.
Privates Bankrecht	Gegenstand sind die zivilrechtlichen Rechtsbeziehungen der Banken untereinander und der Banken mit den Kunden bei der Durchführung der Bankgeschäfte.
Prospekthaftung	Als Prospekthaftung bezeichnet man die Haftung für die Richtigkeit und Vollständigkeit von Werbeschriften, sog. Prospekte, mit denen bei Interessenten für Kapitalanlagen unterschiedlichster Art geworben wird und die oftmals die einzige bzw. wichtigste Informationsquelle für die Kapitalanleger darstellen. Ziel der Prospekthaftung ist es, Anleger vor der Verwendung unrichtiger oder unvollständiger Prospekte zu schützen. Es sind heute zwei Formen der Prospekthaftung zu unterscheiden: die spezialgesetzlich geregelte und die bürgerlich-rechtliche (oder auch zivilrechtliche) Prospekthaftung.
Rating	Ein Rating oder Kreditrating (englisch für Bewertung oder Einstufung) ist im Finanzwesen eine Einschätzung der Bonität eines Schuldners. Häufig werden die Ratings durch eigens hierauf spezialisierte Ratingagenturen in Form von Ratingcodes von A bis D vergeben.
Raumsicherungs-übereignung	Übereignung einer Vielzahl von Sachen, die sich in einem im Vertrag exakt (Bestimmtheitsgrundsatz!) zu bestimmenden Sicherungsraum befinden bzw. in diesen künftig eingebacht werden, zur Sicherung eines Darlehens.
Realsicherheit	Diese begründet ein Verwertungsrecht an einem bestimmten Gegenstand (Sache, Forderung, sonstiges Recht), z.B. Grundschuld, Sicherungsübereignung, Sicherungsabtretung.

Bankrecht

Begriff	Definition
Rechnungsabschluss	Dies ist die periodische (i.d.R. vierteljährliche) Saldierung im Rahmen eines Kontokorrentkontos im Sinne des § 355 HGB, mit dem die Bank die angefallenen Entgelte (Sollzinsen, Buchungsentgelte usw.) berechnet, den aktuellen Saldo feststellt und dem Kunden zur Anerkennung mitteilt. Widerspricht der Kunde dem nicht, gilt der Saldo nach Ablauf einer bestimmten Frist als anerkannt. Es entsteht hiermit ein neuer (abstrakter) Schuldgrund aus einem Schuldanerkenntnis nach § 780 BGB (sog. Novation), der von den in dem Saldo enthaltenen Einzelpositionen rechtlich unabhängig ist. Liegen dem Rechnungsabschluss falsche Buchungen zugrunde, kann ein gleichwohl erteiltes Schuldanerkenntnis ggf. auf bereicherungsrechtlicher Grundlage wieder rückgängig gemacht werden.
Saldoanerkenntnis	Vgl. Rechnungsabschluss.
Schuldbeitritt/ -mitübernahme	Hierbei tritt eine weitere Person neben dem Hauptschuldner zusätzlich in den Darlehensvertrag mit der Bank ein und haftet für die Rückzahlung des Darlehens als Gesamtschuldner gemäß § 421 BGB.
Schutzgemeinschaft für allgemeine Kreditsicherung (Schufa)	Gemeinschaftseinrichtung der kreditgebenden deutschen Wirtschaft (z.B. Banken, Handels-, Kreditkarten- und Telekommunikationsunternehmen) mit dem Zweck, durch gegenseitigen Informationsaustausch die Kreditwürdigkeit von (künftigen) Kunden besser beurteilen zu können. Von den angeschlossenen Unternehmen werden Meldungen (insb. auch Negativmeldungen) über Kunden an die Schufa übermittelt. Die Schufa erteilt ihrerseits den Unternehmen Auskünfte über bei ihr bereits gespeicherte Informationen über die Kunde.
Selbstschuldnerische Bürgschaft	Eine Bürgschaft, bei der der Bürge von vornherein auf die Einrede der Vorausklage nach § 771 BGB verzichtet hat und daher sogleich von der Bank auf Zahlung in Anspruch genommen werden kann, ohne dass diese zuvor erfolglos gegen den Hauptschuldner vollstreckt haben müsste.
SEPA	Single European Payments Area. Durch die EU-Zahlungsdiensterichtlinie von 2007 initiierter europäischer Zahlungsverkehrsraum, in dem ein einheitlich organisierter Binnenmarkt für den Zahlungsverkehr realisiert werden soll (z.B. durch Einführung von einheitlicher IBAN und BIC sowie einheitlicher gesetzlicher Abwicklungsbestimmungen in den teilnehmenden Ländern).
Sicherungsabrede	Siehe Zweckerklärung

Zivilrecht

Begriff	Definition
Sicherungsabtretung	Abtretung einer Forderung zur Sicherung eines Darlehens, abstrakte Sicherheit.
Sicherungsübereignung	Übereignung einer Sache durch den Sicherungsgeber an den Sicherungsnehmer gemäß §§ 929, 930, 868 BGB zur Sicherung eines Darlehens. Anders als bei einem Pfandrecht an einer Sache bleibt der Sicherungsgeber im Besitz der Sache. Die Sicherungsabrede stellt hierbei das nach § 868 BGB erforderliche Besitzmittlungsverhältnis dar.
Sonderbedingungen	Diese ergänzen die AGB-Banken und AGB-Sparkassen im Hinblick auf bestimmte Geschäftsfelder durch die entsprechenden speziellen Regelungen (z.B. für Online-Banking, Sparverkehr, Überweisungsverkehr usw.). Bei den verschiedenen Sonderbedingungen handelt es sich ebenfalls um AGB im Rechtssinne.
SWIFT	Society for Worldwide Interbank Financial Telecommunication. Eine 1973 von Banken gegründete internationale Genossenschaft, die ein Telekommunikationsnetz zur Abwicklung von internationalen Zahlungen für die Mitgliedsbanken unterhält.
Übersicherung	Eine solche liegt vor, wenn der Wert der Sicherheiten die Höhe der gesicherten Forderung übersteigt. Bei einer anfänglichen Übersicherung ist dies bereits bei Abschluss der Verträge der Fall, während dies bei einer nachträglichen Übersicherung durch die fortschreitende Tilgung bei Bestehen von abstrakten Sicherheiten erst im Verlauf der Vertragsabwicklung eintritt, da die abstrakten Sicherheiten nicht automatisch erlöschen, sondern zugunsten des Sicherungsnehmers bestehen bleiben. Die nachträgliche Übersicherung führt zu einem Freigabeanspruch des Sicherungsgebers. Die anfängliche Übersicherung kann bei einem massiven Überschreiten der Höhe der Forderung durch den realisierbaren Wert der Sicherheiten eine Nichtigkeit der Sicherheitenverträge nach § 138 Abs. 1 BGB zur Folge haben.
Überweisung	Zahlungsdienst, mit dem der Kunde mittels Anweisung an seine Bank (Zahlungsdienstleister) einen unbaren Geldbetrag (ggf. über weitere Verrechnungsbanken) an die Bank des Zahlungsempfängers auf dessen dort geführtes Zahlungskonto transferieren kann.

Bankrecht

Begriff	Definition
Überziehungskredit	Inanspruchnahme eines Kredits auf dem laufenden Zahlungskonto des Kunden, ohne dass zuvor eine Kreditlinie eingeräumt wurde, bzw. die Inanspruchnahme über eine eingeräumte Kreditlinie hinaus. Es wird weiter unterschieden zwischen „geduldeter Überziehung" (vorübergehend seitens der Bank akzeptierte Überziehung) und „aufgedrängter Überziehung" (der Bank durch von ihr garantierte Zahlungen aufgezwungene, aber nicht gewollte Überziehung, z.B. durch Kreditkartenzahlung oder Verfügungen an institutsfremden Geldautomaten).
Valutaverhältnis	Beschreibt bei einem bargeldlosen Zahlungsvorgang gleich welcher Art das Rechtsverhältnis zwischen dem Zahler (Schuldner) und dem Zahlungsempfänger (Gläubiger), auf das die Zahlung erfolgt (z.B. Kaufvertrag, Dienstleistungsvertrag usw.).
Verbraucherdarlehen	Gemäß § 491 Abs. 1 BGB ist dies ein entgeltlicher Darlehensvertrag zwischen einem Unternehmer (§ 14 BGB) als Darlehensgeber und einem Verbraucher (§ 13 BGB) oder einem Existenzgründer (§ 512 BGB) als Darlehensnehmer.
Verbundenes Geschäft	Nach § 358 Abs. 3 BGB sind ein Vertrag über eine Lieferung oder Leistung und der die hierfür geschuldete Gegenleistung finanzierende Darlehensvertrag ein „verbundenes Geschäft", wenn diese Verträge eine „wirtschaftliche Einheit" bilden. Dies ist vor allem der Fall, wenn der Darlehensgeber sich bei der Vorbereitung oder bei dem Abschluss des Darlehensvertrages des Unternehmers bedient oder der Unternehmer das Darlehen selbst gewährt. In diesem Fall greifen auch Einwendungen gegen Ansprüche aus dem einen Vertrag auf den verbundenen Vertrag durch, so dass ggf. z.B. in beiden Verträgen die Zahlung verweigert werden kann (§ 359 BGB).
Vermögensverwaltung	Vermögensverwaltung (auch: „Asset Management") ist ein Dienstleistungsangebot an Vermögensinhaber, ihr Vermögen von einem Dritten verwalten und betreuen zu lassen. Der Vermögensverwaltung können private, aber auch institutionelle Kunden ihr Vermögen unterstellen. Vermögensverwaltung ist in dem so verstandenen Sinn die Verwaltung fremden Vermögens im Interesse des Vermögensinhabers aufgrund selbstständiger Anlageentscheidungen durch den Vermögensverwalter, ohne im Einzelfall Weisungen des Kunden einzuholen zu müssen. Die Vermögensverwaltung muss für eine gewisse Dauer wahrgenommen werden, so dass einmalige Vorgänge (z.B. die Effektenkommission) noch keine Vermögensverwaltung darstellen.

Zivilrecht

Begriff	Definition
Vorfälligkeitsentschädigung	Dies ist gemäß § 490 Abs. 2 S. 3 BGB der dem Darlehensgeber bei einer vorzeitigen Rückzahlung des Darlehens zu ersetzende Schaden. Hiermit soll der Nachteil der Bank ausgeglichen werden, der dadurch entsteht, dass sie sich für den Zeitraum ihrer geschützten Zinserwartung (erste ordentliche Kündigungsmöglichkeit des Darlehensnehmers) refinanzieren muss, der Kunde das Darlehen aber bereits vorzeitig zurückzahlt, z.B. weil er ein ihm nach § 490 Abs. 1 BGB zustehendes außerordentliches Kündigungsrecht ausnutzt. Die Berechnung erfolgt wie bei der Nichtabnahmeentschädigung nach der Aktiv-/Aktiv- oder der Aktiv-/Passivmethode.
Wertstellung	Dies ist das Datum, ab dem eine Buchung auf einem Konto bei der Zinsberechnung berücksichtigt wird. Grundsätzlich sind Eingänge auf dem Konto tagggleich wertzustellen (§ 675t BGB). Einzelne Gutschriften (z.B. Scheckgutschriften) können trotz Verbuchung auf dem Konto aber auch erst mit einem Datum in der Zukunft wertgestellt werden, weil die Bank sich z.B. den Gegenwert des Schecks selbst erst von dem Aussteller durch Scheckvorlage bei dessen Bank beschaffen muss.
Wettlauf der Sicherungsgeber	Hiermit wird das Problem umschrieben, das sich daraus ergibt, dass auf denjenigen (von mehreren) Sicherungsgeber, der die Forderung des Darlehensgebers als erster erfüllt, mit der getilgten Forderung auch die noch bestehenden weiteren akzessorischen Sicherheiten im Wege der Legalzession nach §§ 412, 410 BGB übergehen und er zudem entsprechend § 401 BGB einen Anspruch auf Übertragung der abstrakten Sicherheiten erwirbt. Dieser Sicherungsgeber könnte sich daher aufgrund der noch vorhandenen und auf ihn übergegangenen weiteren Sicherheiten befriedigen, während die zuletzt auf diesem Wege in Anspruch genommene Sicherungsgeber keine Sicherheiten mehr erwerben würde. Dies könnte daher einen „Wettlauf der Sicherungsgeber" um die erste Befriedigung des Gläubigers zur Folge haben. Der BGH löst dieses Problem über eine entsprechende Anwendung der Vorschriften über die Gesamtschuld (§ 426 BGB) und kommt so zu einer anteiligen Haftung mehrerer Sicherungsgeber im Innenverhältnis untereinander.
Zahlungsauthentifizierungsinstrument	Personalisiertes Instrument, mit dem eine bestimmte Zahlung von dem Zahler im Sinne des § 675j BGB bestätigt (autorisiert) wird, z.B. PIN, TAN, Passwort, elektronische Signatur.

Bankrecht

Begriff	Definition
Zahlungsautorisierung	Die nach § 675j BGB erforderliche Zustimmung des Zahlers zu einem bestimmten Zahlungsvorgang, z.B. mittels Eingabe von PIN und TAN.
Zahlungsdienst	Alle privatrechtlichen Dienstleistungen eines Dritten, die die Ausführung einer Zahlung zwischen zwei Parteien (dem Zahler und dem Zahlungsempfänger) unterstützen sollen, also dem Zahler helfen oder ihn in die Lage versetzen sollen, einen Geldbetrag (Bar-, Buch- oder elektronisches Geld) aus seinem Vermögen in das des Zahlungsempfängers zu übertragen.
Zahlungsdiensterahmenvertrag	Gemäß § 675f Abs. 2 BGB verpflichtet ein solcher Vertrag die Bank (Zahlungdientleister) einzelne und aufeinanderfolgende Zahlungsvorgänge auszuführen sowie ggf. für den Zahlungsdienstnutzer (Kunden) ein auf dessen Namen lautendes Zahlungskonto zu führen. Dieser löst den früheren „Girovertrag" ab. Ein Zahlungsdienstrahmenvertrag dürfte die Führung eines Zahlungskontos in Deutschland nicht möglich sein.
Zahlungsdienste-Richtlinie	EU-Richtlinie von 2007, mit der ein einheitlicher europäischer Zahlungsverkehrsraum realisiert werden soll.
Zahlungsdienstevertrag	Oberbegriff des § 675f BGB für „Einzelzahlungsvertrag" und „Zahlungsdiensterahmenvertrag". Durch einen Einzelzahlungsvertrag wird die Bank (Zahlungsdienstleister) verpflichtet, für den Kunden (Zahlungsdienstnutzer) einen (einmaligen) Zahlungsvorgang auszuführen (§ 675f Abs. 1 BGB). Zahlungsvorgang ist gemäß § 675f Abs. 3 BGB jede Bereitstellung, Übermittlung oder Abhebung eines Geldbetrages. Der Einzelzahlungsvertrag erschöpft sich in einem einmaligen Vorgang (z.B. Bareinzahlung auf das Konto eines Dritten).
Zahlungskonto	Ein Zahlungskonto ist ein auf den Namen eines oder mehrerer Zahlungsdienstnutzer (Kunden) lautendes und der Ausführung von Zahlungsvorgängen dienendes Konto, das die Forderungen und Verbindlichkeiten zwischen dem Zahlungsdienstnutzer und dem Zahlungsdienstleister (Bank) innerhalb der Geschäftsbeziehung buch- und rechnungsmäßig darstellt und für den Zahlungsdienstnutzer dessen jeweilige Forderung gegenüber dem Zahlungsdienstleister bestimmt (§ 1 Abs. 3 ZAG).

Zivilrecht

Begriff	Definition
Zertifikat	Zertifikate sind Inhaberschuldverschreibungen im Sinne von § 793 BGB und verkörpern einen Anspruch auf Rückzahlung einer bestimmten Geldsumme gegen den Emittenten des Zertifikats. Die Eigenschaften von Zertifikaten unterliegen in der Praxis einer großen Gestaltungsfreiheit. So hängt insbesondere die Verzinsung häufig von der Entwicklung sog. Underlyings, also Basiswerten wie etwa einem Aktienindex ab. Einer größeren Öffentlichkeit sind Zertifikate insbesondere durch die Insolvenz der US-amerikanischen Investmentbank Lehman Brothers bekannt geworden, deren Zertifikate zuvor von einer Vielzahl deutscher Anleger erworben wurden.
Zins-Swap	Ein Zinsswap ist ein Zinsderivat, bei dem zwei Vertragspartner vereinbaren, zu bestimmten zukünftigen Zeitpunkten Zinszahlungen auf festgelegte Nennbeträge auszutauschen. Die Zinszahlungen werden meist so festgesetzt, dass eine Partei einen bei Vertragsabschluss festgesetzten Festzinssatz zahlt, die andere Partei dagegen einen variablen Zinssatz. Der variable Zinssatz orientiert sich an den üblichen Referenzzinssätzen im Interbankengeschäft. Zinsswaps werden sowohl zur Absicherung gegen Zinsänderungsrisiken als auch als Spekulationsinvestment genutzt.
Zubehörhaftung	Die gemäß § 1120 BGB bestehende Haftung des Grundstückszubehörs (§ 97 BGB) für die Erfüllung der Verpflichtung aus der Hypothek oder Grundschuld (§§ 1191, 1192 BGB).
Zusammenhängendes Geschäft	Nach § 360 BGB handelt es sich um ein zusammenhängendes Geschäft, wenn ein Darlehen mit Bezug zu einen bestimmten anderen Vertrag (z.B. Kauf- oder Dienstleistungsvertrag) abgeschlossen wird, es sich aber nicht um ein verbundenes Geschäft handelt, weil z.B. der Vertragspartner des Kauf- oder Dienstleistungsvertrages bei Abschluss des Darlehensvertrages noch nicht feststeht, wohl aber dass das Darlehen für diesen Vertrag bestimmt ist, weil es z.B. als Finanzierungszweck im Darlehen konkret angegeben wurde.

Begriff	Definition
Zweckerklärung	Vereinbarung im Sicherheitenvertrag, in der bestimmt wird, für welche Forderung des Sicherungsnehmers die Sicherheit haften soll (auch Sicherungsabrede genannt). Dies kann eine oder auch mehrere (auch künftige) Forderungen umfassen. Bei Drittsicherheiten kann eine weite Zweckerklärung aber eine überraschende Klausel darstellen, so dass diese Vereinbarung nicht Vertragsbestandteil wird und die Sicherheit nur für die diejenige Forderung haftet, aus deren Anlass sie gewährt wurde.
Zweistufigkeit des Bankwesens	Die zwei Ebenen des deutschen Bankwesens bestehen aus den Geschäftsbanken (Sparkassen, Volksbanken, Privatbanken) einerseits und dem (europäischen) System der (staatlichen) Zentralbanken als Aufsichtsinstitute (Deutsche Bundesbank und Landeszentralbanken, Europäische Zentralbank) andererseits.

Bankrecht
Von Dr. Martin Tonner und Dr. Thomas Krüger
1. Auflage 2014, 364 S., brosch., 24,– €,
ISBN 978-3-8487-0117-9

Zivilprozessrecht

Begriff	Definition
Allgemeiner Gerichtsstand (§§ 13-18 ZPO)	Am allgemeinen Gerichtsstand einer Person können – unabhängig von der Art der Streitsache – alle Klagen gegen sie erhoben werden, wenn nicht ausschließliche Gerichtsstände begründet sind.
Beibringungsgrundsatz	Der Beibringungsgrundsatz bezieht sich auf die Beschaffung und den Beweis der Tatsachengrundlage, die das Gericht seiner Entscheidung zugrunde legen soll und ist grundsätzlich alleinige Sache der Parteien.
Beschwer	Beschwer ist das Zurückbleiben der Entscheidung hinter dem 1. Instanz gestellten Antrag.
Beschwerdegegenstand (§ 511 ZPO Abs. 2)	Beschwerdegegenstand ist der Teil der Beschwer, den der Berufungskläger mit der Berufung beseitigen will.
Besonderer Gerichtsstand (§§ 20 ff., 35 ZPO)	Besondere Gerichtsstände sind im Unterschied zu allgemeinen, die für alle Klagen gegen die Person gelten, nur für einzelne Klagen gegeben und bestehen nur für vermögensrechtliche Angelegenheiten. Ihre Ausgestaltung knüpft meist an eine besondere Sachnähe des Gerichts an. Der Kläger kann zwischen dem allgemeinen und einem in Betracht kommenden besonderen Gerichtsstand wählen, sofern kein ausschließlicher Gerichtsstand gegeben ist.
Beweislast	Grundsätzlich trägt jede Partei die Beweislast für die Voraussetzungen der ihr jeweils günstigen Norm (sog. Rosenbergsche Formel). Durch gesetzliche – z.B. §§ 280 Abs. 1 S. 2, 476 BGB – oder richterrechtliche Beweislastregeln – z.B. bei der Arzt- oder Produzentenhaftung –, kann die Beweislast anders verteilt sein.
Dispositionsgrundsatz	Der Dispositionsgrundsatz besagt, dass die Parteien über den Streitgegenstand verfügen können.
Feststellungsinteresse (§ 256 ZPO Abs. 1)	Das für die Feststellungsklage erforderliche Feststellungsinteresse liegt vor, wenn der Kläger ein rechtliches Interesse an alsbaldiger Feststellung hat. Es ist wegen der Subsidiarität der Feststellungsklage regelmäßig nicht gegeben, wenn der Kläger auch Leistungsklage erheben könnte.
Formelle Rechtskraft (§ 705 ZPO)	Die formelle Rechtskraft tritt ein, wenn eine prozessbeendigende Entscheidung – Urteil, Beschluss – nicht mehr mit Rechtsmitteln angefochten werden kann.

Zivilprozessrecht

Begriff	Definition
Klageänderung (§ 263 ZPO)	Klageänderung ist Streitgegenstandsänderung.
Materielle Rechtskraft	Kraft der materiellen Rechtskraft wird die Entscheidung über den Streitgegenstand für die Parteien und andere staatliche Organe dauerhaft maßgeblich.
Notfrist (§ 224 ZPO)	Sind im Gesetz als solche bezeichnet und unabänderlich.
Objektive Klagenhäufung (§ 260 ZPO)	Eine objektive Klagenhäufung liegt vor, wenn derselbe Kläger gegen denselben Beklagten in einem Verfahren mehrere Ansprüche geltend macht.
Örtliche Zuständigkeit (§§ 12 ff. ZPO)	Die örtliche Zuständigkeit, auch Gerichtsstand genannt, verteilt die Klagen auf verschiedene Gerichtsbezirke. Dabei wird in erster Linie an die am Rechtsstreit beteiligten Personen und die Art der Streitsache angeknüpft.
Partei	Partei ist nach dem prozessualen oder formalen Parteibegriff derjenige, der Rechtsschutz begehrt bzw. der, von dem Rechtsschutz begehrt wird.
Postulationsfähigkeit (§ 78 ZPO Abs. 1)	Postulationsfähigkeit ist die Fähigkeit, vor einem Gericht selbst auftreten zu können und Prozesshandlungen im Prozess wirksam vorzunehmen.
Prozessfähigkeit (§ 51 ZPO Abs. 1)	Die Prozessfähigkeit ist die Fähigkeit, die Parteirechte im Prozess wirksam wahrzunehmen, also Prozesshandlungen vorzunehmen.
Prozessführungsbefugnis	Die Prozessführungsbefugnis ist das Recht, einen Prozess im eigenen Namen über ein eigenes oder ein fremdes Recht als Partei zu führen.
Prozesshandlungen	Prozesshandlungen liegen vor, wenn Voraussetzungen und Wirkung im Prozessrecht geregelt sind.
Prozessvertrag	Prozessverträge sind zweiseitige Prozesshandlungen.
Rechtliches Gehör (Art. 103 GG Abs. 1)	Das Verfahrensgrundrecht auf rechtliches Gehör sichert die Möglichkeit von einem Verfahren Kenntnis zu erlangen, Tatsachen vorzutragen und zu beweisen und die eigene Rechtsansicht äußern zu können.

Zivilrecht

Begriff	Definition
Rechtshängigkeit (§ 261 ZPO Abs. 1, § 253 ZPO Abs. 1)	Eine Klage ist rechtshängig, wenn sie durch das Gericht dem Beklagten zugestellt worden ist.
Rechtsmittel (§§ 511 ff. ZPO, §§ 542 ff. ZPO, §§ 567 ff. ZPO)	Rechtsmittel der ZPO sind Berufung (§§ 511 ff.), Revision (§§ 542 ff.) und Beschwerde (§§ 567 ff.). Alle anderen Möglichkeiten in der ZPO, gegen eine bestimmte Entscheidung vorzugehen, werden als Rechtsbehelfe bezeichnet.
Rechtsverhältnis	Rechtsverhältnis ist jede rechtliche Beziehung zwischen Personen oder zwischen Personen und Sachen.
Sachliche Zuständigkeit (§ 1 ZPO)	Die sachliche Zuständigkeit verteilt die Klagen auf die verschiedenen erstinstanzlich zuständigen Gerichte.
Säumnis (§§ 330, 331, 333 ZPO)	Säumnis liegt vor, wenn die Partei nicht erscheint, trotz Erscheinens nicht verhandelt oder im Prozess mit Anwaltszwang nicht durch einen Anwalt vertreten ist.
Schlüssig	Schlüssig ist eine Klage, wenn der Klägervortrag als wahr unterstellt, den gestellten Antrag rechtfertigt.
Statthaftigkeit	Die Statthaftigkeit eines Rechtsmittels ist gegeben, wenn es für eine Entscheidung dieser Art grundsätzlich zugelassen ist.
Streitverkündung (§ 72 ZPO Abs. 1)	Streitverkündung ist die förmliche Benachrichtigung eines Dritten von einem Streitverfahren, das zwischen zwei Parteien geführt wird, durch eine der Prozessparteien.
Subjektive Klagenhäufung (§ 59 ZPO)	Eine subjektive Klagenhäufung, auch Streitgenossenschaft genannt, liegt vor, wenn auf Kläger- oder Beklagtenseite mehrere Parteien beteiligt sind.
Versäumnisurteil (§§ 330, 331 ZPO Abs. 2)	Gegen den Kläger: Ein die Klage abweisendes Versäumnisurteil ergeht schon dann, wenn er säumig ist und ein Antrag des Beklagten gestellt wird. Das Urteil ergeht ohne weitere Sachprüfung. Gegen den Beklagten: Der Beklagte wird bei Säumnis auf Antrag des Klägers durch Versäumnisurteil verurteilt, soweit das Klägervorbringen schlüssig ist.

Begriff	Definition
Zustellung (§ 166 ZPO Abs. 1)	Zustellung ist die Bekanntgabe eines Dokuments an eine Person in der jeweiligen gesetzlich vorgeschriebenen Form.

Zivilprozessrecht
Von Prof. Dr. Jens Adolphsen
4. völlig überarbeitete Auflage 2014,
334 S., brosch., 24,– €
ISBN 978-3-8487-0589-4

Strafrecht

Strafrecht Allgemeiner Teil

Begriff	Definition

§§ 3–7 StGB – Geltung

Ausland	ist das Gebiet, das nicht Inland ist, eingeschlossen das offene Meer und Gebiete ohne Staatshoheit.
Ausländer	ist, wer nicht Deutscher iSd Art. 116 I GG ist, also auch ein Staatenloser (§ 2 I AufenthG).
Deutscher	ist, wer nach Art. 116 GG die deutsche Staatsangehörigkeit besitzt.
Inland	ist das Gebiet, in dem das deutsche Strafrecht aufgrund hoheitlicher Staatsgewalt seine Ordnungsfunktion geltend macht. Dieser sog. funktionelle Inlandsbegriff deckt sich mit dem staatsrechtlichen Begriff und umfasst die in der Präambel des GG genannten Länder.

§ 12 StGB – Verbrechen und Vergehen

Antragsdelikte	sind Straftaten, deren strafrechtliche Verfolgung als Prozessvoraussetzung (ausnahmsweise!) einen Strafantrag verlangt.
Beendigung	Eine Straftat ist beendet, wenn das strafbare Unrecht seinen Abschluss gefunden hat.
Begehungsdelikte	sind Straftaten, bei denen der Täter einen Tatbestand durch ein Tun (aktives Verhalten) zurechenbar verwirklicht.
Blankettmerkmale	sind Tatbestandsmerkmale, deren Inhalt von einer anderen rechtlichen Regelung (Gesetz, Rechtsverordnung oder Verwaltungsakt), auf die sie verweisen, bestimmt wird.
Deskriptive Tatbestandsmerkmale	beziehen sich auf natürliche Eigenschaften von Personen und Objekten, deren Vorhandensein empirisch oder durch Berechnung festgestellt werden kann.
Echte Unterlassungsdelikte	sind Straftaten, bei denen (bereits) das vom Deliktstatbestand umschriebene Verhalten ein bestimmtes Unterlassen ist.
Einverständnis	ist die Zustimmung des Opfers zu einem Verhalten des Täters und führt zum Ausschluss eines Tatbestandsmerkmals (zB „eindringen", „wegnehmen"), das einen entgegenstehenden Willen des Opfers verlangt.

Strafrecht

Begriff	Definition
Einwilligung	ist das Einverstandensein des Opfers mit der Herbeiführung des tatbestandlichen Erfolgs, das bei Delikten, die Individualrechtsgüter schützen, (auf der Ebene der Rechtswidrigkeit oder bereits des Tatbestands) zum Ausschluss des Unrechts führt.
Erfolg	ist die nachteilige Veränderung des durch die Norm geschützten Rechtsguts(objekts).
Erfolgsunrecht	ist demgegenüber das durch das betreffende Verhalten realisierte tatbestandsmäßige Geschehen.
Grundtatbestände	Grundtatbestände umschreiben die Grundform eines bestimmten Deliktstyps und weisen alle Merkmale auf, die einer Straftat ihr typisches Gepräge geben.
Handlung	Strafrechtlich relevant ist jedes Verhalten, das vorgenommen oder unterlassen werden kann, um eine Tatbestandsverwirklichung gezielt (intentional) zu vermeiden (str.).
Handlungsunrecht	ist das Verhalten, das der Täter (objektiv und subjektiv) vornehmen oder unterlassen könnte und müsste, um die Verwirklichung eines Deliktstatbestands zu vermeiden.
Kausalität	Ein Verhalten ist die Ursache eines Erfolgs, wenn es unter den gegebenen Umständen nicht hinweg gedacht werden kann, ohne dass der Eintritt dieses Erfolges in seiner konkreten Gestalt nach Maßgabe der anerkannten Kausalgesetze entfiele.
Normative Tatbestandsmerkmale	beziehen sich auf Eigenschaften, die auf einer sozialen bzw rechtlichen Regel beruhen.
Objektiv zurechenbar	ist ein Erfolg dann, wenn sich in ihm ein vom Täter (allein oder mit anderen) geschaffenes (generell) unerlaubtes Risiko realisiert.
Objektive Strafbarkeitsbedingungen	werden solche Merkmale eines Strafgesetzes genannt, deren Verwirklichung zwar Voraussetzung der Strafbarkeit eines Verhaltens ist, die aber nicht Gegenstand der subjektiven Zurechnung sind.
Objektiver Tatbestand	Zum objektiven Tatbestand gehören jeweils die äußeren Tatumstände, die von den Deliktstatbeständen oder Rechtfertigungsgründen formuliert werden. Exemplarisch: das den Tod eines Menschen verursachende Täterverhalten beim Totschlag (§ 212 I) oder die objektiv gebotene und erforderliche Abwehr eines rechtswidrigen Angriffs bei der Notwehr (§ 32).

Strafrecht AT

Begriff	Definition
Persönliche Strafausschließungs- und Strafaufhebungsgründe	sind Umstände, deren Vorliegen – insbesondere aus kriminalpolitischen Erwägungen – die Verfolgung eines an sich rechtswidrigen und schuldhaften Verhaltens hindern.
Persönliche Strafeinschränkungsgründe	Von persönlichen Strafeinschränkungsgründen spricht man, wenn eine Vorschrift die Strafe nicht obligatorisch ausschließt, sondern es in das pflichtgemäße Ermessen des Gerichts stellt, ob dieses unter bestimmten Voraussetzungen von Strafe absehen oder die Strafe mildern will.
Prozessvoraussetzungen	Die gesetzlichen Bedingungen der Zulässigkeit eines Strafverfahrens werden Prozessvoraussetzungen genannt.
Qualifikationen und Privilegierungen	sind zwar nur Abwandlungen des Grundtatbestands, da sie dessen Unrecht (iSe Stufenverhältnisses) steigern oder reduzieren. Es handelt sich bei ihnen aber insoweit um abschließende gesetzliche Regelungen, als sich die Strafe zwingend nach dem vorgesehenen Strafmaß richten muss, wenn die jeweiligen Voraussetzungen erfüllt sind. Zugleich verdrängen privilegierende und qualifizierende Tatbestände im Wege der Gesetzeskonkurrenz den Grundtatbestand.
Regelbeispiele	für besonders schwere Fälle sind Strafschärfungsgründe, die nicht abschließend sind, sondern nur im Regelfall eingreifen.
Schuld	ist der Inbegriff aller Voraussetzungen, die das Urteil begründen, der Täter habe für das von ihm begangene Unrecht in strafbarer Weise einzustehen, so dass ihm das Unrecht mit der Folge seiner Strafbarkeit zum Vorwurf gemacht werden kann.
Subjektive Tatbestandsmerkmale	Die subjektiven Tatbestandsmerkmale beziehen sich auf solche Umstände aus dem psychisch-seelischen Bereich und der Vorstellungswelt des Täters, welche die subjektive Tatseite des jeweiligen Delikts charakterisieren.
Subjektiver Tatbestand	Zum subjektiven Tatbestand gehören jeweils die tatspezifischen intellektuellen und voluntativen Tatelemente, zB der Vorsatz beim Vorsatzdelikt, Habgier bei § 211 II, die Kenntnis der Notwehrlage bei § 32.
Unechte Unterlassungsdelikte	sind Straftaten, bei denen der Täter die Verwirklichung eines Tatbestands nicht verhindert, obgleich er iSv § 13 I eine entsprechende Sonderpflicht hat.

Strafrecht

Begriff	Definition
Unrecht	ist der Inbegriff aller Voraussetzungen, die das Urteil begründen, der Täter habe sich in strafrechtlich erheblicher Weise rechtswidrig (= „widerrechtlich", „verboten", „pflichtwidrig" oder „normwidrig") verhalten.
Unterlassungsdelikte	sind Straftaten, bei denen der Täter die ihm mögliche Verhinderung einer Tatbestandsverwirklichung zurechenbar unterlässt (§ 13 I). Die Unterlassungsdelikte werden ihrerseits in echte und unechte Unterlassungsdelikte unterteilt.
Verbrechen	ist ein Delikt mit einer gesetzlich vorgesehenen Mindestfreiheitsstrafe von einem Jahr (§ 12 I).
Vergehen	ist ein Delikt, das im Mindestmaß mit einer Freiheitsstrafe von weniger als einem Jahr oder mit Geldstrafe bedroht ist (§ 12 II).
Vollendung	Eine Straftat ist vollendet, wenn alle Merkmale des objektiven und subjektiven Deliktstatbestands verwirklicht sind.

§ 13 StGB – Begehen durch Unterlassen

Garantenstellung	Rechtliche Pflicht zur Überwachung einer Gefahr (Überwachergarantenstellung) oder zur Bewahrung eines bestimmten Gutes vor beliebigen Gefahren (Beschützergarantenstellung).
Geboten	ist ein Handeln dann, das nach dem ex-ante-Urteil eines objektiven Beobachters die Tatbestandsverwirklichung effektiv (rasch und sicher) verhindern kann.

§ 15 StGB – Vorsätzliches und fahrlässiges Handeln

Absicht	Der Täter handelt mit Absicht hinsichtlich eines tatbestandlichen Umstands, wenn er dessen Verwirklichung anstrebt und annimmt, ihn durch sein Verhalten herbeiführen zu können.
Bedingter Vorsatz (dolus eventualis)	Der Täter handelt mit bedingtem Vorsatz hinsichtlich eines tatbestandlichen Umstands, wenn er dessen Verwirklichung im Sinne eines konkreten Risikos für eine mögliche Folge seines gewollten Verhaltens hält.

Strafrecht AT

Begriff	Definition
Direkter Vorsatz (dolus directus)	Der Täter handelt mit direktem Vorsatz hinsichtlich eines tatbestandlichen Umstands, wenn er dessen Verwirklichung für eine sichere Folge seines gewollten Verhaltens hält.
Dolus alternativus	Der Täter geht davon aus, dass er durch sein Handeln einen von mehreren sich gegenseitig ausschließenden Tatbeständen verwirklicht.
Dolus cumulativus	Der Täter geht davon aus, dass er durch sein Handeln mehrere Tatbestände nebeneinander verwirklicht.
Fahrlässigkeit	Fahrlässig verhält sich, wer solche tatbestandsverwirklichenden Folgen seines Verhaltens nicht erkennt und vermeidet, die er bei Aufbietung der erforderlichen Sorgfalt hätte vorhersehen und vermeiden können und müssen.
Vorsatz	Gegenstand des Vorsatzes ist die Annahme des Täters, durch sein gewolltes Verhalten das Risiko einer Tatbestandverwirklichung zu schaffen (die nähere Bestimmung der in dieser Definition enthaltenen intellektuellen und voluntativen Elemente ist sehr str.).

§ 16 StGB – Irrtum über Tatumstände

Begriff	Definition
Aberratio ictus	Der Vorsatz des Täters richtet sich auf ein bestimmtes Tatobjekt (Angriffsobjekt); aufgrund eines vom Täter nicht vorhergesehenen Kausalverlaufs wird jedoch ein anderes Objekt (Verletzungsobjekt) getroffen.
Erlaubnistatbestandsirrtum	Der Täter stellt sich irrig einen rechtfertigenden Sachverhalt vor.
Error in persona vel objecto	Der Täter irrt über die Identität des Tatobjekts, ordnet dieses aber zutreffend der tatbestandlich beschriebenen Gattung zu.
Irrtum	Unkenntnis oder Fehlvorstellung des Täters in Bezug auf einen strafrechtlich relevanten Umstand.
Tatumstand	Ist eine tatsächliche Voraussetzung eines Deliktstatbestands (oder Rechtfertigungstatbestands, str.).

Strafrecht

Begriff	Definition

§ 17 StGB – Verbotsirrtum

Vermeidbarkeit (des Verbotsirrtums)	Ein Verbotsirrtum ist vermeidbar, wenn das Unrecht für den Täter erkennbar war, ihm also sein Verhalten unter Berücksichtigung seiner Fähigkeiten und Kenntnisse hätte Anlass geben müssen, über dessen mögliche Rechtswidrigkeit nachzudenken oder Erkundigungen einzuziehen, und er auf diesem Wege zur Unrechtseinsicht gekommen wäre.

§ 18 StGB – Schwerere Strafe bei besonderen Tatfolgen

Leichtfertigkeit	Schwerwiegende Verletzung der im Verkehr erforderlichen Sorgfalt (entspricht in etwa der „groben Fahrlässigkeit" des Zivilrechts).

§ 20, § 21 StGB – Schuldunfähigkeit wegen seelischer Störungen/Verminderte Schuldfähigkeit

Actio libera in causa	Unter den Voraussetzungen einer a.l.i.c. ist eine Tatbestandsverwirklichung auch dann zur Schuld zurechenbar, wenn der Täter zwar im Zeitpunkt der unmittelbaren Tatbestandsverwirklichung schuldunfähig ist, aber seine Schuldunfähigkeit – namentlich aufgrund vorhergehenden Genusses von Alkohol oder anderen Rauschmitteln – zu vertreten hat. Die Verfassungsmäßigkeit der a.l.i.c. ist umstritten.
Fehlende Einsichtsfähigkeit	Ist die Unfähigkeit, Unrechtsbewusstsein hinsichtlich der Tat zu erlangen.
Fehlende Steuerungsfähigkeit	Ist die Unfähigkeit zu einsichtsgemäßem Verhalten hinsichtlich der konkreten Tat.
Krankhafte seelische Störungen	sind Geisteskrankheiten, deren somatische Ursachen nachgewiesen sind oder postuliert werden.
Schwachsinn	Ist die angeborene oder auf seelischer Fehlentwicklung beruhende erhebliche Intelligenzschwäche ohne nachweisbare organische Ursachen.
Schwere seelische Abartigkeit	sind gravierende Psychopathien, Neurosen und Triebstörungen.
Tiefgreifende Bewusstseinsstörung	sind schwere nichtkrankhafte Bewusstseinstrübungen oder -einengungen, die zu einem Verlust der raum-zeitlichen Orientierung führen.

Strafrecht AT

Begriff	Definition
§ 22, § 23 StGB – Versuch	
Erfolgsqualifizierter Versuch	Der Täter führt schon beim Versuch des vorsätzlichen Grunddelikts die besondere Folge fahrlässig herbei.
Planung	Ist die gedankliche Vorwegnahme eines Geschehens, das nach der Vorstellung des Täters einen Deliktstatbestand verwirklicht.
Tatentschluss	Der auf die Tatbestandsverwirklichung bezogene Vorsatz einschließlich sonstiger subjektiver Tatbestandsmerkmale.
Tauglichkeit des Versuchs	Wenn die Handlung des Täters aus der Perspektive eines mit den Umständen vertrauten Beobachters als zur Tatbestandsverwirklichung geeignet erscheint.
Untauglichkeit	Wenn die Handlung des Täters aus der Perspektive eines mit den Umständen vertrauten Beobachters als zur Tatbestandsverwirklichung ungeeignet erscheint.
Versuch	Der Täter setzt nach seiner Vorstellung von der Tat aufgrund eines unbedingten Tatentschlusses unmittelbar zur Tatbestandsverwirklichung an, ohne dass es zur Vollendung kommt.
Versuch der Erfolgsqualifikation	Der Täter versucht oder vollendet das vorsätzliche Grunddelikt und handelt auch hinsichtlich der besonderen Folge vorsätzlich, ohne dass diese Folge eintritt.
Vorbereitung	meint die Ergreifung der zur Tatausführung erforderlichen Maßnahmen.
Wahndelikt	Der Täter geht bei seinem Handeln von der Existenz eines tatsächlich nicht bestehenden Verbots aus.
§ 24 StGB – Rücktritt	
Aufgeben	ist das Absehen von weiteren Maßnahmen zur (noch für realisierbar gehaltenen) Tatbestandsverwirklichung.
Beendeter Versuch	Der Täter geht davon aus, bereits alles zur möglichen Tatbestandsverwirklichung Erforderliche getan zu haben.
Ernsthaftes Bemühen	Der Täter ist davon überzeugt, durch sein Handeln (in einer für Dritte nachvollziehbaren Weise) den Erfolgseintritt zu verhindern.

Strafrecht

Begriff	Definition
Fehlgeschlagener Versuch	Die Tatbestandsverwirklichung ist nach der Vorstellung des Täters nicht mehr möglich oder das Tatobjekt entspricht nicht demjenigen des Tatplans.
Freiwilligkeit	Freiwillig ist ein Rücktritt, der aus autonomen Motiven erfolgt, während er unfreiwillig ist, wenn er auf heteronomen Motiven beruht (hL).
Tat	bedeutet die vorsätzliche und rechtswidrige Verwirklichung eines bestimmten materiell-rechtlichen Straftatbestands.
Unbeendeter Versuch	Der Täter geht davon aus, noch nicht alles zur Tatbestandsverwirklichung Erforderliche getan zu haben.

§ 25 StGB – Täterschaft

Begeht (strittig)	Begehen setzt nach hL eine materiell-objektive Tatherrschaft voraus. Kennzeichnend hierfür ist die Herrschaft über das Ob der Tat („Entscheidungsherrschaft") und die Herrschaft über das Wie der Tat („Gestaltungsherrschaft").
	Demgegenüber stellt die Rspr (auch) subjektiv darauf ab, ob der jeweilige Beteiligte mit Täterwillen (animus auctoris) im Gegensatz zum Teilnehmerwillen (animus socii) handelt, also die Tat als eigene will und nicht bloß als fremde veranlassen oder fördern möchte.
Durch einen anderen	**Mittelbarer Täter** ist, wer sich zur Verwirklichung des Tatbestandes einer anderen Person als Werkzeug bedient. Die Eigenschaft als Werkzeug ergibt sich aus der rechtlichen Verantwortlichkeit des mittelbaren Täters (als Hintermann) für ein rechtlich relevantes Verantwortungsdefizit des unmittelbar Handelnden (Vordermann). Die Verantwortlichkeit des Hintermanns wiederum kann sich qua überlegenen Wissens oder Willens ergeben.
Mittäter	Mittäterschaft setzt objektiv eine gemeinschaftliche Tatbegehung und subjektiv einen gemeinsamen Tatentschluss voraus.
Selbst	**Unmittelbarer Täter** ist derjenige, der die Straftat selbst begeht, also alle objektiven und subjektiven Tatbestandsmerkmale erfüllt und damit den Tatbestand eigenhändig verwirklicht.

Strafrecht AT

Begriff	Definition
§ 26 StGB – Anstiftung	
Bestimmen	ist das Hervorrufen des Entschlusses zu einer konkreten rechtswidrigen Tat. Hierfür wird von der hL ein geistiger Kontakt iSe Kommunikationsaktes mit dem Ziel, den Adressaten zum Tatentschluss zu bewegen, gefordert. Das bloße Schaffen situativer Tatanreize ist demnach nicht ausreichend. (str.)
Vorsätzlich	Der Anstiftervorsatz, für den *dolus eventualis* genügt, muss die Vollendung einer bestimmten vorsätzlichen und rechtswidrigen Haupttat und das Hervorrufen des Tatentschlusses beim Haupttäter umfassen (sog. doppelter Anstiftervorsatz). Bzgl der Haupttat muss sich der Vorsatz des Haupttäters auf deren Grundzüge und wesentlichen Merkmale konkretisiert haben.
§ 27 StGB – Beihilfe	
Geleistet hat	Im Hinblick auf die Kausalität der Beihilfe fordert die sog. Erfolgsförderungstheorie der hL, dass der Gehilfenbeitrag die Tatbestandsverwirklichung ermöglicht, erleichtert, intensiviert oder abgesichert hat. Ausreichend ist – wie auch sonst – dass die Tat durch den Beitrag in ihrer konkreten Gestalt modifiziert wird. (str.)
Hilfe	Beihilfe kann durch Rat und Tat, also als physische und psychische Beihilfe geleistet werden: ■ **Physische Beihilfe** kann sowohl in der Gewährung von Sachmitteln (zB Waffen, Werkzeugen) als auch körperlichen Tätigkeiten während der Tat bestehen. ■ **Psychische Beihilfe** ist iSe beratenden Tätigkeit (kognitive Beihilfe) aber auch – nach hM – als bloße Bestärkung des Tatentschlusses (voluntative Beihilfe) denkbar. (str.)
Vorsätzlich	Der Gehilfenvorsatz, für den *dolus eventualis* genügt, muss die Ausführung und Vollendung einer bestimmten vorsätzlichen und rechtswidrigen Haupttat und die eigene Hilfeleistung umfassen (sog. doppelter Gehilfenvorsatz). Im Hinblick auf die Haupttat werden gegenüber dem Anstiftervorsatz regelmäßig geringere Anforderungen gestellt, da der Helfende im Gegensatz zum Anstifter nicht eine zu konkretisierende Tat vorgeben muss, sondern eine bereits konkretisierte Tat begleitet.

Strafrecht

Begriff	Definition

§ 28 StGB – Besondere persönliche Merkmale

Besondere Persönliche Merkmale	Besondere persönliche Merkmale sind persönliche Merkmale, die als (besondere) *täterbezogene* persönliche Merkmale von den *tatbezogenen* persönlichen Merkmalen abzugrenzen sind. (str.) ■ Tatbezogen sind dabei Merkmale, die nur das objektiv realisierte bzw zu realisierende Unrecht subjektiv widerspiegeln, insbesondere Vorsatz, Zueignungs- und Bereicherungsabsichten. ■ Täterbezogen sind demgegenüber Merkmale, die sich nicht auf das objektive Unrecht der Tat beziehen, also vor allem Motive, die nicht auf die Verletzung des tatbestandlich geschützten Rechtsguts gerichtet sind (zB Habgier beim Mord), sowie Sonderpflichtmerkmale (zB die Amtsträgereigenschaft).

§ 30 StGB – Versuch der Beteiligung

Annahme des Erbietens	ist die ernst gemeinte Erklärung, mit dem Angebot eines anderen, ein Verbrechen zu begehen oder einen Dritten zu einem Verbrechen anzustiften, einverstanden zu sein.
Einen anderen zu bestimmen versucht	Die Anstiftung bzw Kettenanstiftung darf nach § 30 I nur versucht sein, dh sie muss erfolglos bleiben. Die Erfolglosigkeit kann daher rühren, dass der Anzustiftende keinen Tatentschluss fasst, diesen nicht ausführt oder schon vorher zur Tat entschlossen war. (str.) Für den Versuchsbeginn reicht es nach hM aus, dass sich der Auffordernde seiner Erklärung entäußert hat; ein Zugang beim Adressaten ist nicht erforderlich. (str.)
Sich-Bereiterklären	Das Sich-Bereiterklären zu einem Verbrechen umfasst zum einen die Annahme einer Anstiftung, zum anderen auch die Konstellation, dass ein zur Tat geneigter, aber noch nicht Entschlossener einem anderen, den er für interessiert hält, die Begehung eines Verbrechens zusagt, sofern dieser es will. Das Angebot muss nach hM nicht zugegangen sein. (str.)
Verabredung	Als Verabredung ist die (ausdrückliche oder konkludente) ernst gemeinte Übereinkunft wenigstens zweier Personen anzusehen, ein Verbrechen als Mittäter zu begehen oder einen Dritten gemeinsam zu einem Verbrechen anzustiften. Die Verabredung ist damit die Vorstufe zur Mittäterschaft oder zur gemeinsamen Anstiftung.

Strafrecht AT

Begriff	Definition
Verbrechen	Verbrechen ist gem. § 12 I StGB eine rechtswidrige Tat, die im Mindestmaß mit Freiheitsstrafe von einem Jahr oder darüber bedroht ist. Hinsichtlich des Verbrechenscharakters der Haupttat kommt es nach überwiegender Lehre darauf an, ob die anvisierte Tat *in der Person des Anstifters* ein Verbrechen darstellt. (str.) Bedeutsam ist dies bei Verbrechensqualifikationen aufgrund besonderer persönlicher Merkmale iSd § 28, da hier gem. Abs. 2 die Strafschärfung nur für denjenigen wirkt, der das Merkmal in eigener Person verwirklicht.

§ 31 StGB – Rücktritt vom Versuch der Beteiligung

Abwenden	setzt voraus, dass der Anstifter für das Unterbleiben der Tat kausal wird bzw ihm selbiges nach den Beteiligungsregeln zugerechnet werden kann.
Aufgabe	Für die Aufgabe des Versuchs ist (entsprechend § 24) nach hM zu fordern, dass der Täter von weiteren Maßnahmen absieht, die hinsichtlich der Tatbestandsverwirklichung einen einheitlichen Lebensvorgang bilden würden. Ein endgültiges Abstandnehmen vom Tatplan ist nicht erforderlich. (str.)
Ernsthaftes Bemühen	ist wie bei § 24 dann anzunehmen, wenn der Täter (in einer für einen Dritten nachvollziehbaren Weise) davon überzeugt ist, durch sein Handeln den Erfolgseintritt zu verhindern.
Freiwilligkeit	Die Freiwilligkeit bestimmt sich – wie bei § 24 – nach hM danach, ob der Rücktritt aus autonomen Motiven erfolgt, während er unfreiwillig ist, wenn er auf heteronomen Beweggründen beruht.
Verhindern der Tat	Für ein Verhindern der Tat iSv § 31 I Nr. 3, II genügt ein passives Verhalten, wenn der Beteiligte seinen Tatbeitrag nicht erbringt, der nach seiner Vorstellung für das Gelingen der Tat in der geplanten Gestalt unerlässlich ist.

Vor § 32 StGB – Notwehr und Notstand

Erlaubnisirrtum	Ein sog. Erlaubnisirrtum liegt vor, wenn der Täter trotz zutreffender Erfassung des Sachverhalts entweder irrig einen rechtlich nicht anerkannten Rechtfertigungsgrund annimmt (Bestandsirrtum) oder aber die Grenzen eines rechtlich anerkannten Rechtfertigungsgrundes zu seinen Gunsten überdehnt (Grenzirrtum).

Strafrecht

Begriff	Definition
Erlaubnistatbestandsirrtum	Ein sog. Erlaubnistatbestandsirrtum liegt vor, wenn der Täter die tatsächlichen oder normativen (str.) Voraussetzungen eines Rechtfertigungsgrundes für gegeben hält, ohne dass diese objektiv vorliegen.
Hypothetische Einwilligung	Die hypothetische Einwilligung ist eine von der Rspr genutzte Einwilligungsfiktion. Sie grenzt sich von der mutmaßlichen Einwilligung dadurch ab, dass hier eine tatsächliche Erklärung des Betroffenen hätte eingeholt werden können, ohne dass dies geschehen ist.
Mutmaßliche Einwilligung	Die mutmaßliche Einwilligung ist ein Rechtfertigungsgrund, bei dem bis auf das Fehlen der Erklärung des Rechtsgutsinhabers alle Voraussetzungen einer wirksamen Einwilligung vorliegen müssen. Der Eingriff in die fremde Rechtssphäre ist hier zulässig, weil eine tatsächliche Einwilligung wegen unüberwindbarer Hindernisse nicht mehr rechtzeitig eingeholt werden kann und das tatbestandsmäßige Verhalten entweder den Interessen des Berechtigten dient (Prinzip der Interessenwahrnehmung) oder diese ersichtlich nicht berührt (Prinzip des mangelnden Interesses).
Rechtfertigende Pflichtenkollision	Als rechtfertigende Pflichtenkollision wird eine Situation bezeichnet, in der eine Person Adressat wenigstens zweier gleichrangiger Pflichten ist, von denen sie aber nur eine auf Kosten der anderen erfüllen kann.

§ 32 StGB – Notwehr

Angriff	ist jede durch menschliches Verhalten drohende Verletzung eines rechtlich geschützten Gutes. Das menschliche Verhalten muss dabei Handlungsqualität aufweisen, aber keine Verletzung bezwecken, sondern nur seiner objektiven Tendenz nach unmittelbar darauf gerichtet sein.
Erforderlichkeit	Erforderlich ist diejenige Verteidigung, die auf Grund eines objektiven *ex-ante*-Urteils geeignet erscheint, den Angriff endgültig zu beenden, und dabei unter den gleichermaßen geeigneten Mitteln dasjenige darstellt, das den geringsten Verlust beim Angreifer bedingt. Bezugspunkt ist dabei die Verteidigungs*handlung*, nicht der Verteidigungs*erfolg*.

Strafrecht AT

Begriff	Definition
Geboten	Die Verteidigung ist geboten, wenn sie sich im Rahmen des normativ Angemessenen bewegt, also keinen „sozialethischen" Einschränkungen unterliegt. Anders als das Merkmal der Erforderlichkeit, welches sich auf die *faktische* Abwehrmöglichkeit des Angriffs bezieht, betrifft die Gebotenheit damit die *normative* Angemessenheit der Reaktion.
Gegenwärtig	Der Angriff ist gegenwärtig, wenn die Gutsverletzung unmittelbar bevorsteht, bereits begonnen hat oder noch fortdauert.
Nothilfe	Die Verteidigung zugunsten eines anderen wird Notwehrhilfe oder Nothilfe genannt und ist grds unter den gleichen Voraussetzungen wie die Notwehr möglich und gerechtfertigt, wobei allerdings bei Disponibilität des gefährdeten Rechtsguts die Hilfe gesperrt ist, sofern der Angegriffene erkennbar den Verlust seines Gutes dulden will.
Notwehr	Die Notwehr ist ein Rechtfertigungsgrund, der eine Notwehrlage (das „Ob" der Notwehr), eine Notwehrhandlung (das „Wie" der Notwehr) sowie einen Verteidigungswillen (die subjektive Seite der Notwehr) fordert: ■ Die *Notwehrlage* wird durch einen gegenwärtigen, rechtswidrigen Angriff begründet. ■ Die *Notwehrhandlung* ist die erforderliche und gebotene Verteidigung gegenüber dem Angreifer. ■ Für den *Verteidigungswillen* verlangt die hM neben Kenntnis der Notwehrlage auch ein Handeln in Verteidigungsabsicht. (str.)
Verteidigung	Verteidigung iSd Notwehr ist ein Verhalten, welches sich (allein) gegen den Angreifer richtet, da nur dessen Verhalten die Berechtigung zur Notwehr begründet.

§ 33 StGB – Überschreiten der Notwehr

Aus Verwirrung, Furcht oder Schrecken	Einschlägig sind nur die aufgeführten, sog. asthenischen Affekte als Schwächeaffekte, nicht hingegen sthenische Affekte wie Wut, Empörung oder Hass. Treffen asthenischen Affekte mit weiteren Motiven zusammen, müssen sie zumindest mitbestimmend gewesen sein.

Strafrecht

Begriff	Definition
Überschreiten der Grenzen der Notwehr	Das Überschreiten der Grenzen der Notwehr bezieht sich unstr. jedenfalls auf das Maß der erforderlichen Verteidigung (sog. *intensiver Notwehrexzess*). Dagegen wendet die hM die Vorschrift auf die Überschreitung der Notwehr in zeitlicher Hinsicht (sog. *extensiver Notwehrexzess*) nicht an. (str.) Gleiches gilt für den Fall des sog. *Putativnotwehrexzesses*, wenn eine Notwehrlage also überhaupt nie bestanden hat. (str.)

§ 34 StGB – Rechtfertigender Notstand

Begriff	Definition
Abwägung der widerstreitenden Interessen	Die Abwägung der widerstreitenden Interessen umfasst bereits nach dem Gesetzeswortlaut die Berücksichtigung (des abstrakten Wertes) der betroffenen Rechtsgüter sowie den Grad der ihnen drohenden Gefahren. Daneben sind insbesondere auch das Ausmaß der drohenden Schäden, besondere Pflichtenstellungen des Gefährdeten und ggf dessen schuldhafte Verursachung der Gefahr zu berücksichtigen.
Angemessenes Mittel	Die Notstandshandlung ist iSv § 34 S. 2 als angemessenes Mittel anzusehen, wenn zur Gefahrabwendung keine rechtlich geordneten Verfahren zur Verfügung stehen.
Gefahr	Ein Rechtsgut ist iSd § 34 S. 1 gefährdet, wenn seine Schädigung aufgrund der gegebenen Umstände als sehr wahrscheinlich erscheint, wobei das Gefahrurteil im Wege der *ex-ante*-Prognose eines neutralen Beobachters zu fällen ist. Sofern bereits eine Verletzung eingetreten ist, kann die Gefährdung auch in der Wahrscheinlichkeit einer Intensivierung des Schadens liegen.
Gegenwärtigkeit	Die Gefahr ist gegenwärtig, wenn Maßnahmen zu ihrer Abwendung alsbald zu treffen sind. Es kommt also entscheidend auf die Notwendigkeit sofortigen Handelns zur Abwendung des drohenden Schadens an und weniger auf den Zeitpunkt der erwarteten Gefahrrealisierung.
Nicht anders abwendbar	Die Notstandshandlung muss zur Abwendung der Gefahr erforderlich sein.

Strafrecht AT

Begriff	Definition
Rechtfertigender Notstand	Der rechtfertigende Notstand ist ein Rechtfertigungsgrund, der zur Voraussetzung eine Notstandslage, eine Notstandshandlung sowie ein Handeln mit Rettungswillen hat: ■ Die *Notstandslage* besteht in einer gegenwärtigen Gefahr für ein Rechtsgut. ■ Die *Notstandshandlung* ist durch die Merkmale der Erforderlichkeit, der Interessenabwägung und einer Angemessenheit nach S. 2 gekennzeichnet. ■ Im Hinblick auf den *Rettungswillen* fordert die hM neben der Kenntnis der Rechtfertigungslage auch ein Handeln zum Zwecke der Gefahrenabwehr.
Rechtsgut	Notstandsfähig sind alle Rechtsgüter, dh neben den namentlich aufgeführten Individualrechtsgütern wie Leib, Leben, Freiheit, Ehre und Eigentum auch überindividuelle (kollektive) Rechtsgüter.

§ 228 BGB – Defensiver Notstand

Nicht außer Verhältnis	Dass der (angerichtete) Schaden bei § 228 BGB nicht außer Verhältnis zur abzuwendenden Gefahr stehen darf, führt beim defensiven Notstand dazu, dass – im Gegensatz zum aggressiven Notstand nach § 34 S. 1 (§ 904 BGB) – auch Beschädigungen gerechtfertigt sein können, die *gravierender* als der drohende Schaden sind.

§ 35 StGB – Entschuldigender Notstand

Angehörige	Angehörige sind die in § 11 I Nr. 1 genannten Personen.
Besonderes Rechtsverhältnis	**Besonderes Rechtsverhältnis** iSd § 35 I S. 2 meint ein Rechtsverhältnis, aus dem sich erhöhte Gefahrtragungs- und Schutzpflichten ergeben. Die Schutzpflicht muss sich dabei auf die *Allgemeinheit* beziehen, wie dies bei Polizeibeamten oder Angehörigen der Feuerwehr der Fall ist.

Strafrecht

Begriff	Definition
Entschuldigender Notstand	Der entschuldigende Notstand ist ein Entschuldigungsgrund, der eine Notstandslage, eine Notstandshandlung, einen Rettungswillen sowie eine fehlende Zumutbarkeit der Gefahrduldung fordert: ■ Die *Notstandslage* setzt eine gegenwärtige Gefahr für eines der ausdrücklich genannten Güter voraus. ■ Für die *Notstandhandlung* darf die den Notstand begründende Gefahr durch keine andere Maßnahme als das Verhalten des Täters abwendbar sein. ■ Der *Rettungswille* setzt neben der Kenntnis der Gefahrenlage ein Handeln zum Zwecke der Gefahrabwendung voraus.
Freiheit	Unter Freiheit ist allein die Fortbewegungsfreiheit (und nicht die allgemeine Handlungsfreiheit) zu verstehen.
Gefahr	Die Gefahr ist bei § 35 I S. 1 identisch zum rechtfertigenden Notstand als wahrscheinliche Gefährdung zu beschreiben, die sich allerdings zwingend auf die ausdrücklich genannten Rechtsgüter beziehen muss.
Gefahr selbst verursacht	Gefahrverursachung meint hier nicht allein das Setzen einer kausalen Bedingung. Vielmehr ist dem Täter die Entschuldigung erst zu versagen, wenn er sich zumindest objektiv ohne zureichenden Grund in eine Situation begeben hat, aus der die Gefahrenlage vorhersehbar erwachsen ist.
Gegenwärtigkeit	Die Gefahr ist – identisch zu § 34 S. 1 – gegenwärtig, wenn Maßnahmen zu ihrer Abwendung alsbald zu treffen sind.
Nahestehende Person	Als nahestehend können Personen angesehen werden, mit denen der Täter in Hausgemeinschaft lebt oder die ihm wie Angehörige persönlich verbunden sind.
Nicht anders abwendbar	Die Gefahr ist nur dann nicht anders abwendbar, wenn die Notstandshandlung als ultima ratio zur Behebung der Gefahr objektiv erforderlich ist: Die Notstandshandlung muss also geeignet und das relativ mildeste der zur Verfügung stehenden Mittel sein. Zudem muss eine gewisse Proportionalität zwischen dem zu schützenden und dem verletzten Rechtsgut bestehen.

Strafrecht AT

Begriff	Definition

Vor § 52 StGB – Strafbemessung bei mehreren Gesetzesverletzungen

Fortgesetzte Handlung	Von einer fortgesetzten Handlung spricht man, wenn ▪ mehrere Einzelakte sich gegen dasselbe Rechtsgut richten, ▪ in der Begehungsweise im Wesentlichen gleichartig sind, ▪ in einem räumlichen und zeitlichen Zusammenhang stehen und ▪ auf einem einheitlichen Vorsatz (Gesamtvorsatz) beruhen. Die Figur der fortgesetzten Handlung ist durch die Entscheidung BGHSt 40, 138 ff weitgehend aufgegeben worden.
Gesetzeskonkurrenz	Gesetzeskonkurrenz (auch unechte Konkurrenz oder Gesetzeseinheit genannt) bezeichnet die „Verdrängung" eines Strafgesetzes, das zwar verwirklicht ist, aber nicht angewandt wird, weil dessen Unrecht bereits von einem anderen Gesetz erfasst ist, dessen Verletzung dem Täter ebenfalls vorgeworfen wird. Es werden drei Arten der Gesetzeskonkurrenz unterschieden: ▪ Spezialität, ▪ Subsidiarität und ▪ Konsumtion.
Gleichartige Wahlfeststellung	Bei der gleichartigen Wahlfeststellung (oder Sachverhaltsalternativität) steht fest, dass der Täter denselben Tatbestand notwendigerweise durch eine von mehreren möglichen Handlungen verwirklicht hat, ohne dass die konkrete Begehungsweise mit Sicherheit festgestellt werden kann. Der Täter ist dann dennoch wegen des in Frage kommenden Tatbestands zu bestrafen.
Handlung im natürlichen Sinne	Von einer Handlung im natürlichen Sinne spricht man, wenn der Tatbestand eines Delikts durch eine bestimmte Körperbewegung oder deren Unterlassen erfüllt wird.
Handlungseinheit	Der Begriff der Handlungseinheit bezeichnet die rechtliche Bewertung eines äußeren Verhaltens als einheitliche Handlung. Anwendungsfälle hierfür sind: ▪ die Handlung im natürlichen Sinne, ▪ die natürliche Handlungseinheit, ▪ die tatbestandliche Handlungseinheit und die fortgesetzte Handlung.

Strafrecht

Begriff	Definition
In dubio pro reo	Der Grundsatz in dubio pro reo ist eine Entscheidungsregel der Rechtsanwendung und besagt, dass eine Verurteilung nur auf solche Tatsachen gestützt werden darf, die zur Überzeugung des Gerichts als im Verfahren erwiesen anzusehen sind. Er greift dabei nicht nur bei Entscheidungen über Bestrafung oder Freispruch ein, sondern auch bei der Entscheidung zwischen Taten, die in einem logischen oder normativen Stufenverhältnis stehen.
Konsumtion	Die Konsumtion betrifft sowohl Fälle der Handlungseinheit als auch -mehrheit, bei denen das Unrecht eines Delikts *im Regelfall* von demjenigen eines anderen Delikts miterfasst wird, ersteres also kein eigenes Gewicht erlangt.
Natürliche Handlungseinheit	Mehrere natürliche Handlungen bilden eine natürliche Handlungseinheit, wenn sie ■ in einem unmittelbaren räumlichen und zeitlichen Zusammenhang stehen, ■ auf einer einheitlichen Motivationslage beruhen, ■ sich für einen Beobachter bei „natürlicher" Betrachtung als einheitliches Geschehen darstellen und ■ zu einer quantitativen Steigerung des tatbestandlichen Schadens führen.
Postpendenz	In der Situation der sog. Postpendenz steht fest, dass von zwei strafrechtlich relevanten Sachverhalten der spätere gewiss, der frühere dagegen nur möglicherweise vorlag. Hier erfolgt eine eindeutige Verurteilung wegen des späteren Delikts.
Praependenz	Bei der Praependenz ist von zwei strafrechtlich relevanten Sachverhalten der frühere zweifelsfrei, der spätere jedoch nur möglicherweise gegeben. Zu verurteilen ist dann wegen des früheren Delikts.
Spezialität	Von Spezialität spricht man, wenn durch eine Handlung (bzw Handlungseinheit) zwei Gesetze verletzt werden, von denen eines alle Merkmale des anderen und zudem noch wenigstens ein weiteres Merkmal aufweist.
Subsidiarität	Subsidiarität ist gegeben, wenn durch eine Handlung (bzw Handlungseinheit) zwei Gesetze verletzt werden, von denen eines nur unter der Voraussetzung anwendbar ist, dass das andere nicht eingreift. Dies kann qua ausdrücklicher gesetzlicher Anordnung der Fall sein (sog. **formelle Subsidiarität**) oder auch deshalb, weil dem Täter das Unrecht in unterschiedlichen Formen zugerechnet werden kann (sog. **materielle Subsidiarität**).

Strafrecht AT

Begriff	Definition
Tatbestandliche Handlungseinheit	Als tatbestandliche Handlungseinheit ist es anzusehen, wenn mehrere Einzelakte durch die tatbestandliche Unrechtsvertypung zu einer Handlung verbunden sind, wie dies bei Dauerdelikten, zusammengesetzten Delikten und mehraktigen Delikten der Fall ist.
Ungleichartige Wahlfeststellung	Bei der ungleichartigen (oder „echten") Wahlfeststellung steht fest, dass durch die in Betracht kommenden Sachverhaltsmöglichkeiten notwendigerweise eines von mehreren selbständigen Delikten begangen wurde, wobei die in Betracht kommenden Delikte rechtsethisch und psychologisch vergleichbar sein müssen. (str.) Es erfolgt dann eine *wahlweise* Verurteilung. (str.)

§ 52 StGB – Tateinheit

Tateinheit	Eine tateinheitliche Verletzung mehrerer Strafgesetze oder eine tateinheitliche mehrmalige Verletzung desselben Strafgesetzes ist anzunehmen wenn ■ mehrere Tatbestände zugleich durch dieselbe Handlung verwirklicht werden, ■ mehrere Tatbestände *teilweise* durch dieselbe Handlung (bzw Handlungseinheit) verwirklicht werden (Tateinheit durch Teilidentität der Ausführungshandlungen), ■ mehrere Tatbestände zwar unabhängig voneinander, aber jeweils teilidentisch mit der Verwirklichung eines weiteren Tatbestands erfüllt werden (Tateinheit durch Klammerwirkung), ■ die einzelnen Delikte durch eine Mehrheit von Handlungen begangen werden, die jedoch bei natürlicher Betrachtung eine Einheit bilden (Tateinheit durch natürliche Handlungseinheit). (str.)
Verletzt dieselbe Handlung dasselbe Strafgesetz mehrmals	Der Fall, dass eine Handlung (Handlungseinheit) dasselbe Strafgesetz mehrmals verletzt, wird als gleichartige Tateinheit bzw **gleichartige Idealkonkurrenz** bezeichnet.
Verletzt dieselbe Handlung mehrere Strafgesetze	Der Fall, dass eine Handlung (Handlungseinheit) mehrere Strafgesetze verletzt, wird als ungleichartige Tateinheit oder **ungleichartige Idealkonkurrenz** bezeichnet.

Strafrecht

Begriff — **Definition**

§ 53 StGB – Tatmehrheit

Hat jemand mehrere Straftaten begangen — Der Fall, dass eine Person mehrere selbständig strafbare Gesetzesverletzungen begangen hat, wird Tatmehrheit genannt und liegt dann vor, wenn keine der Kriterien zur Bildung einer Tateinheit eingreifen.

Strafrecht Allgemeiner Teil
Von Prof. Dr. Dres. h.c. Urs Kindhäuser
6. Auflage 2013, 440 S., brosch., 22.– €
ISBN 978-3-8487-0271-8

Strafrecht Besonderer Teil I

Tatbestandsmerkmal	Definition
§ 123 StGB – Hausfriedensbruch	
befriedetes Besitztum	Befriedetes Besitztum ist ein gegen willkürliches Betreten durch Schutzwehren gesicherter Grundstücksbereich.
Berechtigter	Berechtigter ist der Inhaber des Hausrechts.
Betreten	Der Täter muss nicht mit dem ganzen Körper in die geschützte Räumlichkeit gelangen. Allerdings muss der Täter den Schutzbereich körperlich überschreiten.
Eindringen	Eindringen ist das Betreten gegen den Willen des Berechtigten.
Geschäftsräume	Geschäftsräume sind nach außen abgeschlossene Räumlichkeiten, die bestimmungsgemäß zu beruflichen, gewerblichen, wissenschaftlichen oder künstlerischen Zwecken genutzt werden.
Wohnung	Eine Wohnung ist ein nach außen abgeschlossener räumlicher Bereich, der einer oder mehreren Personen als Unterkunft dient.
zum öffentlichen Dienst bestimmt	Zum öffentlichen Dienst bestimmt sind Räume, wenn sie der Ausübung von Tätigkeiten aufgrund öffentlich-rechtlicher Vorschriften dienen.
zum öffentlichen Verkehr bestimmt	Zum öffentlichen Verkehr bestimmt sind Räume, die allgemein zugänglich sind und für den Personen- oder Gütertransportverkehr genutzt werden.
§ 142 StGB – Unerlaubtes Entfernen vom Unfallort	
Berechtigte	Berechtigte sind die anderen anwesenden Unfallbeteiligten und Geschädigten.
Entfernung vom Unfallort	Den Tatbestand nach Abs. 1 Nr. 1 verwirklicht, wer sich als Unfallbeteiligter vom Unfallort entfernt, bevor er zugunsten der anderen Unfallbeteiligten und der Geschädigten die Feststellung seiner Person, seines Fahrzeugs und der Art seiner Beteiligung durch seine Anwesenheit und durch die Angabe, dass er an dem Unfall beteiligt ist, ermöglicht hat.

Strafrecht

Tatbestandsmerkmal	Definition
im Straßenverkehr	Im Straßenverkehr findet der Unfall statt, wenn das Schadensereignis in einem unmittelbaren Zusammenhang mit dem Geschehen im öffentlichen Verkehrsraum steht. Zu diesem Raum gehören alle Flächen, die der Allgemeinheit im Sinne eines unbestimmten Personenkreises dauernd oder vorübergehend zur Fortbewegung offen stehen.
Sich-Entfernen	Sich-Entfernen ist das willentliche Verlassen des Unfallorts.
unbedeutender Sachschaden	Ein Sachschaden ist völlig belanglos, wenn er unterhalb der Grenze liegt, bei der üblicherweise Schadensersatzansprüche geltend gemacht werden. Diese Grenze ist bei ca. 30 Euro anzusetzen.
Unfall	Ein Unfall im Straßenverkehr (Verkehrsunfall) ist ein mit den Gefahren des öffentlichen Straßenverkehrs ursächlich zusammenhängendes plötzliches Ereignis, das einen nicht völlig belanglosen Personen- oder Sachschaden zur Folge hat.
Unfallbeteiligter	Unfallbeteiligter ist jeder, dessen Verhalten nach den Umständen zur Verursachung des Unfalls beigetragen haben kann (Legaldefinition nach Abs. 5).
Unfallort	Unfallort ist die Stelle, an der sich der Unfall ereignet hat und umfasst den Bereich, innerhalb dessen ein Aufenthalt von Beteiligten nach den Umständen des Einzelfalls noch zu vermuten ist.
Unverzüglich	Unverzüglich heißt, nach den Gegebenheiten des Einzelfalls ohne schuldhaftes Zögern.

§ 164 StGB – Falsche Verdächtigung

Anderer	Ein anderer im Sinne des Tatbestands kann nur eine bestimmte lebende Person sein.
falsche Verdächtigung (str.)	Die Verdächtigung ist falsch, wenn sie in ihrem wesentlichen Inhalt objektiv nicht der Wahrheit entspricht.
Gegenstand der Verdächtigung	Gegenstand der Verdächtigung ist eine rechtswidrige Tat (§ 11 I Nr. 5) oder eine Dienstpflichtverletzung. Als rechtswidrige Tat kommt nur eine Straftat in Betracht. Eine Dienstpflichtverletzung erfordert einen disziplinarisch ahndbaren Verstoß gegen eine Dienstpflicht.

Tatbestandsmerkmal	Definition
Hervorrufen, Umlenken, Verstärken	Der Verdacht wird hervorgerufen, wenn er bisher noch nicht bestand; er wird umgelenkt, wenn er sich nunmehr auf eine andere, bisher unverdächtige Person richtet; er wird bestärkt, wenn er durch weitere Gründe untermauert wird.
Verdächtigen	Verdächtigen ist das Hervorrufen, Umlenken oder Bestärken eines Verdachts.

Vor § 185 ff StGB – Beleidigung

Beleidigung unter einer Kollektivbezeichnung	Beleidigung richtet sich gegen die zum Kollektiv gehörenden einzelnen Personen.
Ehre (str.)	Dualistischer Ehrbegriff: Ehre ist zum einen der personale, dem Menschen als Träger geistiger und sittlicher Werte zukommende („innere") Geltungswert, zum anderen der soziale („äußere") Geltungswert einer Person, also ihr tatsächlicher guter Ruf in der menschlichen Gesellschaft.
	Normativer Ehrbegriff: Ehre als ein dem Menschen zukommender, aus der Personenwürde abgeleiteter, sozial zu achtender Geltungswert.
	Interpersonaler Ehrbegriff: Das von der Würde des Menschen geforderte und seine Selbständigkeit als Person begründende Anerkennungsverhältnis mit anderen Personen.
	Funktionaler Ehrbegriff: Ehre als Fähigkeit eines Menschen, sich so zu verhalten, dass er den normativen Erwartungen gerecht wird, denen er gerecht werden muss, um als ebenbürtiger Partner von Kommunikationen akzeptiert zu werden.
Kollektivbeleidigung	Es wird eine Personengesamtheit, die selbst Träger der Verbandsehre ist, angegriffen.

§ 185 StGB – Beleidigung

Beleidigung	Kundgabe eigener Nicht- oder Missachtung.
Beleidigung mittels einer Tätlichkeit	Die Beleidigung mittels einer Tätlichkeit setzt eine unmittelbare Einwirkung auf den Körper des Opfers voraus, durch die der Täter seine Nicht- oder Missachtung zum Ausdruck bringt.

Strafrecht

Tatbestandsmerkmal	Definition
eigene Missachtung	Der Täter muss seine eigene Missachtung des Opfers in dem Sinne zum Ausdruck bringen, dass die Ehrverletzung von ihm selbst stammt.
Formalbeleidigung	Eine Formalbeleidigung erfordert, dass Form oder Umstände der Äußerung ein selbständig zu erfassendes Plus an Ehrenkränkung enthalten.
Kundgabe	Die Kundgabe erfordert eine an einen anderen gerichtete und von diesem zur Kenntnis genommene Äußerung.
	Inhaltlich muss in der Äußerung die ehrverletzende Kundgabe eigener Nichtachtung oder Missachtung liegen. Der Täter muss zum Ausdruck bringen, dass er dem Opfer vorwirft, sich im sozialen Leben nicht verantwortungsvoll betätigt zu haben, bzw dass er ihm aufgrund moralischer, geistiger oder körperlicher Unzulänglichkeiten (zumindest teilweise) die Fähigkeit zu einem solchen Verhalten abspricht.

§ 186 StGB – Üble Nachrede

Behaupten	Eine Tatsache wird behauptet, wenn sie als nach eigener Überzeugung wahr hingestellt wird.
Ehrenrührigkeit	Die Tatsache ist geeignet, einen anderen verächtlich zu machen oder in der öffentlichen Meinung herabzuwürdigen, wenn sie Grundlage eines negativen Urteils über die Ehre des Betroffenen sein kann. Die Tatsache kann Grundlage eines negativen Urteils über die Ehre des Betroffenen sein, wenn sie dessen Fähigkeit, verantwortungsvoll sozial zu agieren, wenigstens teilweise in Abrede stellt.
Nichterweislichkeit der Wahrheit	Im Strafverfahren kann der Nachweis von der Wahrheit der fraglichen Tatsache nicht erbracht werden.
öffentlich	Die Tat ist öffentlich begangen, wenn die ehrenrührige Tatsache vor einem größeren, individuell unbestimmten Personenkreis geäußert wird.
Tatsachen	Tatsachen sind alle vergangenen oder gegenwärtigen Sachverhalte einschließlich solcher der menschlichen Psyche, die objektiv bestimmt und dem Beweis zugänglich sind.
Verbreiten	Eine Tatsache wird verbreitet, wenn sie als Gegenstand fremden Wissens weitergegeben wird.

Strafrecht BT I

Tatbestandsmerkmal	Definition
Verbreitung von Schriften	Der Täter lässt die Äußerung in gegenständlicher Fixierung dergestalt in fremde Hände gelangen, dass er nicht mehr kontrollieren kann, wer die Äußerung zur Kenntnis nimmt.
Wahrheitsbeweis	Der Wahrheitsbeweis ist erbracht, wenn sich die fragliche Tatsache im Wesentlichen als wahr erwiesen hat.
Werturteile	Werturteile sind das Ergebnis einer bereits vollzogenen Wertung.

§ 211 StGB – Mord

Arglosigkeit	Das Opfer ist arglos, wenn es in der Tatsituation (vor der ersten Handlung des Täters) keinen Angriff auf Leib und Leben befürchtet.
Ausnutzen	Der Täter nutzt die Arg- und Wehrlosigkeit des Opfers aus, wenn er sein Vorgehen danach berechnend ausrichtet.
Befriedigung des Geschlechtstriebs	Zur Befriedigung des Geschlechtstriebs tötet, wer sich durch den Tötungsakt als solchen oder an der Leiche sexuelle Befriedigung verschaffen will oder mit dem Tod des Opfers bei einer Vergewaltigung rechnet.
Ermöglichungsabsicht	Bei der Ermöglichungsabsicht setzt der Täter die Tötung als Mittel zur Begehung einer weiteren Straftat ein. Absicht bedeutet hier zielgerichtetes Wollen: Die Absicht muss entscheidender Grund der Tötung sein, ohne das alleinige Motiv bilden zu müssen. Es genügt, wenn der Täter annimmt, die andere Tat aufgrund der Tötung zumindest schneller oder einfacher verwirklichen zu können.
feindselige Willensrichtung	Mit dem Kriterium der feindseligen Willensrichtung sollen vor allem Fälle ausgeschlossen werden, bei denen der Täter zum vermeintlich Besten des Opfers handelt.
gemeingefährliche Mittel	Gemeingefährlich ist ein Tötungsmittel, bei dessen konkretem Einsatz der Täter nicht ausschließen kann, eine Mehrzahl von Menschen an Leib und Leben zu gefährden.
Grausam	Grausam tötet, wer dem Opfer aus gefühlloser und unbarmherziger Gesinnung besondere Schmerzen oder Qualen körperlicher oder seelischer Art zufügt, die nach Stärke oder Dauer über das für die Tötung unvermeidliche Maß hinausgehen.

Strafrecht

Tatbestandsmerkmal	Definition
Habgier	Unter Habgier ist ein rücksichtsloses Streben nach materiellen Gütern zu verstehen, also ein Gewinnstreben „um jeden Preis".
Heimtücke (str.)	Heimtückisch tötet, wer in feindseliger Willensrichtung die Arg- und Wehrlosigkeit des Opfers bewusst zur Tötung ausnutzt.
Mordlust	Aus Mordlust tötet, wem es in erster Linie darauf ankommt, einen Menschen sterben zu sehen.
restriktive Auslegung des Heimtückemerkmals	Eine verbreitete Ansicht im Schrifttum verlangt zusätzlich einen Vertrauensbruch. Heimtücke setzt dann voraus, dass die Arglosigkeit des Opfers gerade auf dessen Vertrauen gegenüber dem Täter basiert.
sonstige niedrige Beweggründe	Nach der weithin anerkannten Formulierung des BGH sind dies Motive, die nach allgemeiner sittlicher Wertung auf tiefster Stufe stehen, durch hemmungslose, triebhafte Eigensucht bestimmt und deshalb besonders verwerflich, ja verächtlich sind.
Straftat	Die Straftat, die ermöglicht oder verdeckt werden soll, muss unter Zugrundelegung der Sachverhaltsvorstellungen des Täters eine strafbare – dh eine tatbestandsmäßige, rechtswidrige und schuldhafte – Tat sein.
Verdeckungsabsicht	Bei der Verdeckungsabsicht tötet der Täter einen Menschen, um die eigene oder auch eine fremde Bestrafung zu verhindern. Absicht bedeutet hier zielgerichtetes Wollen: Die Absicht muss entscheidender Grund der Tötung sein, ohne das alleinige Motiv bilden zu müssen. Für die Verdeckungsabsicht reicht es aus, wenn der Täter nur die Beteiligung einer Person an der Vortat verbergen will.
Wehrlosigkeit	Das Opfer ist wehrlos, wenn es aufgrund seiner Arglosigkeit in seiner Verteidigungsfähigkeit zumindest erheblich eingeschränkt ist.

§ 221 StGB – Aussetzung

hilflose Lage	Das Opfer befindet sich in einer hilflosen Lage, wenn es nicht fähig ist, sich aus eigener Kraft vor der Gefahr für Leben und Gesundheit zu schützen.
im Stich lassen	Der Täter lässt das Opfer im Stich, wenn er die zur Abwendung gebotene Hilfe nicht erbringt.

Strafrecht BT I

Tatbestandsmerkmal	Definition
konkrete Gefahr	Die tatbestandsmäßige konkrete Gefahr des Todes oder einer schweren Gesundheitsschädigung ist eingetreten, wenn es für das Opfer nur noch vom nicht mehr beherrschbaren Zufall abhängt, ob es stirbt bzw seine Gesundheit schwer geschädigt wird oder nicht.
Obhut	Unter Obhut ist ein bestehendes allgemeines Schutzpflichtverhältnis, also eine Beschützergarantenstellung, zu verstehen.
schwere Gesundheitsschädigung	Von einer schweren Gesundheitsschädigung ist auszugehen, wenn das Opfer im Gebrauch seiner Sinne, seines Körpers oder seiner Arbeitskraft erheblich beeinträchtigt ist.
Versetzen	Versetzen ist jede vom Täter bestimmte Veränderung der Sicherheitslage des Opfers.

§ 223 StGB – Körperverletzung

Gesundheitsschädigung	Gesundheitsschädigung ist jedes Hervorrufen oder (nicht unerhebliche) Steigern eines krankhaften Zustands, und zwar ohne Rücksicht auf dessen Dauer. Kennzeichnend für die Schädigung der Gesundheit ist das Erfordernis eines Heilungsprozesses.
körperliche Misshandlung	Körperliche Misshandlung ist eine üble, unangemessene Behandlung, durch die das Opfer in seinem körperlichen Wohlbefinden mehr als nur unerheblich beeinträchtigt wird.

§ 224 StGB – Gefährliche Körperverletzung

Beibringen	Der Täter bringt das Tatmittel bei, wenn er es derart mit dem Körper verbindet, dass es seine gesundheitsschädigende Wirkung entfalten kann.
gefährliches Werkzeug (str.)	Gefährliche Werkzeuge sind alle (bewegbaren) Gegenstände, die geeignet sind, nach der Art und Weise ihrer konkreten Verwendung erhebliche Verletzungen hervorzurufen.
gemeinschaftliche KV	Eine Körperverletzung wird gemeinschaftlich begangen, wenn mindestens zwei Personen bei ihrer Ausführung zusammenwirken.

Strafrecht

Tatbestandsmerkmal	Definition
gesundheitsschädliche Stoffe	Andere gesundheitsschädliche Stoffe sind Substanzen, die durch mechanische oder thermische Wirkung die Gesundheit erheblich zu beeinträchtigen vermögen.
Gift	Gift ist jeder anorganische oder organische Stoff, der in der konkreten Verwendung durch chemische oder chemisch-physikalische Wirkung die Gesundheit erheblich zu beeinträchtigen vermag.
Hinterlist	Der Überfall ist hinterlistig, wenn der Täter in einer seine wahren Absichten planmäßig verdeckenden Weise vorgeht, um dem Angegriffenen die Abwehr zu erschweren.
lebensgefährdende Behandlung (str.)	Eine Behandlung ist lebensgefährdend, wenn sie unter Berücksichtigung der jeweiligen Tatumstände objektiv generell geeignet ist, das Opfer in Lebensgefahr zu bringen.
	Demgegenüber verlangt eine in der Literatur verbreitete Ansicht, dass das Opfer durch die ihm widerfahrende Behandlung in eine konkrete Lebensgefahr kommen müsse.
Überfall	Überfall ist ein plötzlicher Angriff auf einen Ahnungslosen.
Waffen	Waffen sind Gegenstände, die – wie Schuss-, Hieb- und Stoßwaffen – zur Herbeiführung erheblicher Verletzungen allgemein bestimmt sind.

§ 225 StGB – Mißhandlung von Schutzbefohlenen

der Gewalt überlassen	Eine Person ist der Gewalt des Täters überlassen worden, wenn sie von diesem mit Willen des Fürsorgepflichtigen in einem bestimmten zeitlichen Umfang beaufsichtigt wird.
Dienst- oder Arbeitsverhältnis	Kennzeichnend für ein Dienst- oder Arbeitsverhältnis ist die mangelnde Selbständigkeit (strikte Weisungsgebundenheit) der geschützten Person.
Fürsorge	Eine Person untersteht der Fürsorge des Täters, wenn dieser rechtlich verpflichtet ist, für ihr geistiges oder leibliches Wohl zu sorgen.
Gebrechlichkeit	Gebrechlichkeit ist eine Störung der körperlichen Gesundheit, die ihren Ausdruck in einer Behinderung der Bewegungsfreiheit findet.

Strafrecht BT I

Tatbestandsmerkmal	Definition
Gefahr einer erheblichen Schädigung	Von der Gefahr einer erheblichen Schädigung im Sinne von Abs. 3 Nr. 2 kann erst gesprochen werden, wenn zu befürchten ist, dass der normale körperliche oder seelische Reifeprozess dauernd und nachhaltig beeinträchtigt wird.
Hausstand	Zum Hausstand gehören Personen, die mit dem Täter in Hausgemeinschaft leben.
Krankheit	Krankheit ist ein pathologischer Zustand (einschließlich Trunkenheit).
Obhut	Der Obhut des Täters untersteht eine Person, wenn dieser zu ihrer unmittelbaren körperlichen Beaufsichtigung für eine kürzere Zeit verpflichtet ist.
Quälen	Quälen ist das Zufügen von Leid oder länger dauernden oder sich wiederholenden Schmerzen.
Rohe Misshandlung	Eine Misshandlung ist roh, wenn sie aus einer gefühllosen, gegen die Leiden des Opfers gleichgültigen Gesinnung heraus erfolgt.
Sorgepflichten böswillig vernachlässigen	Eine der tatbestandlich genannten Sorgepflichten ist böswillig vernachlässigt, wenn sie der Täter aus einem verwerflichen Beweggrund nicht erfüllt.
Wehrlosigkeit	Wehrlos ist, wer sich gegen eine Misshandlung allenfalls in eingeschränkter Weise wehren kann; die Wehrlosigkeit muss auf der Gebrechlichkeit oder der Krankheit beruhen.

§ 226 StGB – Schwere Körperverletzung

dauernd nicht mehr zu gebrauchen	Das Glied ist dauernd nicht mehr zu gebrauchen, wenn es auf unabsehbare Zeit seine Funktion eingebüßt hat.
dauernde Entstellung	Von einer dauernden Entstellung ist auszugehen, wenn die äußere Gesamterscheinung des Verletzten in ihrer ästhetischen Wirkung derart verändert wird, dass er auf unabsehbare Zeit psychische Nachteile im Verkehr mit seiner Umwelt zu erleiden hat.
geistige Behinderung	Eine geistige Behinderung ist eine der Geisteskrankheit an Gewicht gleichstehende Einschränkung der intellektuellen Fähigkeiten.
geistige Krankheit	Als geistige Krankheiten kommen exogene und endogene Psychosen in Betracht.

Strafrecht

Tatbestandsmerkmal	Definition
Glied (str.)	Glied ist jeder Körperteil, der mit einem anderen durch ein Gelenk verbunden ist.
Lähmung	Lähmung ist eine erhebliche Beeinträchtigung der Bewegungsfähigkeit eines Körperteils, die den ganzen Körper in Mitleidenschaft zieht.
Siechtum	Siechtum ist ein chronischer Krankheitszustand ohne absehbare Heilungschance, der den Gesamtorganismus des Verletzten ergreift und ein Schwinden der Körperkräfte zur Folge hat.
Verfallen	Das Verfallen erfordert, dass der Körper insgesamt in erheblicher Weise und für einen nicht absehbaren Zeitraum beeinträchtigt wird.
verloren	Das Glied ist verloren, wenn es völlig vom Körper abgetrennt ist.
Verlust von Seh-, Hör-, Sprechvermögen oder Fortpflanzungsfähigkeit	Von einem Verlust der tatbestandlich genannten Fähigkeiten ist auszugehen, wenn das Sehvermögen (zumindest auf einem Auge), das Gehör (insgesamt), das Sprechvermögen oder die Fortpflanzungsfähigkeit dauerhaft eingebüßt wurde. Dies ist bei Sehvermögen und Gehör anzunehmen, wenn die Fähigkeit unter 10 Prozent des Normalzustands gesunken ist.
wichtiges (Glied) (str.)	Ein Glied ist wichtig, wenn sein Verlust für einen normalen Menschen zu einer wesentlichen Beeinträchtigung seiner körperlichen Aktivitäten führt.

§ 239a StGB – Erpresserischer Menschenraub

hilflose Lage	Die Lage ist hilflos, wenn das Opfer dem Einfluss des Täters preisgegeben ist, wenn der Täter also eine physische Machtposition über die Geisel innehat.
Sich-Bemächtigen	Sich-Bemächtigen ist die Begründung neuer oder der Missbrauch bereits bestehender Herrschaft über den Körper des Opfers.
Verzicht auf die erstrebte Leistung	Die Leistung wird nicht mehr unter den Voraussetzungen des § 239a eingefordert.

Tatbestandsmerkmal	Definition
§ 240 StGB – Nötigung	
angedrohtes Übel (str.)	Erblickt man den Zweck des Nötigungsverbots im Schutz der Entscheidungsfreiheit, so kommt als Übel jeder Nachteil in Betracht, der geeignet ist, das Opfer im Sinne des Täters zu lenken.
	Wird der Zweck des Nötigungsverbots dagegen auf den Schutz der rechtlich garantierten Verhaltensfreiheit bezogen, so kommt als drohungsrelevantes Übel nur ein rechtswidriger Eingriff in die Güter einer Person in Betracht.
Drohung	Eine Drohung ist die Ankündigung einer als vom Täterwillen abhängig dargestellten Übelszufügung.
Duldung	Dulden ist ein Geschehenlassen, das nicht auf eigener Entschließung des Genötigten beruht, sondern ihm durch ein Müssen auferlegt ist.
Empfindlichkeit (str.)	Die hM sieht ein Übel insbesondere dann nicht als empfindlich an, wenn von dem Betroffenen unter den gegebenen Umständen erwartet werden kann und muss, dass er der Bedrohung in besonnener Selbstbehauptung standhält.
Gewalt (str.)	Gewalt ist (nach hM) körperlich wirkender Zwang durch die Entfaltung von Kraft oder durch sonstige physische Einwirkung, die nach ihrer Intensität und Wirkungsweise dazu geeignet ist, die freie Willensentschließung oder Willensbetätigung eines anderen zu beeinträchtigen.
Handlung	Handlung ist jedes aktive Verhalten des Opfers.
Missbrauch der Befugnisse oder Stellung eines Amtsträgers	Missbrauch ist eine vorsätzlich rechtswidrige Ausübung amtlichen Zwangs; erfolgt dies innerhalb der Zuständigkeit, betrifft es die Befugnisse. Demgegenüber wird die Stellung missbraucht, wenn der Täter sich der ihm durch sein Amt eröffneten Handlungsmöglichkeiten außerhalb seines Zuständigkeitsbereichs bedient oder den Irrtum des Opfers, er sei zur Zwangsausübung von Amts wegen berechtigt, ausnutzt.
Nötigungserfolg	Erfolg der Nötigung ist das durch die Anwendung der Nötigungsmittel veranlasste Verhalten („Handlung, Duldung oder Unterlassung").
Unterlassen	Unterlassen setzt voraus, dass das Opfer zur Vornahme der nicht ausgeführten Handlung in der Lage gewesen wäre.

Strafrecht

Tatbestandsmerkmal	Definition
Verwerflichkeit	Die Nötigung ist rechtswidrig, wenn die Anwendung der Gewalt oder die Androhung des Übels zu dem angestrebten Zweck als verwerflich anzusehen, dh sozialethisch zu missbilligen ist. Die Verwerflichkeit ergibt sich somit aus dem Verhältnis von Nötigungsmittel und Nötigungszweck.

§ 241 StGB – Bedrohung

Drohung mit einem Verbrechen	Die angekündigte und hinsichtlich ihres Eintretens als vom Täterwillen abhängig dargestellte Tat muss rechtswidrig, aber nicht schuldhaft sein. Verbrechen im Sinne von § 12 I ist ein Delikt mit einer Mindestfreiheitsstrafe von einem Jahr.
nahestehende Personen	Nahestehende Personen sind Angehörige sowie Personen, mit denen der Täter in Hausgemeinschaft lebt oder die ihm wie Angehörige persönlich verbunden sind.
Vortäuschung der bevorstehenden Verwirklichung eines Verbrechens	Falsche Warnung; bezieht sich auf solche Fälle, in denen der Täter nicht (im Sinne einer Drohung) vorgibt, das Geschehen selbst (noch) in der Hand zu haben.

§ 267 StGB – Urkundenfälschung

Augenscheinsobjekt	Augenscheinsobjekte enthalten keine symbolisch vermittelte Erklärung.
Aussteller	Aussteller ist diejenige bestimmte Person oder Behörde, der die urkundliche Erklärung im Rechtsverkehr als Urheber zuzurechnen ist (sog. Geistigkeitstheorie).
Bande	Eine Bande ist ein auf ausdrücklicher oder stillschweigender Vereinbarung beruhender Zusammenschluss von wenigstens drei Mitgliedern, die sich zur fortgesetzten Begehung von Straftaten (hier: Betrug und Urkundenfälschung) verbunden hat.
Beweiseignung	Unter Beweiseignung ist die Möglichkeit zu verstehen, mit Hilfe der Urkunde (und ggf im Kontext mit anderen Umständen) zum Beweis einer rechtserheblichen Tatsache beizutragen.
Beweiszeichen	Beweiszeichen (Erklärungszeichen) sind auf ein Symbol reduzierte Verkörperungen der Erklärung eines erkennbaren Ausstellers mit Beweisfunktion.

Strafrecht BT I

Tatbestandsmerkmal	Definition
Gebrauchen (einer unechten oder verfälschten Urkunde)	Eine unechte oder verfälschte Urkunde wird gebraucht, wenn sie dem zu Täuschenden so zugänglich gemacht wird, dass er sie wahrnehmen kann.
Gefährdung der Sicherheit des Rechtsverkehrs (teils str.)	Die Sicherheit des Rechtsverkehrs muss konkret und in erheblichem Maße gefährdet sein. Die Fälschungshandlungen müssen also zu einer gravierenden Störung des Vertrauens in die Beweiskraft von Urkunden führen. Für die „große Zahl" werden teils zumindest 20 Fälle, teils ein unübersehbar großer Empfängerkreis verlangt.
Gesamturkunden	Gesamturkunden sind feste und dauerhafte Zusammenfassungen mehrerer Einzelurkunden zu einer neuen (weiteren) Gedankenerklärung.
Gewerbsmäßig	Gewerbsmäßig handelt, wer handelt, um sich aus wiederholter Begehung eine fortlaufende Einnahmequelle von nicht unerheblicher Dauer und einigem Umfang zu verschaffen.
Herstellen (einer unechten Urkunde)	Herstellen einer unechten Urkunde ist das Anfertigen einer verkörperten Erklärung, die den unzutreffenden Anschein erweckt, von einem anderen als dem tatsächlichen Aussteller herzurühren.
Kenn- und Unterscheidungszeichen	Kenn- und Unterscheidungszeichen sind Symbole, die nur eine Ordnungsfunktion erfüllen und ggf noch der Sicherung einer Sache dienen.
technische Aufzeichnung	Technische Aufzeichnungen sind Resultate eines selbständigen maschinellen Vorgangs, insbesondere die Darstellung von Messergebnissen. Sie lassen sich, da sie selbsttätig von einer Maschine erstellt wurden, keinem Menschen als Aussteller zurechnen.
unecht	Eine Urkunde ist unecht, wenn sie geeignet ist, über die Identität des Ausstellers zu täuschen, sei es, dass der scheinbare Aussteller die Erklärung nicht oder nicht mit genau diesem Inhalt abgegeben hat, sei es, dass der scheinbare Aussteller überhaupt nicht existiert.
Urkunde	Eine Urkunde ist eine verkörperte und visuell wahrnehmbare Erklärung, die zum Beweis einer rechtlich erheblichen Tatsache geeignet und bestimmt ist und einen Aussteller erkennen lässt.

Strafrecht

Tatbestandsmerkmal	Definition
Verfälschen (einer echten Urkunde)	Eine echte Urkunde wird verfälscht, wenn die in ihr verkörperte Erklärung dergestalt nachträglich verändert wird, dass der Anschein erweckt wird, sie sei ursprünglich mit dem jetzt vorhandenen Inhalt ausgestellt worden.
Vermögensverlust großen Ausmaßes	Ein Vermögensverlust großen Ausmaßes ist beim Eintritt eines Schadens von wenigstens 50.000 Euro gegeben.
zur Täuschung im Rechtsverkehr (str.)	Zur Täuschung im Rechtsverkehr handelt, wer (mit sicherem Wissen) davon ausgeht, dass ein anderer die Urkunde für echt hält und durch diese irrige Annahme zu einem rechtlich erheblichen Verhalten bestimmt wird.
zusammengesetzte Urkunde	Zusammengesetzte Urkunden sind Urkunden, in die ein Augenscheinsobjekt räumlich und inhaltlich fest einbezogen ist.

§ 306 StGB – Brandstiftung

Betriebsstätten	Betriebsstätten sind Sachgesamtheiten von baulichen Anlagen und Inventar, die einem gewerblichen Betrieb dienen.
Brandlegung	Als Brandlegung ist die Handlung anzusehen, durch die eine Sache unmittelbar in Brand gesetzt werden soll; ein Brand braucht hierdurch nicht bewirkt zu werden.
Gebäude	Ein Gebäude ist ein durch Wände und Dach begrenztes und mit dem Erdboden (zumindest durch eigene Schwere) fest verbundenes Bauwerk, das den Zutritt von Menschen gestattet und Unbefugte abhalten soll.
Hütte	Eine Hütte ist ein Gebäude von minderer Festigkeit und Größe.
Inbrandsetzen	Eine Sache ist in Brand gesetzt, wenn ein für den bestimmungsgemäßen Gebrauch wesentlicher Bestandteil derart vom Feuer erfasst ist, dass er unabhängig vom Zündstoff selbständig weiterbrennen kann.
technische Einrichtungen	Technische Einrichtungen sind technisch konstruierte und funktionierende Sachen bzw Sachgesamtheiten, wie insbesondere die tatbestandlich erwähnten Maschinen; sie können ortsveränderlich sein.

Tatbestandsmerkmal	Definition
teilweise Zerstörung	Das Tatobjekt ist teilweise zerstört, wenn es hinsichtlich eines zwecknötigen Teils oder für einen bestimmten Zweck unbrauchbar gemacht wurde oder wenn einzelne Bestandteile des Gebäudes, die für einen selbständigen Gebrauch bestimmt oder eingerichtet sind, gänzlich vernichtet wurden.
vollständige Zerstörung	Das Tatobjekt ist (ganz) zerstört, wenn die Gebrauchsfähigkeit völlig aufgehoben ist.
Warenlager	Warenlager sind Räumlichkeiten, in denen bestimmungsgemäß solche Warenvorräte in größerem Umfang gespeichert sind.
Warenvorräte	Warenvorräte sind nicht unerhebliche Mengen von Gegenständen, die zum Zweck ihres künftigen Verbrauchs vereinigt sind.

§ 315b StGB – Gefährliche Eingriffe in den Straßenverkehr

Anlagen	Anlagen sind alle dem Verkehr dienenden Einrichtungen wie Verkehrsschilder, Leitplanken oder Ampeln, aber auch der Straßenkörper selbst mit seinem Zubehör.
Beeinträchtigung der Sicherheit des Straßenverkehrs	Die Sicherheit des Straßenverkehrs ist beeinträchtigt, wenn das Verhalten in der Weise riskant ist, dass es sich störend auf Verkehrsvorgänge auswirkt und somit zu einer Steigerung der allgemeinen Betriebsgefahr führen kann. Dies besagt zudem, dass sich die Tathandlung im öffentlichen Verkehrsraum auswirken muss.
Bereiten von Hindernissen	Unter dem Bereiten von Hindernissen ist jede Einwirkung auf den Straßenkörper zu verstehen, die geeignet ist, den reibungslosen Verkehrsablauf zu hemmen oder zu gefährden.
Eingriff	Eingriff ist verkehrsfremdes Verhalten.

Strafrecht

Tatbestandsmerkmal	Definition

§ 315c StGB – Gefährdung des Straßenverkehrs

Gefährden	Gefährden bedeutet das Verursachen einer konkreten Gefahr, als das Herbeiführen eines von der Handlung zu trennenden Gefahrerfolgs.
	Nach dem heute zumeist vertretenen normativen Gefahrbegriff ist unter einer konkreten Gefahr eine Situation zu verstehen, in der es aus der Sicht eines Beobachters nur noch vom Zufall abhängt, ob eine Rechtsgutsverletzung eintritt oder ausbleibt, weil eine gezielte Schadensabwehr nicht mehr möglich erscheint.
grobe Verkehrswidrigkeit	Grobe Verkehrswidrigkeit ist bei einem objektiv besonders schweren – dh typischerweise besonders gefährlichen – Verstoß gegen eine tatbestandsrelevante Verkehrsvorschrift gegeben.
Rücksichtslosigkeit	In dieser Weise handelt, wer sich aus eigensüchtigen Gründen bewusst über seine Pflicht zur Vermeidung unnötiger Gefährdungen anderer hinwegsetzt oder (bei Fahrlässigkeit) aus Gleichgültigkeit gegenüber den Folgen Bedenken gegen sein Verhalten von vornherein nicht aufkommen lässt.
Sache von bedeutendem Wert	Der Wert der Sache wird wirtschaftlich festgelegt und ist ab einem Betrag von ca. 1000 Euro als bedeutend einzustufen.

§ 316 – Trunkenheit im Verkehr

Fahrzeug	Fahrzeuge sind Beförderungsmittel aller Art. Sie müssen nicht motorisiert sein.
Führen	Ein Fahrzeug führt, wer es in Bewegung setzt oder hält und hierbei die mit dem Betrieb des Fahrzeugs verbundenen Verkehrsvorgänge bewältigt.
im Verkehr	Zum Verkehr gehören, wie der tatbestandliche Verweis auf §§ 315 bis 315d klarstellt, alle Verkehrsarten. Geschützt ist jedoch nur der öffentliche Verkehrsraum. Dieser umfasst alle Wege, die der Allgemeinheit im Sinne eines unbestimmten Personenkreises dauernd oder vorübergehend zur Benutzung offen stehen.

Strafrecht BT I

Tatbestandsmerkmal	Definition
Fähigkeit zum Führen von KFZ	Zum sicheren Führen des Fahrzeugs ist nicht in der Lage, wer aufgrund seines psycho-physischen Zustands nicht fähig ist, für eine längere Strecke in einer von einem durchschnittlichen Fahrzeugführer zu erwartenden Weise auch auf plötzlich auftretende schwierige Verkehrslagen zu reagieren.
berauschende Mittel	Berauschende Mittel sind Stoffe zur Herbeiführung von Enthemmung oder zur Beseitigung von Unlustgefühlen.
absolute Fahruntüchtigkeit	Bei Führern von Kraftfahrzeugen nimmt die Rechtsprechung eine sog. absolute Fahruntüchtigkeit ab einer BAK von 1,1 ‰ an. Bei Fahrradfahrern wird der Grenzwert für die absolute Fahruntüchtigkeit bei etwa 1,6 ‰ angesetzt.
relative Fahruntüchtigkeit	Von einer relativen Fahruntüchtigkeit spricht man, wenn neben einer BAK von wenigstens 0,3 ‰ weitere Tatsachen erwiesen sind, welche die Annahme von Fahrtüchtigkeit zum Tatzeitpunkt rechtfertigen.

§ 323a StGB – Vollrausch

Alkoholintoxikation	Bei Alkoholintoxikation nimmt die Rechtsprechung im Regelfall einen die Schuldfähigkeit ausschließenden Rausch ab einer Blutalkoholkonzentration (BAK) von 3 ‰ an.
berauschende Mittel	Als andere berauschende Mittel kommen insbesondere Drogen und pharmakologische Mittel in Betracht.
Rausch	Ein Rausch ist ein durch Intoxikation hervorgerufener Zustand der Enthemmung, der nach seinem ganzen Erscheinungsbild auf dem Genuss von Rauschmitteln beruht.
Rauschtat	Als Rauschtat kommen alle Arten von Straftaten in Betracht, auch echte Unterlassungsdelikte wie zB § 323c.

§ 323c StGB – Unterlassene Hilfeleistung

erforderliche Hilfeleistung	Erforderlich ist die Hilfe, die aus der ex ante-Sicht eines verständigen Beobachters zur erfolgreichen Schadensabwendung möglich und notwendig ist. Sie muss unverzüglich geleistet werden.

Tatbestandsmerkmal	Definition
gefährdete Güter	Als gefährdete Güter kommen zunächst höchstpersönliche Rechtsgüter in Betracht, vor allem Leib, Leben und Freiheit einschließlich der sexuellen Selbstbestimmung.
gemeine Gefahr	Gemeine Gefahr ist eine Situation, in der erheblicher Schaden an Leib oder Leben oder an bedeutenden Sachwerten für unbestimmt viele Personen droht.
gemeine Not	Gemeine Not ist eine Notlage für die Allgemeinheit.
Unglücksfall	Ein Unglücksfall ist ein plötzlich eintretendes Ereignis, in dem die konkrete Gefahr eines erheblichen Schadens für Menschen oder Sachen besteht.

Strafrecht Besonderer Teil I
Straftaten gegen Persönlichkeitsrechte,
Staat und Gesellschaft
Von Prof. Dr. Dres. h.c. Urs Kindhäuser
6. Auflage 2014, 487 S., brosch., 24,– €
ISBN 978-3-8487-0290-9

Strafrecht Besonderer Teil II

Begriff	Definition
§ 242 StGB – Diebstahl	
Aneignung	Aneignen ist die (zumindest vorübergehende) Inbesitznahme einer Sache zu ihrer (beliebigen) Nutzung.
Beweglich	Beweglich ist die Sache, wenn es möglich ist, diese vom jeweiligen Standort zu entfernen.
Enteignung	Enteignen heißt, dem Eigentümer auf Dauer die ihm zustehende besitzbezogene Verfügungsgewalt vorzuenthalten.
Fremd	Eine Sache ist fremd, wenn sie verkehrsfähig und nicht herrenlos ist und auch nicht im Alleineigentum des Täters steht.
Gewahrsam	Gewahrsam bedeutet die mit Herrschaftswillen begründete, in ihrem Umfang von der Verkehrsanschauung bestimmte Verfügungsgewalt über eine Sache.
Gewahrsamsbruch	Der Gewahrsam wird gebrochen, wenn er ohne den Willen seines Inhabers aufgehoben wird.
Rechtswidrig	Rechtswidrig ist die Zueignung, wenn die Inbesitznahme der Sache als eigene durch den Täter (oder den begünstigten Dritten) gegen die dingliche Rechtslage verstößt und auch nicht durch einen Übereignungsanspruch gedeckt ist. Beachte: Tatbestandsmerkmal! Von der Rechtswidrigkeit als allgemeinem Verbrechensmerkmal zu unterscheiden.
Sache	Sache ist ein körperlicher Gegenstand.
Wegnahme	Wegnahme ist der Bruch fremden und die Begründung neuen Gewahrsams an der Sache.
Zueignung	Zueignen bedeutet, eine Sache mit dem Willen in Besitz zu nehmen, sie nunmehr zumindest vorübergehend als eigene zu besitzen (Aneignung) und dem Eigentümer auf Dauer den ihm zustehenden Besitz vorzuenthalten (Enteignung).
Zueignungsabsicht	Zielgerichteter Wille bezüglich der Aneignung und mindestens bedingter Vorsatz bezüglich der Enteignung.

Strafrecht

Begriff	Definition
§ 243 StGB – Besonders schwerer Fall des Diebstahls	
allgemein zugänglich	Allgemein zugänglich ist eine Sammlung, wenn sie für einen nach Zahl und Individualität unbestimmten oder für einen zwar bestimmten, aber nicht durch persönliche Beziehungen innerlich verbundenen größeren Personenkreis geöffnet ist.
anderes Werkzeug	Anderes Werkzeug steht einem falschen Schlüssel gleich, wenn es auf den Mechanismus des Verschlusses (ordnungswidrig) einwirkt.
Ausnutzen	Ausnutzen verlangt, dass der Täter die sich aus der fremden Bedrängnis ergebende Lockerung des Gewahrsams als Gelegenheit zur erleichterten Durchführung des Diebstahls ergreift.
Behältnis	Behältnis ist ein Raumgebilde, das der Aufnahme und Umschließung von Sachen dient, aber nicht zum Betreten durch Menschen bestimmt ist.
dem Gottesdienst gewidmet	Dem Gottesdienst gewidmet ist eine Sache, mit oder an der religiöse Zeremonien vorgenommen werden.
Dienst- oder Geschäftsraum	Dienst- oder Geschäftsräume sind Gebäudeteile, die zum Aufenthalt und zur Ausübung beruflicher oder sonstiger (nicht notwendig erwerbswirtschaftlicher) geschäftlicher Tätigkeit bestimmt sind.
Einbrechen	Einbrechen ist das Öffnen oder Erweitern einer den Zutritt verwehrenden Umschließung unter Kraftfaltung von außen.
Eindringen	Eindringen liegt vor, wenn der Täter ohne Einverständnis des Verfügungsberechtigten zumindest mit einem Teil seines Körpers in die Räumlichkeit gelangt.
Einsteigen	Einsteigen ist das Hineingelangen in die Räumlichkeit auf einem unüblichen und eine gewisse Geschicklichkeit erfordernden Wege zur Überwindung eines Hindernisses.
falscher Schlüssel	Ein Schlüssel ist falsch, wenn der Berechtigte ihn zur Tatzeit überhaupt nicht, nicht mehr oder noch nicht zur Öffnung des betreffenden Schlosses bestimmt hat.
Gebäude	Gebäude ist ein durch Wände und Dach begrenztes und mit dem Erdboden – zumindest durch eigene Schwere – fest verbundenes Bauwerk, das den Zutritt von Menschen gestattet und Unbefugte abhalten soll.

Begriff	Definition
gemeine Gefahr	Gemeine Gefahr ist eine Situation, in der erheblicher Schaden an Leib oder Leben oder an bedeutenden Sachwerten für unbestimmt viele Personen wahrscheinlich ist.
Geringwertig	Geringwertig ist die Sache bei einer Wertgrenze von ca. 30 Euro.
gewerbsmäßig	Gewerbsmäßig handelt, wer sich aus wiederholter Begehung eine fortlaufende Einnahmequelle von nicht unerheblicher Dauer und einigem Umfang verschafft.
Hilflosigkeit	Hilflos ist, wer nicht aus eigener Kraft in der Lage ist, einem Gewahrsamsbruch wirksam zu begegnen.
Kirche	Kirche ist ein dem Gottesdienst gewidmetes Gebäude.
öffentlich ausgestellt	Öffentlich ausgestellt sind die Sachen, wenn sie um ihrer Besichtigung willen allgemein zugänglich gemacht sind.
Schutzvorrichtung	Schutzvorrichtung ist jede künstliche Einrichtung, die (zumindest auch) dem Zweck dient, die Wegnahme einer Sache erheblich zu erschweren.
Sich-verborgen-Halten	Sich-verborgen-Halten liegt vor, wenn der Täter sich dem Gesehenwerden dadurch entzieht, dass er sich an einer Stelle, an der er nicht erwartet wird, unberechtigt aufhält.
umschlossener Raum	Ein umschlossener Raum ist ein Raumgebilde, das (auch) zum Betreten von Menschen bestimmt und mit Vorrichtungen zur Abwehr des Eindringens versehen ist.
Unglücksfall	Unglücksfall ist ein plötzliches äußeres Ereignis, das eine erhebliche Gefahr für Personen oder Sachen mit sich bringt oder zu bringen droht.
Verschlossen	Verschlossen ist ein Behältnis, wenn es durch einen technischen Verschluss oder auf andere Weise gegen den unmittelbaren Zugriff von außen gesichert ist.

§ 244 StGB – Diebstahl mit Waffen; Bandendiebstahl; Wohnungseinbruchdiebstahl

Bande	Bande ist ein auf ausdrücklicher oder stillschweigender Vereinbarung beruhender Zusammenschluss von wenigstens drei Personen mit dem ernsthaften Willen, für eine gewisse Dauer künftig mehrere selbständige, im Einzelnen noch unbestimmte Straftaten (eines bestimmten Deliktstyps) zu begehen.

Strafrecht

Begriff	Definition
Beisichführen	Der Täter führt die Waffe (bzw. das gefährliche Werkzeug) bei sich, wenn er über sie zu irgendeinem Zeitpunkt während des Tathergangs schnell und ungehindert verfügen kann.
gefährliches Werkzeug	Gefährliches Werkzeug ist ein Gegenstand, der aufgrund seiner waffenähnlichen Beschaffenheit und der konkreten Tatumstände vom Täter dazu bestimmt erscheint, erhebliche Verletzungen herbeizuführen oder (realisierbar) anzudrohen. Definition der Rspr.: Ein Gegenstand, der nach seiner allgemeinen Beschaffenheit und der Art der konkreten Verwendung geeignet ist, erhebliche Verletzungen herbeizuführen (sehr str.).
Mitwirkung	Mitwirkung ist die Beteiligung von mindestens zwei Bandenmitgliedern bei der konkreten Tat. Beachte: Mindestens ein Mitglied muss der Täter sein; im Übrigen gelten allgemeine Beteiligungsregeln.
sonstige Mittel	Sonstige Mittel sind Werkzeuge und Mittel aller Art, die der Täter zum Zweck der Anwendung oder Androhung von Gewalt gegen Personen mit sich führt.
Waffe	Waffe ist ein Gegenstand, der seiner Konstruktion nach zur Herbeiführung erheblicher Verletzungen allgemein bestimmt ist.
Wohnung	Wohnung ist ein abgeschlossener und überdachter Gebäudeteil, der einem oder mehreren Menschen auf Dauer als Unterkunft dient.

§ 246 StGB – Unterschlagung

anvertraut	Eine Sache ist anvertraut, wenn dem Täter der Besitz an ihr (ausdrücklich oder konkludent) mit der Maßgabe eingeräumt wurde, die Herrschaft über sie im Sinne des Berechtigten auszuüben.
Zueignung	Zueignung ist die Inbesitznahme einer Sache mit dem Willen, sie nunmehr zumindest vorübergehend als eigene zu besitzen (Aneignung) und dem Eigentümer auf Dauer den ihm zustehenden Besitz vorzuenthalten (Enteignung).

Strafrecht BT II

Begriff	Definition

§ 247 StGB – Haus- und Familiendiebstahl

häusliche Gemeinschaft	Häusliche Gemeinschaft ist ein auf dem freien und ernstlichen Willen seiner Mitglieder beruhendes Zusammenleben für eine gewisse Dauer.

§ 248a StGB – Diebstahl und Unterschlagung geringwertiger Sachen

Geringwertigkeit	Die Geringwertigkeit der Sache richtet sich nach dem (legalen) Verkehrswert; die Obergrenze ist bei ca. 30 Euro anzusetzen.

§ 248b StGB – Unbefugter Gebrauch eines Fahrzeugs

Berechtigter	Berechtigter ist derjenige, dem das Recht auf den Besitz des Fahrzeugs zum Zwecke seines Gebrauchs zusteht.
Fahrrad	Fahrräder sind radgebundene Fortbewegungsmittel, die mit den Füßen oder Händen bewegt werden.
Ingebrauchnahme	Ingebrauchnahme ist die bestimmungsgemäße Benutzung als Fortbewegungsmittel.
Kraftfahrzeug	Kraftfahrzeuge sind Fahrzeuge, die durch Maschinenkraft bewegt werden, ohne an Bahngleise gebunden zu sein (Abs. 4).
Unbefugt	Unbefugt ist die Ingebrauchnahme, wenn sie gegen den (ausdrücklichen oder mutmaßlichen) Willen des Berechtigten erfolgt. Tatbestandsmerkmal.

§ 248c StGB – Entziehung elektrischer Energie

elektrische Anlage oder Einrichtung	Eine elektrische Anlage oder Einrichtung ist eine Vorrichtung zur Erzeugung, Speicherung, Zusammenführung und/oder Übertragung elektrischen Stroms.
Entziehen	Entziehen bedeutet die einseitige Entnahme von Strom, die beim Berechtigten zu einem Verlust und beim Empfänger zu einem Zufluss an Energie führt.
Fremd	Fremd ist die elektrische Energie, wenn der Täter kein Recht zu ihrer Entnahme hat oder sie dem vereinbarten Zweck zuwiderlaufend benutzt.

Strafrecht

Begriff	Definition
Leiter	Leiter sind technische Vorrichtungen, durch die Elektrizität aufgenommen und übertragen werden kann, insbesondere Kabel und sonstige Metallteile.
nicht zur ordnungsgemäßen Entnahme bestimmt	Nicht zur ordnungsgemäßen Entnahme bestimmt ist der Leiter, der vom Verfügungsberechtigten nicht zur Energieentnahme bestimmt ist.

§ 249 StGB – Raub

Drohung	Drohung ist die Ankündigung einer als vom Täterwillen abhängig dargestellten Übelszufügung, die das Opfer als ernstgemeint versteht.
gegenwärtig	Die Gefahr ist gegenwärtig, wenn ihre Realisierung bei ungestörtem Verlauf der Dinge aus der Perspektive des Opfers als bevorstehend erscheint.
Gewalt	Gewalt ist körperlich wirkender Zwang durch die Entfaltung von Kraft oder durch sonstige physische Einwirkung, die nach ihrer Intensität und Wirkungsweise dazu geeignet ist, die freie Willensentschließung oder Willensbetätigung eines anderen zu beeinträchtigen.

§ 250 StGB – Schwerer Raub

Gefahr des Todes	Die Gefahr des Todes ist die durch die Nötigungshandlung unmittelbar herbeigeführte konkrete Todesgefahr.
konkrete Gefahr	Die konkrete Gefahr einer solchen Gesundheitsschädigung ist eingetreten, wenn es für das Opfer nur noch vom nicht mehr beherrschbaren Zufall abhängt, ob seine Gesundheit schwer geschädigt wird oder nicht.
schwere Gesundheitsschädigung	Eine schwere Gesundheitsschädigung ist anzunehmen, wenn das Opfer im Gebrauch seiner Sinne, seines Körpers oder seiner Arbeitskraft erheblich beeinträchtigt ist.
schwere Misshandlung	Eine schwere Misshandlung verlangt zwar keine schwere Körperverletzung iSv § 226, wohl aber eine in der Intensität vergleichbare Beeinträchtigung der körperlichen Unversehrtheit oder des körperlichen Wohlbefindens.
verwendet	Verwendet wird eine Waffe, wenn der Täter sie zur Gewalt oder zur Drohung mit Gewalt gebraucht.

Begriff	Definition

§ 252 StGB – Räuberischer Diebstahl

Besitzerhaltungsabsicht	Besitzerhaltungsabsicht ist der zielgerichtete Wille des Täters, die – sei es in Wirklichkeit, sei es nach seiner Annahme – drohende Besitzentziehung zu verhindern.
Betroffen	Betroffen ist der Täter, wenn er von einem Dritten schon wahrgenommen wurde oder demnächst bemerkt wird.
frische Tat	Der Täter ist auf frischer Tat betroffen, wenn aus den gesamten Umständen, in denen er sich befindet, auf einen (unbeendeten) Diebstahl geschlossen werden kann und Notrechte gegen ihn noch ergriffen werden dürfen.

§ 253 StGB – Erpressung

Absicht	Ein finaler Wille, der auf den Erhalt der Bereicherung gerichtet sein muss.
Bereicherung	Jede günstigere Gestaltung der Vermögenslage durch Zugewinn oder Abwendung eines Verlustes.
Drohung	Drohung ist die Ankündigung einer als vom Täterwillen abhängig dargestellten Übelszufügung, die das Opfer als ernstgemeint versteht.
Empfindlich	Das Übel ist insbesondere dann nicht empfindlich, wenn von dem Betroffenen unter den gegebenen Umständen erwartet werden kann und muss, dass er der Bedrohung in besonnener Selbstbehauptung standhält. (str.)
Gewalt	Gewalt ist körperlich wirkender Zwang durch die Entfaltung von Kraft oder durch sonstige physische Einwirkung, die nach ihrer Intensität und Wirkungsweise dazu geeignet ist, die freie Willensentschließung oder Willensbetätigung eines anderen zu beeinträchtigen. (str.)
gewerbsmäßig	Siehe § 243
Mitglied einer Bande	Siehe § 244
Übel	Jeder Nachteil, der fallweise geeignet ist, das Opfer psychisch zu lenken. (str.)
Vermögensnachteil	Siehe Vermögensschaden bei § 263
Vermögensverfügung	Eine Vermögensverfügung setzt zumindest voraus, dass das Verhalten des Genötigten willensgetragen ist und seiner Entscheidung unterliegt. (str.)

Strafrecht

Begriff	Definition
Verwerflichkeit	Die sozialethische Missbilligung des für den erstrebten Zweck angewandten Mittels. (str.)

§ 255 StGB – Räuberische Erpressung

Siehe Definitionen bei
§ 253

§ 257 StGB – Begünstigung

Hilfe leisten	Hilfeleisten ist nach hM die objektive Förderung der Chancen des Vortäters, dass ihm Tatvorteile nicht zugunsten des Verletzten entzogen werden, wobei kein Sicherungserfolg einzutreten braucht. (str.)

§ 259 StGB – Hehlerei

Absatzhilfe	Absatzhilfe ist die unselbständige Unterstützung des gelungenen Absatzes des Vortäters (hM; str.)
Absetzen	Absetzen ist die entgeltliche (hM; str.) wirtschaftliche Verwertung des Tatobjekts durch Übertragungder Verfügungsmacht auf einen Dritten mit Einverständnis des Vorbesitzers durch den selbständig (d.h. weisungsunabhängig) handelnden Täter, wobei ein Absatzerfolg eingetreten sein muss (hM; str.).
Ankaufen	Das Ankaufen ist ein Unterfall des Verschaffens, so dass alle für das Verschaffen notwendigen Voraussetzungen erfüllt sein müssen.
Erlangen	Erlangt ist eine Sache durch eine rechtswidrige Tat, wenn sie unmittelbar aus dieser stammt und der Vortäter an ihr eine rechtswidrige Besitzlage begründet hat.
Verschaffen	Sich oder einem Dritten ist die Sache verschafft, wenn der Täter im Einverständnis mit dem Vorbesitzer die selbständige Verfügungsgewalt über die Sache für sich oder einen (gut- wie bösgläubigen) Dritten tatsächlich begründet hat.

Strafrecht BT II

Begriff	Definition
§ 263 StGB – Betrug	
Erregen	Ein Irrtum wird erregt, wenn eine (zuvor nicht bestehende) Fehlvorstellung durch Einflussnahme auf den Getäuschten (mit)bewirkt wird.
Gefährdungsschaden	Ein Gefährdungsschaden ist anzunehmen, wenn das Opfer seine Vermögensposition praktisch eingebüßt hat, während umgekehrt der Täter bereits den fraglichen Vorteil ohne ernsthaftes Hindernis realisieren kann.
Irrtum	Unter einem Irrtum ist jede positive Fehlvorstellung zu verstehen. (hM; str.)
konkludente Täuschung	Eine konkludente Erklärung ist eine Information, die mittelbar aus dem ausdrücklich formulierten Inhalt einer Tatsachenbehauptung erschlossen wird (sog. schlüssiges Miterklären).
Stoffgleichheit	Stoffgleichheit ist gegeben, wenn der erstrebte Vorteil die Kehrseite der durch die Verfügung bedingten Vermögensminderung ist.
Tatsachen	Tatsachen sind alle vergangenen und gegenwärtigen Sachverhalte (Ereignisse, Zustände), die objektiv bestimmbar und dem Beweis zugänglich sind.
Täuschung	Eine Täuschung ist eine Irreführung durch eine ausdrückliche oder konkludente Fehlinformation oder das pflichtwidrige Unterlassen der Aufklärung durch eine zutreffende Information über Tatsachen.
Unmittelbarkeit	Unmittelbarkeit ist gegeben, wenn die Vermögensminderung vom Getäuschten selbst oder einem für ihn handelnden Dritten und nicht vom Täter oder einem für diesen handelnden Dritten vorgenommen wird.
Vermögen	Unter Vermögen ist die Summe aller Güter mit Marktwert, die einer Person in rechtlich schutzwürdiger Weise zugeordnet sind, zu verstehen (sog. juristisch-ökonomischer Vermögensbegriff). (hL; str.)
Vermögensminderung	Unter einer Vermögensminderung ist jede Einbuße eines Vermögensgegenstandes zu verstehen.
Vermögensschaden	Unter einem Vermögensschaden ist eine nicht durch ein Äquivalent kompensierte Vermögensminderung zu verstehen.

Strafrecht

Begriff	Definition
Vermögensverfügung	Als Vermögensverfügung ist jedes Verhalten (Tun oder Unterlassen) anzusehen, das unmittelbar zu einer Vermögensminderung führt.

§ 263a StGB – Computerbetrug

Begriff	Definition
Beeinflussung des Ergebnisses	Das Ergebnis eines Datenverarbeitungsvorgangs ist beeinflusst, wenn es von dem Resultat abweicht, das bei einem ordnungsgemäßen Ablauf des Computers erzielt worden wäre.
Daten	Daten sind codierte Informationen, die aufgrund einer (semantischen) Konvention durch Zeichen oder Funktionen (syntaktisch) dargestellt werden.
Datenverarbeitung	Als Datenverarbeitung sind alle technischen Vorgänge anzusehen, bei denen durch Aufnahme von Daten und ihre Verknüpfung nach Programmen Arbeitsergebnisse erzielt werden.
Gestaltung	Gestaltet werden kann ein Programm sowohl durch seine Konzeption als auch durch nachträgliche Veränderung (Löschen, Hinzufügen, Überlagern) einzelner Ablaufschritte.
Programm	Ein Programm ist die in Form von Daten fixierte Steuerung der einzelnen Ablaufschritte der Datenverarbeitung.
Unbefugt	Eine Verwendung von Daten ist unbefugt, wenn im Falle einer Vornahme gegenüber einer Person eine ausdrückliche oder konkludente Täuschung bzw. eine Täuschung durch Unterlassen einer Aufklärungspflicht vorliegen würde (sog. täuschungsäquivalente Auslegung). (hM; str.)
unbefugte Einwirkung	Als unbefugte Einwirkung sind alle Eingriffe zu verstehen, infolge derer die Informationsverarbeitung inhaltlich in einer dem Willen des Berechtigten zuwiderlaufenden Weise beeinflusst wird.
unrichtig (Daten)	Daten sind unrichtig, wenn die in ihnen codierte tatsächliche Information nicht der Wirklichkeit entspricht.
unrichtig (Programm)	Das Programm ist unrichtig, wenn es vom Willen des Vermögensinhabers, der die Datenverarbeitung betreibt oder betreiben lässt, unbefugt abweicht.

Begriff	Definition
unvollständig (Daten)	Daten sind unvollständig, wenn die Tatsachen, über die sie in codierter Weise Informationen vermitteln, nicht (in dem für den Zweck der Datenverarbeitung maßgeblichen Umfang) hinreichend erkennbar sind.
Verwendung	Daten werden verwendet, wenn sie in einen (beginnenden oder bereits laufenden) Datenverarbeitungsprozess eingegeben werden (sog. Inputmanipulationen). (hM; str. für Abs. 1 Alt. 3)

§ 265a StGB – Erschleichen von Leistungen

Automat	Automaten sind Geräte, die selbsttätig aufgrund eines (mechanischen oder elektronischen) Steuerungssystems Funktionen erfüllen.
Erschleichen	Erschleichen ist das Erlangen einer Leistung unter Überwindung oder Umgehung einer den entgegenstehenden Willen des Leistenden sichernden Vorkehrung.

§ 266 StGB – Untreue

Missbrauch	Missbrauch ist das Überschreiten des rechtlichen Dürfens im Rahmen des rechtlichen Könnens.
Vermögens-betreuungspflicht	Die Vermögensbetreuungspflicht hat als Hauptpflicht eine durch Eigenverantwortlichkeit und Selbständigkeit geprägte Geschäftsbesorgung für einen anderen in einer nicht ganz unbedeutenden Angelegenheit zum Gegenstand.

§ 266b StGB – Mißbrauch von Scheck- und Kreditkarten

Missbrauch	Missbrauch ist die Ausnutzung der Möglichkeit, den Aussteller zu einer Zahlung zu veranlassen, ohne dass die Voraussetzungen hierfür im Innenverhältnis erfüllt sind.

§ 290 StGB – Unbefugter Gebrauch von Pfandsachen

Ingebrauchnahme	ist jede Nutzung des Pfandgegenstands, die über dessen bloße Verwahrung hinausgeht.
Pfandleiher	ist der Betreiber eines Pfandleihgeschäfts.

Strafrecht

Begriff	Definition
Unbefugt	ist die Ingebrauchnahme, wenn sie ohne Einwilligung des Verpfänders erfolgt.

§ 303 StGB – Sachbeschädigung

Begriff	Definition
Beschädigen	Eine Sache wird beschädigt, wenn ihr Zustand in nicht unerheblicher Weise nachteilig verändert wird. Die Veränderung ist nachteilig, wenn sie dem erkennbaren Erhaltungsinteresse des Eigentümers zuwiderläuft.
Fremd	Eine Sache ist im Einklang mit den zivilrechtlichen Regeln fremd, wenn sie verkehrsfähig und nicht herrenlos ist und auch nicht im Alleineigentum des Täters steht.
nicht nur unerheblich	Nicht nur unerheblich sind regelmäßig solche Veränderungen, bei denen unmittelbar auf die Substanz der Sache selbst eingewirkt wird, wie dies namentlich bei Graffiti der Fall ist.
nicht nur vorübergehend	Nicht nur vorübergehend ist die Veränderung regelmäßig, wenn sie nicht mühelos mit einfachen Hausmitteln beseitigt werden kann, ohne dass dadurch weitere Beeinträchtigungen entstehen.
Sache	Sachen sind körperliche Gegenstände iSv § 90 BGB, unabhängig von ihrem Aggregatzustand.
Veränderung des Erscheinungsbildes	Tathandlung kann jedes beliebige Verhalten sein, das den Erfolg, also die Veränderung des Erscheinungsbildes, herbeiführt.
zerstören	Eine Sache ist zerstört, wenn sie aufgrund der erfolgten Einwirkung vollständig vernichtet oder unbrauchbar geworden ist.

§ 316a StGB – Räuberischer Angriff auf Kraftfahrer

Begriff	Definition
Angriff	Ein Angriff ist ein auf die Verletzung der Güter Leib, Leben oder Entschlussfreiheit bezogenes Verhalten.
Ausnutzen der besonderen Verhältnisse des Straßenverkehrs	Die besonderen Verhältnisse des Straßenverkehrs werden ausgenutzt, wenn das Gelingen des Angriffs dadurch gefördert wird, dass die Abwehrmöglichkeiten des Opfers durch dessen (aktive oder passive) Teilnahme am Straßenverkehr verringert sind.

Begriff	Definition
Führer eines Kraftfahrzeuges	Führer eines Kraftfahrzeugs ist derjenige, der die mit dem Betrieb des Fahrzeugs verbundenen Verkehrsvorgänge bewältigt.
Kraftfahrzeuge	Kraftfahrzeuge sind alle mit Maschinenkraft bewegten Fahrzeuge, soweit sie nicht an Bahngleise gebunden sind.
Mitfahrer	Mitfahrer ist jeder, der (mit oder gegen seinen Willen) mit dem Kraftfahrzeug befördert wird.

Strafrecht Besonderer Teil II
Straftaten gegen Vermögensrechte
Von Prof. Dr. Dres. h.c. Urs Kindhäuser
8. Auflage 2014, ca. 400 S., brosch., ca. 24,– €
ISBN 978-3-8487-0607-5

Strafprozessrecht

Tatbestandsmerkmal	Definition

§ 4 StPO – Prinzipien der Einleitung und Durchführung des Ermittlungsverfahrens

Anfangsverdacht	Das Vorliegen konkreter tatsächlicher Anhaltspunkte, die nach der kriminalistischen Erfahrung die Begehung einer verfolgbaren Straftat als möglich erscheinen lassen.
Anklagegrundsatz (Akkusationsprinzip)	Die Eröffnung eines gerichtlichen Strafverfahrens setzt die Erhebung einer Anklage voraus.
Ermittlungsgrundsatz (Untersuchungsgrundsatz)	Im Ermittlungsverfahren haben Staatsanwaltschaft und Polizei das tatsächliche Geschehen von Amts wegen zu erforschen. Im gerichtlichen Verfahren hat das Gericht den Gegenstand der Anklage erschöpfend zu behandeln, ohne dabei an Anträge und Erklärungen der Verfahrensbeteiligten gebunden zu sein.
Legalitätsprinzip	Die Pflicht der Staatsanwaltschaft, bei einem Anfangsverdacht Ermittlungen aufzunehmen und bei hinreichendem Tatverdacht Anklage zu erheben. Durchbrechung: Opportunitätseinstellungen (§§ 153 ff.).
Offizialmaxime	Die Einleitung von Strafverfahren obliegt grundsätzlich dem Staat. Ausnahmen: Privatklagedelikte (§§ 374 ff.), Antragsdelikte, Ermächtigungsdelikte.
Strafantrag (im engeren Sinne)	Die ausdrückliche oder durch Auslegung zu ermittelnde Erklärung des nach dem Gesetz zum Strafantrag Befugten (§§ 77-77d StGB), dass er die Strafverfolgung wünsche.
Strafantrag (im weiteren Sinne)	Ein allgemeines Strafverfolgungsbegehren von Jedermann.
Strafanzeige	Die Wissensmitteilung über einen Sachverhalt mit der Anregung an die Strafverfolgungsbehörde zu prüfen, ob ein Ermittlungsverfahren einzuleiten ist.

§ 5 StPO – Staatsanwaltschaft und Polizei

Devolutionsrecht	Das Recht der ersten Beamten der Staatsanwaltschaft bei den Oberlandesgerichten und den Landgerichten, bei allen Gerichten ihres Bezirks die Amtsverrichtungen der Staatsanwaltschaft selbst zu übernehmen.

Strafprozessrecht

Tatbestandsmerkmal	Definition
Substitutionsrecht	Das Recht der ersten Beamten der Staatsanwaltschaft bei den Oberlandesgerichten und den Landgerichten, bei allen Gerichten ihres Bezirks mit der Wahrnehmung der Amtsverrichtungen der Staatsanwaltschaft einen anderen als den zunächst zuständigen Beamten zu beauftragen.

§ 6 StPO – Der Beschuldigte

Angeklagter	Der Beschuldigte oder Angeschuldigte, gegen den die Eröffnung des Hauptverfahrens beschlossen ist.
Angeschuldigter	Der Beschuldigte, gegen den die öffentliche Klage erhoben ist.
Beschuldigter	Der Tatverdächtige, gegen den das Strafverfahren betrieben wird.
Vernehmung	Wenn der Vernehmende dem Beschuldigten in amtlicher Funktion gegenübertritt und in dieser Eigenschaft von ihm Auskunft verlangt.

§ 7 StPO – Der Verteidiger

Notwendige Verteidigung	Die Fälle, in denen das Gesetz zwingend die Mitwirkung eines Verteidigers vorsieht.

§ 8 StPO – Eingriffs- bzw. Zwangsmaßnahmen

Ähnliche Maßnahmen i.S.d. § 81b	Nur solche Maßnahmen, die der Feststellung der körperlichen Beschaffenheit dienen, ohne dass es einer körperlichen Untersuchung i.S.d. § 81a I bedarf.
Auf frischer Tat betroffen	Derjenige, der bei Begehung einer rechtswidrigen Tat oder unmittelbar danach am Tatort oder in dessen unmittelbarer Nähe gestellt wird.
Auf frischer Tat verfolgt	Wenn sich der Täter bereits vom Tatort entfernt hat, sichere Anhaltspunkte aber auf ihn als Täter hinweisen und seine Verfolgung zum Zweck seiner Ergreifung aufgenommen wird.
Beschlagnahme	Sie ist notwendig, wenn ein Gegenstand nicht freiwillig herausgeben wird und erfolgt dadurch, dass dieser in amtliche Verwahrung genommen oder sonst sichergestellt wird.

Strafrecht

Tatbestandsmerkmal	Definition
Durchsuchung	Das Suchen nach Personen, Beweismitteln oder Einziehungs- oder Verfallsobjekten in Räumlichkeiten, beweglichen Sachen oder Personen.
Fluchtverdacht	Wenn nach allgemeiner Lebenserfahrung damit zu rechnen ist, dass der Betroffene sich der Verantwortung durch Flucht entziehen wird, wenn er nicht alsbald festgenommen wird.
Körperliche Untersuchung	Maßnahmen, die körperliche Beschaffenheiten oder Funktionen ohne körperlichen Eingriff feststellen.
Körperlicher Eingriff	Untersuchungen, die mit Verletzungen verbunden sind, selbst wenn diese noch so gering sind.
Längerfristige Observation	Eine planmäßig angelegte Beobachtung des Beschuldigten, die durchgehend länger als 24 Stunden dauert oder an mehr als zwei Tagen stattfindet (§ 163f I 1).
Polizeiliche Beobachtung	Die planmäßige Beobachtung einer Person oder eines Objekts zum Zweck der Erstellung eines vollständigen Bewegungsbildes eines Beschuldigten oder seiner Kontaktpersonen.
Sicherstellung	Oberbegriff für die Beschlagnahme und die sonstige Herstellung der staatlichen Gewalt über den als Beweismittel in Betracht kommenden Gegenstand.
Telekommunikation	Der technische Vorgang des Aussendens, Übermittelns und Empfangens von Nachrichten jeglicher Art in der Form von Zeichen, Sprache, Bildern oder Tönen mittels Telekommunikationsanlagen.
Wohnung	Alle nicht allgemein zugänglichen Räume, die dem Aufenthalt oder Wirken von Menschen dienen.

§ 9 StPO – Haftbefehl und Untersuchungshaft

Dringender Tatverdacht	Wenn nach dem bisherigen Ermittlungsstand eine hohe Wahrscheinlichkeit dafür besteht, dass der Beschuldigte als Täter oder Teilnehmer rechtswidrig und schuldhaft eine Straftat begangen hat.
Flucht	Wenn aufgrund bestimmter Tatsachen festgestellt wird, dass der Beschuldigte flüchtig ist oder sich verborgen hält.
Fluchtgefahr	Wenn eine höhere Wahrscheinlichkeit für die Annahme spricht, der Beschuldigte werde sich dem Strafverfahren entziehen, als für die Erwartung, er werde sich ihm stellen.

Strafprozessrecht

Tatbestandsmerkmal	Definition
Flüchtig	Flüchtig ist, wer sich von seinem bisherigen räumlichen Lebensmittelpunkt absetzt, um für Ermittlungsbehörden und Gerichte in dem gegen ihn laufenden Verfahren unerreichbar zu sein.
Untersuchungshaft	Die Inhaftierung eines noch nicht (oder noch nicht rechtskräftig) verurteilten Beschuldigten.
Verborgen	Wenn der Beschuldigte, um sich dem Strafverfahren zu entziehen, seinen Aufenthalt vor den Behörden verschleiert, also unangemeldet, unter falschem Namen oder an einem unbekannten Ort lebt oder in anderer Weise bewirkt, dass er für die Ermittlungsbehörden nicht auffindbar ist.
Verdunkelungsgefahr	Wenn das Verhalten des Beschuldigten den dringenden Verdacht begründet, er werde a. Beweismittel vernichten, verändern, beiseiteschaffen, unterdrücken oder fälschen oder b. auf Mitbeschuldigte, Zeugen oder Sachverständige in unlauterer Weise einwirken oder c. andere zu solchem Verhalten veranlassen, und wenn deshalb die Gefahr droht, dass die Ermittlung der Wahrheit erschwert werde (§ 112 II Nr. 3).
Wiederholungsgefahr	Wenn dringender Verdacht einer der in § 112a I abschließend aufgezählten Anlasstaten besteht und die Gefahr besteht, dass der Beschuldigte vor der Aburteilung wegen der Anlasstat weitere erhebliche Straftaten gleicher Art begehen wird (§ 112a I).

§ 10 StPO – Abschluss des Ermittlungsverfahrens

Hinreichender Tatverdacht	Die Wahrscheinlichkeit, dass dem Beschuldigten in einer künftigen Hauptverhandlung die Tat nachzuweisen und seine Verurteilung zu erwarten ist.

§ 14 StPO – Prozessvoraussetzungen

Amnestie	Die Niederschlagung noch nicht rechtskräftig abgeschlossener Strafverfahren durch ein Straffreiheitsgesetz.
Immunität	Die strafverfahrensrechtliche Unverfolgbarkeit des Abgeordneten.

Strafrecht

Tatbestandsmerkmal	Definition
Verhandlungsfähigkeit	Die Fähigkeit des Beschuldigten, sich in verständlicher und verständiger Weise vor Gericht zu verteidigen und seine Belange vernünftig geltend zu machen.

§ 15 StPO – Prozesshandlungen

Prozesshandlung	Jede Betätigung des Gerichts, der Staatsanwaltschaft oder eines anderen Verfahrensbeteiligten, der vom Verfahrensrecht eine rechtliche Wirkung auf den Beginn oder den Verlauf des Prozesses zuerkannt wird.

§ 18 StPO – Verfahrensprinzipien

Beschleunigungsgrundsatz	Gebot der beschleunigten Durchführung des Strafverfahrens.
Fairnessprinzip	Das Strafverfahren muss fair und rechtsstaatlich betrieben werden.
Grundsatz der richterlichen Unabhängigkeit	Richter sind nur an Recht und Gesetz gebunden.
Grundsatz des gesetzlichen Richters	Wenn eine Straftat begangen wird, muss bereits im Vorhinein nach abstrakt-generellen Kriterien festgelegt sein, wer für das Urteil zuständig sein wird.
Grundsatz des rechtlichen Gehörs	Dem Betroffenen muss Gelegenheit gegeben werden, sich dem Gericht gegenüber zu den gegen ihn erhobenen Vorwürfen zu äußern und Anträge zu stellen, wobei das Gericht seine Ausführungen zur Kenntnis nehmen und in Erwägung ziehen muss.
Konzentrationsmaxime	Die Hauptverhandlung darf nicht über einen bestimmten Zeitraum hinaus unterbrochen werden.
Mündlichkeitsprinzip	Das Urteil darf nur auf dem mündlichen Inhalt der Hauptverhandlung beruhen.
Öffentlichkeitsgrundsatz	Der Öffentlichkeitsgrundsatz besteht darin, dass jedermann aus dem Publikum sich ohne besondere Schwierigkeit Kenntnis von Ort und Zeit der Verhandlung verschaffen kann und dass ihm im Rahmen der tatsächlichen Gegebenheiten der Zutritt eröffnet wird.
Unschuldsvermutung	Jedermann gilt solange als unschuldig, wie seine Schuld nicht durch eine rechtskräftige Entscheidung nachgewiesen ist.

Strafprozessrecht

Tatbestandsmerkmal	Definition
Verhältnismäßigkeitsprinzip im Strafverfahren	Eingriffe der Strafverfolgungsorgane in die Rechte von Privatpersonen sind nur insoweit zulässig, als sie einen legitimen Zweck mit einem legitimen Mittel verfolgen und das Mittel zur Erreichung des Zwecks geeignet, erforderlich und angemessen ist.

§ 19 StPO – Die Verständigung im Strafverfahren

Verständigung	Vereinbarungen, die die Verfahrensbeteiligten im Laufe eines Strafverfahrens treffen und sich hierbei entweder über die Art und Weise der Verfahrensgestaltung (verfahrensfördernde Verständigung) oder über das Verfahrensergebnis (verfahrensbeendende Verständigung) einigen.

§ 20 StPO – Umfang der Beweisaufnahme

Allgemeinkundige Tatsachen	Tatsachen, die dem verständigen Menschen regelmäßig bekannt sind oder über die er sich ohne Fachkenntnisse aus zuverlässigen Quellen informieren kann.
Erfahrungssätze	Allgemeine Regeln, die auf Tatsachen schließen lassen.
Gerichtskundige Tatsachen	Tatsachen, die der Richter im Zusammenhang mit seiner amtlichen Tätigkeit zuverlässig in Erfahrung gebracht hat.
Haupttatsachen	Tatsachen, die der unmittelbaren strafrechtlichen Subsumtion in Schuld-, Rechtsfolgen- oder Verfahrensfragen zugänglich sind.
Hilfstatsachen	Tatsachen, die der Beurteilung des Beweiswerts eines Beweismittels dienen.
Indiztatsachen	Tatsachen, die den Schluss auf eine Haupttatsache mittels eines Erfahrungssatzes erlauben.
Tatsachen	Vergangene oder gegenwärtige Vorgänge, Geschehnisse oder Zustände, die verifiziert oder falsifiziert werden können.

§ 21 StPO – Beweiserhebung

Anknüpfungstatsachen	Die Tatsachen, die der Gutachter seinem Gutachten zugrunde legt.

Strafrecht

Tatbestandsmerkmal	Definition
Augenschein	Jede sinnliche Wahrnehmung durch Sehen, Hören, Riechen, Schmecken und Fühlen, soweit sie nicht einem anderen Beweismittel zuzuordnen ist.
Auskunftsverweigerungsrecht	Ein Zeuge darf die Auskunft auf solche Fragen verweigern, deren Beantwortung ihn selbst oder einen seiner Angehörigen gem. § 52 I der Gefahr aussetzen würde, wegen einer Straftat oder Ordnungswidrigkeit verfolgt zu werden (§ 55 I).
Befundtatsachen	Tatsachen, die der Sachverständige nur aufgrund seiner besonderen Sachkunde erkennen kann.
Beweiserhebungsverbote	Bestimmungen, die es verbieten, bestimmte Beweise oder Beweise in bestimmter Art und Weise zu erheben.
Beweismethodenverbot	Das Verbot bestimmter Vorgehensweisen zur Beweiserhebung.
Beweismittelverbot	Das Verbot, sich eines bestimmten Beweismittels zu bedienen.
Beweisthemaverbot	Das Verbot, über bestimmte Tatsachen Beweis zu erheben.
Freibeweisverfahren	Soweit nicht das Strengbeweisverfahren vorgeschrieben ist, sind die Strafverfolgungsorgane nicht an die gesetzlichen Beweismittel und die in den §§ 244 ff. vorgeschriebenen Formen der Beweiserlangung gebunden.
Informanten	Personen, die im Einzelfall bereit sind, gegen Zusicherung der Vertraulichkeit den Strafverfolgungsbehörden Informationen mitzuteilen.
Nichtöffentlich ermittelnde Polizeibeamte	Polizeibeamte, die kurzfristig verdeckt ermitteln.
Sachverständiger	Eine Person, die bezüglich der zu beweisenden Einzeltatsachen eine dem Richter fehlende besondere Sachkunde besitzt.
Sachverständiger Zeuge	Ein Zeuge, der Wahrnehmungen auf Grund besonderer Sachkunde gemacht hat.
Strengbeweisverfahren	Die Tatsachen, die in der Hauptverhandlung zur vollen Überzeugung des Gerichts feststehen müssen, um eine Entscheidung über Schuld und Rechtsfolgen zu treffen, sind mit den gesetzlich zugelassenen Beweismitteln festzustellen.
Urkunde im beweisrechtlichen Sinne	Jedes verlesbare Schriftstück.

Strafprozessrecht

Tatbestandsmerkmal	Definition
Verdeckte Ermittler	Beamte des Polizeidienstes, die unter einer ihnen verliehenen, auf Dauer angelegten, veränderten Identität (Legende) ermitteln (§ 110a II 1).
V-Leute	Personen, die zwar selbst keiner Strafverfolgungsbehörde angehören, bei der Strafverfolgung aber für einige Zeit unter Geheimhaltung unterstützend tätig werden.
Zeuge	Eine Person, die in einer nicht gegen sie selbst gerichteten Strafsache persönliche Wahrnehmungen von Tatsachen durch Aussage bekunden soll.
Zeuge vom Hörensagen	Ein Zeuge, der vom Tatgeschehen nur „vom Hörensagen", also aus den Erzählungen anderer berichten kann.
Zeugnisverweigerungsrecht	Es entbindet den Zeugen von der Pflicht, überhaupt zur Sache auszusagen und einen Eid leisten zu müssen.
Zusatztatsachen	Tatsachen, die der Sachverständige während seiner gutachterlichen Tätigkeit festgestellt hat, ohne hierfür besonderer Sachkunde zu bedürfen.

§ 22 StPO – Beweisanträge

Beweisanregung	Ein Antrag, der nur die Art und Weise der Beweisaufnahme betrifft und im Regelfall darauf abzielt, ein vorhandenes Beweismittel zusätzlich in besonderer Weise zu verwenden.
Beweisantrag	Das von einem Prozessbeteiligten vorgebrachte ernsthafte Verlangen, Beweis über eine bestimmt bezeichnete Tatsache durch den Gebrauch eines bestimmt bezeichneten und zuverlässigen Beweismittels zu erheben.
Beweiserbieten	Der Hinweis auf die Möglichkeit einer Beweiserhebung, die der Prozessbeteiligte dem Gericht für den Fall anheimstellt, dass die Aufklärungspflicht zu ihr zwingt.
Beweisermittlungsantrag	Ein Antrag, der die Nachforschungen des Gerichts in eine bestimmte Richtung lenken soll und der Vorbereitung von Beweisanträgen dient, die der Antragsteller noch nicht stellen kann, weil er die Beweistatsache nicht kennt oder das Beweismittel nicht bestimmt bezeichnen kann.
Offenkundigkeit	Allgemein- oder Gerichtskundigkeit.
Schon erwiesene Tatsache	Eine Tatsache ist schon erwiesen, wenn sich das Gericht aus dem bisherigen Beweisergebnis bereits eine feste Überzeugung von der Tatsache gebildet hat.

Strafrecht

Tatbestandsmerkmal	Definition
Tatsache ohne Bedeutung	Eine Tatsache ist für die Entscheidung ohne Bedeutung, wenn zwischen ihr und dem abzuurteilenden Vorgang kein Zusammenhang erkennbar ist oder die Tatsache trotz eines solchen Zusammenhangs selbst für den Fall ihres Erwiesenseins die Entscheidung in keiner Weise zu beeinflussen mag.
Unerreichbares Beweismittel	Ein Beweismittel ist unerreichbar, wenn zum einen alle seiner Bedeutung entsprechenden Bemühungen des Gerichts, es herbeizuschaffen, erfolglos geblieben sind und zum anderen keine begründete Aussicht besteht, dass es in absehbarer Zeit als Beweismittel herangezogen werden kann.
Unzulässigkeit der Beweiserhebung	Eine Beweiserhebung ist u.a. unzulässig, wenn das beantragte Beweismittel unter ein Beweiserhebungs- oder -verwertungsverbot fällt oder wenn die Beweiserhebung mit in der StPO nicht zugelassenen Beweismitteln beantragt wird.
Völlig ungeeignetes Beweismittel	Ein Beweismittel ist völlig ungeeignet, wenn sich ohne Rücksicht auf den bisherigen Verlauf der Beweisaufnahme sicher sagen lässt, dass aus dem angebotenen Beweismittel das angestrebte Ergebnis nicht abzuleiten ist.

§ 23 StPO – Beweisverwertung

Abwägungslehre	Die Beweisverwertung ist verboten, wenn eine Abwägung ergibt, dass die Individualinteressen des Beschuldigten gegenüber den Interessen einer effektiven Strafverfolgung überwiegen.
Grundsatz der freien Beweiswürdigung	Das Gericht entscheidet über das Ergebnis der Beweisaufnahme nach seiner freien, aus dem Inbegriff der Hauptverhandlung geschöpften Überzeugung (§ 261).
In dubio pro reo	Im Zweifel für den Angeklagten: Im Zweifel ist diejenige Entscheidung zu treffen, die für den Angeklagten die günstigsten Rechtsfolgen nach sich zieht.
Rechtskreistheorie	Die Beweisverwertung ist verboten, wenn aus Sicht der Revision die Verbotsverletzung den Rechtskreis des Revisionsführers wesentlich berührt.
Schutzzwecktheorie	Die Beweisverwertung ist verboten, wenn der Zweck des Beweiserhebungsverbots gerade darin besteht, ein verbotswidrig erlangtes Beweisergebnis von der Beweisverwertung auszuschließen.

Strafprozessrecht

Tatbestandsmerkmal	Definition
Selbständige Beweisverwertungsverbote	Beweisverwertungsverbote, die unabhängig davon bestehen, ob gegen ein Beweiserhebungsverbot verstoßen wurde.
Unselbständige Beweisverwertungsverbote	Beweisverwertungsverbote, die Folge der Verletzung eines Beweiserhebungsverbots sind.

§ 24 StPO – Urteil und Urteilsfindung

Prozessbegleitende Beschlüsse	Sie betreffen Fragen, die für den Fortgang und Verlauf des Strafverfahrens von Bedeutung sind.
Prozessurteil	Ein Urteil, das nicht auf die materielle Rechtslage eingeht, sondern nur die Verfahrenseinstellung aus den jeweiligen prozessualen Gründen ausspricht.
Sachurteil	Ein Urteil, mit dem das Gericht materiell-rechtlich über die Schuld des Angeklagten und die etwaigen Rechtsfolgen entscheidet. Es ist der materiellen Rechtskraft fähig und verbraucht die Strafklage.
Urteil	Eine in und aufgrund einer Hauptverhandlung ergehende formgebundene und mit besonderen Wirkungen versehene instanzabschließende Entscheidung des erkennenden Gerichts.
Verfügungen	Prozessbegleitende Anordnungen eines einzelnen Richters, für die das Gesetz keine Entscheidung des Gerichts vorsieht.

§ 25 StPO – Prozessualer Tatbegriff und Rechtskraft

Faktischer Tatbegriff der Rechtsprechung (Tat im prozessualen Sinne)	Nach der Rechtsprechung liegt eine prozessuale Tat vor, wenn das Geschehen bei natürlicher Betrachtungsweise einen einheitlichen geschichtlichen Lebensvorgang bildet, innerhalb dessen der Angeklagte einen Straftatbestand verwirklicht haben soll.
Formelle Rechtskraft	Sie besteht, wenn eine Entscheidung nicht (mehr) anfechtbar ist.
Materielle Rechtskraft	Sie besteht, wenn ein Urteil absolut formell rechtskräftig ist. Sie zieht den Strafklageverbrauch hinsichtlich der abgeurteilten prozessualen Tat nach sich.

Strafrecht

Tatbestandsmerkmal	Definition

§ 26 StPO – Besondere Verfahrensarten

Privatklage	Eine Ausnahme vom Offizialprinzip, nach der der Privatklageberechtigte die Möglichkeit hat, unabhängig von der Staatsanwaltschaft sein eigenes Recht selbst zu verfolgen.
Strafbefehlsverfahren	Ein schriftliches Verfahren, bei dem der Richter nach Aktenlage entscheidet.
Verletzter i.S.d. § 374 I	Verletzter ist derjenige, der durch die behauptete Tat, ihre tatsächliche Begehung unterstellt, unmittelbar beeinträchtigt ist.

§ 27 StPO – Vollstreckungsverfahren

Strafvollstreckung	Das Verfahren, das sich an die rechtskräftige Sachentscheidung anschließt und das die Durchsetzung eines Straferkenntnisses zum Gegenstand hat.
Strafvollzug	Die Art und Weise der praktischen Durchführung des Freiheitsentzugs unter den organisatorischen Bedingungen der jeweiligen Institution.

§ 28 StPO – Rechtsbehelfe, Grundlagen

Beschwer	Eine Beschwer ist gegeben, wenn der Rechtsmittelführer durch die gerichtliche Entscheidung, die auch in einem Unterlassen bestehen kann, in seinen rechtlichen Interessen - nicht nur subjektiv, sondern im Rechtssinne - unmittelbar beeinträchtigt ist.
Devolutiveffekt	Bei Einlegung eines Rechtsmittels wird eine noch nicht rechtskräftige gerichtliche Entscheidung vor einem Gericht höherer Ordnung erneut überprüft.
Förmliche Rechtsbehelfe	Ordentliche und außerordentliche Rechtsbehelfe, die an Frist- und Formvorschriften gebunden sind.
Formlose Rechtsbehelfe	Rechtsbehelfe, die an keine Frist- oder Formvorschriften gebunden sind.
Rechtsbehelfe	Prozessuale Befugnisse, die es Prozessbeteiligten oder Dritten ermöglichen, eine ihre Rechte oder rechtlich geschützten Interessen betreffende Entscheidung einer nochmaligen Überprüfung in sachlicher Hinsicht durch dieselbe oder eine höhere Instanz zuzuführen.

Strafprozessrecht

Tatbestandsmerkmal	Definition
Rechtsmittel	Ordentliche Rechtsbehelfe gegen noch nicht rechtskräftige Entscheidungen (Beschwerde, Berufung, Revision).
Suspensiveffekt	Der Eintritt der Rechtskraft und damit die Vollstreckbarkeit einer gerichtlichen Entscheidung werden verhindert (bei Berufung und Revision).

§ 30 StPO – Berufung

Annahme der Berufung	Eine Berufung wird angenommen, wenn sie nicht offensichtlich unbegründet ist (§ 313 II).
Berufung	Ein Rechtsmittel gegen amtsgerichtliche Strafurteile mit Devolutiv- und Suspensiveffekt, das eine zweite Tatsacheninstanz eröffnet.

§ 31 StPO – Revision

Revision	Ein Rechtsmittel mit Devolutiv- und Suspensiveffekt, das zu einer Überprüfung des angefochtenen Urteils auf Rechtsfehler führt.
Sachrüge	Eine Rüge der Verletzung des materiellen Strafrechts.
Sprungrevision	Verzicht des Rechtsmittelführers auf eine weitere Tatsacheninstanz unter Ausübung seines unechten Wahlrechts zwischen Berufung und Revision.
Verfahrensrüge	Eine Rüge der Verletzung einer Rechtsnorm über das Verfahren.

§ 32 StPO – Beschwerde

Beschwerde	Ein Rechtsmittel mit Devolutiveffekt, mit dem die Aufhebung oder Vornahme einer Entscheidung begehrt wird.

§ 33 StPO – Wiederaufnahme

Neue Tatsachen	Tatsachen sind neu, wenn das erkennende Gericht bei Abschluss der Urteilsberatung der Entscheidung keine prozessordnungsgemäße Kenntnis von ihnen hatte und sie daher nicht berücksichtigen konnte.

Strafrecht

Tatbestandsmerkmal	Definition
Wiederaufnahme	Bei einer Wiederaufnahme erfolgt in engen Grenzen eine Durchbrechung der Rechtskraft, um rechtskräftige Entscheidungen, deren Bestand aus Gründen der Wahrheit, der Gerechtigkeit und der Rechtsbewährung unerträglich ist, beseitigen zu können.

Strafprozessrecht
Von Prof. Dr. Dres. h.c. Urs Kindhäuser
3. Auflage 2013, 432 S., brosch., 24,– €
ISBN 978-3-8329-7779-5

Jugendstrafrecht

Begriff	Definition
Bedingte Strafmündigkeit § 3 JGG	Bei Jugendlichen muss die Verantwortlichkeit im Rahmen der Schuldprüfung gem. § 3 positiv festgestellt werden.
Diversion §§ 45, 47 JGG	Diversion bedeutet Umgehung des förmlichen Gerichtsverfahrens mit Abschluss durch ein Urteil. Zum Zwecke der Diversion hat der Gesetzgeber die Möglichkeiten der Verfahrenseinstellung erweitert.
Einheitsstrafe § 31 JGG	In Abweichung zur Gesamtstrafenbildung im Erwachsenenstrafrecht (§§ 53, 54 StGB) wird bei Verurteilung mehrerer Straftaten gem. § 31 Abs. 1 auf eine einheitliche Sanktion erkannt. Gem. § 31 Abs. 2 werden auch unerledigte Sanktionen aus früheren Verurteilungen mit einbezogen.
Gleichstellung eines Heranwachsenden mit einem Jugendlichen § 105, Abs. 1 Nr. 1 JGG	Nach der Rechtsprechung ist Voraussetzung, dass es sich bei dem Heranwachsenden um einen noch in der Entwicklung befindlichen, noch prägbaren Menschen handelt. Diese sich vom Wortlaut entfernende Definition lässt einen Bezug zu dem Entwicklungsstand eines Jugendlichen vermissen. Für die Anwendung des Erwachsenenstrafrechts muss somit eine Progression gegenüber 17-jährigen festgestellt werden.
Jugendverfehlung § 105 Abs. 1 Nr. 2 JGG	Für die Feststellung einer Jugendverfehlung wird nicht auf einen Deliktstypus sondern auf jugendtypische Beweggründe (Leichtsinn, Geltungsbedürfnis, Unausgeglichenheit) abgestellt. Diese können auch bei schweren Gewalttaten vorliegen.
Schädliche Neigungen § 17 Abs. 2, 1. Alt. JGG	Nach der Rechtsprechung sind schädliche Neigungen als Voraussetzung für die Anordnung einer Jugendstrafe erhebliche Charaktermängel, die ohne längere Gesamterziehung die Gefahr der Begehung weiterer Straftaten in sich bergen, die nicht nur gemeinlästig oder den Charakter von Bagatelldelikten haben. Nach der hier vertretenen Position muss eine persönlichkeitsspezifische Rückfallgefahr für erhebliche Straftaten bestehen.
Schwere der Schuld § 17 Abs. 2, 2. Alt. JGG	Für die Feststellung der Schwere der Schuld als weitere Voraussetzung für die Anordnung einer Jugendstrafe orientiert sich die Rechtsprechung an dem Erfolgsunrecht der Tat, wobei – begrenzend – die Jugendstrafe aus erzieherischen Gründen zum Wohl des Jugendlichen/Heranwachsenden erforderlich sein muss. Nach der hier vertretenen

Strafrecht

Begriff	Definition
	Position ist Voraussetzung, dass ein Verzicht auf Jugendstrafe für das Rechtsempfinden „schlechthin unverständlich" wäre.
Ungehorsamsarrest §§ 11 Abs. 3, 15 Abs. 3 S. 2, 3 JGG	Wenn der Verurteilte schuldhaft Weisungen oder Auflagen nicht erfüllt, kann so genannter Ungehorsamsarrest verhängt werden. In Abweichung von der herrschenden Meinung kommt diesem Arrest Ersatzfunktion zu, entsprechend der Ersatzfreiheitsstrafe gem. § 43 StGB.
Vorbewährung §§ 61-61b JGG	Unter Bezugnahme auf § 57 Abs. 1 S. 1, 2. Alt. wurde in der Rechtspraxis das Sanktionsinstitut „Vorbewährung" entwickelt, um mit Hilfe von Weisungen und Auflagen, z. T. mit Einsatz des Bewährungshelfers dem Verurteilten eine letzte Chance zu geben, dass die Jugendstrafe noch zur Bewährung ausgesetzt wird. Mit dem Gesetz zur Erweiterung der jugendgerichtlichen Handlungsmöglichkeiten vom 7.9.2012 wurde diese Praxis in den §§ 61-61b legalisiert.
Warnschussarrest § 16a JGG	Die Kombination einer Bewährungsentscheidung gem. den §§ 21, 27 mit einem Arrest wird Warnschuss- oder Einstiegsarrest genannt. Trotz erheblicher Einwände in der Fachwelt hat der Gesetzgeber mit dem Gesetz zur Erweiterung der jugendgerichtlichen Handlungsmöglichkeiten vom 7.9.2012 diese Kombination – unter eingeschränkten Anwendungsvoraussetzungen – im § 16a erlaubt.
Ziel des Jugendstrafrechts § 2 Abs. 1 JGG	Das Ziel des Jugendstrafrechts ist in § 2 Abs. 1 definiert. Verkürzt ist das Jugendstrafrecht als jugend-adäquates Präventionsstrafrecht zu bezeichnen, um den jugendlichen / heranwachsenden Beschuldigten von weiteren Straftaten abzuhalten.

Jugendstrafrecht
Von Prof. Dr. Heribert Ostendorf
7. Auflage 2011, 312 S., brosch., 22,– €
ISBN 978-3-8329-6468-9

ÖFFENTLICHES RECHT

Grundrechte

Merkmal	Definition
Abstammung (Art. 3 Abs. 3)	Abstammung ist die Beziehung einer Person zu ihren Vorfahren.
Allgemein zugängliche Quelle (Art. 5 Abs. 1 S. 1)	Allgemein zugänglich sind solche Quellen, die nicht nur objektiv geeignet, sondern auch dazu bestimmt sind, die Allgemeinheit zu informieren.
Allgemeine Gesetze (Art. 5 Abs. 2)	Allgemeine Gesetze sind solche, die sich (weder gegen die Meinungsfreiheit an sich noch) gegen bestimmte Meinungen richten, sondern dem Schutz eines schlechthin, ohne Rücksicht auf eine bestimmte Meinung, zu schützenden Rechtsguts dienen. Nach der Wechselwirkungslehre ist im Rahmen der Verhältnismäßigkeitsprüfung das allgemeine Gesetz seinerseits im Lichte des Art. 5 Abs. 1 GG auszulegen, d. h. in seiner beschränkenden Wirkung selbst wieder zu beschränken.
Allgemeines Persönlichkeitsrecht (Art. 2 i. V. m. Art. 1, jeweils Abs. 1)	Das allgemeine Persönlichkeitsrecht ist das Recht, seine Identität zu definieren, zu entwickeln und darzustellen.
Angemessenheit (Verhältnismäßigkeit i.e.S.)	Auf der Stufe der Angemessenheit sind in einem ersten Schritt Mittel und Zweck abstrakt zu betrachten, dann sind sie jeweils konkret zu bewerten. In einem dritten Schritt sind die betroffenen Rechtsgüter gegeneinander abzuwägen. Dabei sind Beschränkungen der Kontrolldichte zu beachten.
Asyl (Art. 16a Abs. 1)	Das Asylrecht gewährt einen Schutz für politisch Verfolgte, wobei einerseits nur die speziell politische Verfolgung und nicht der Schutz vor anderer Not umfasst ist, andererseits politische Verfolgung eine bestimmte Intensität der Diskriminierung voraussetzt.
Aufgrund eines Gesetzes	Die Variante „aufgrund eines Gesetzes" ermöglicht einen Eingriff in Vollzug des Gesetzes.
Behinderung (Art. 3 Abs. 3)	Behinderungen sind dauerhafte, nicht altersbedingte, erhebliche Funktionsbeeinträchtigungen körperlicher, geistiger oder seelischer Art.

Öffentliches Recht

Merkmal	Definition
Beruf (Art. 12 Abs. 1)	Beruf ist jede auf Erwerb gerichtete Tätigkeit, die auf Dauer angelegt ist und der Schaffung und Erhaltung einer Lebensgrundlage dienen soll.
Berufsausübungsregelung (Art. 12 Abs. 1)	Berufsausübungsregeln sind solche, die nicht den Zugang, sondern nur die Art und Weise der Ausübung eines Berufes betreffen. Sie können unter Gesichtspunkten der Zweckmäßigkeit gerechtfertigt sein, d. h. wenn sie einem Gemeinwohlbelang in verhältnismäßiger Weise dienen.
Berufsregelnde Tendenz (Art. 12 Abs. 1)	Eine berufsregelnde Tendenz liegt vor, wenn eine staatliche Regelung auf eine Berufsregelung abzielt oder sich auf die Tätigkeit zumindest unmittelbar auswirkt.
Briefgeheimnis (Art. 10 Abs. 1)	Briefgeheimnis ist die Vertraulichkeit schriftlicher Fixierungen individueller Informationsinhalte zum Zwecke der Kommunikation.
Deutschen-Grundrechte	Deutschen-Grundrechte gelten nur für Menschen, die im Besitz der deutschen Staatsangehörigkeit sind (Deutsche i. S. d. Art. 116 Abs. 1 GG).
Durch Gesetz	Die Variante „durch Gesetz" lässt zu, dass bereits das Gesetz unmittelbar in ein Grundrecht eingreift.
Durchsuchungen (Art. 13 Abs. 2)	Die Durchsuchung zeichnet sich dadurch aus, dass der Staat gegen den Willen des Betroffenen die Wohnung nicht nur betritt, sondern dort nach bestimmten Sachen oder Personen sucht, die dort verborgen sein könnten.
Ehe (Art. 6 Abs. 1)	Ehe ist der auf Dauer angelegte, grundsätzlich unauflösliche Bund zwischen zwei verschiedengeschlechtlichen Partnern, an dessen Schließung der Staat beteiligt wird.
Eigentum (Art. 14 Abs. 1)	Eigentum ist funktionellrechtlich zu verstehen als materielle Grundlage privater Freiheitsentfaltung. Formell betrachtet ist dies die Summe (Bündel) der Befugnisse, die das Recht dem Eigentümer zuweist. Unter Art. 14 GG umfasst dies alle privatrechtlichen vermögenswerten Rechte, d. h. nicht nur absolute, dingliche, sondern auch relative, schuldrechtliche Ansprüche, soweit sie für den Inhaber frei nutzbar bzw. verfügbar sind und auch das Besitzrecht des Wohnraummieters. Subjektive öffentliche Rechte werden ausnahmsweise erfasst, soweit sie auf Leistung beruhen.

Grundrechte

Merkmal	Definition
Enteignung (Art. 14 Abs. 3)	Eine Enteignung entzieht eine konkret-individuelle Rechtsposition ganz oder teilweise. Die Enteignung muss dem Gemeinwohl dienen und nach der Rechtsprechung auf die Erfüllung öffentlicher Aufgaben gerichtet sein.
Erforderlichkeit	Ein Mittel ist erforderlich, wenn es kein milderes Mittel gibt, das alle relevanten Zwecke mindestens ebenso wirksam erreichen könnte.
Erweiterter Eingriffsbegriff	Beim erweiterten Eingriffsbegriff sind die vier Kriterien nicht kumulativ erfüllt, es reicht aus, wenn wenigstens eines davon vorliegt. Es ist also jedes staatliche Handeln umfasst, dass Grundrechtsträger in ihren Grundrechten beeinträchtigt.
Erziehung (Art. 6 Abs. 2)	Die Erziehung ist die Sorge für die seelische und geistige Entwicklung, die Bildung und die Ausbildung der Kinder.
Familie (Art. 6 Abs. 1)	Die Familie ist die Lebensgemeinschaft zwischen Eltern (bzw. einem Elternteil) und Kind(ern). Idealerweise fallen die häusliche Lebensgemeinschaft einerseits und die Familienbande als verwandtschaftliche Beziehung andererseits zusammen, zwingend ist dies aber nicht (str.).
Fernmeldegeheimnis (Art. 10 Abs. 1)	Das Fernmeldegeheimnis schützt die Vertraulichkeit unkörperlicher Kommunikationsakte mit Mitteln der Telekommunikation.
Film (Art. 5 Abs. 1 S. 2)	Film ist ein körperliches Trägermedium für bewegte Bilder, die für einen unbestimmten Personenkreis aufgenommen werden.
Forschung und Lehre (Art. 5 Abs. 3 S. 1)	Forschung und Lehre sind als Unterfall der Wissenschaftsfreiheit auf wissenschaftliche (nicht notwendig eigene) Erkenntnisse bezogen.
Freie Entfaltung der Persönlichkeit (Art. 2 Abs. 1)	Die freie Entfaltung der Persönlichkeit umfasst als Auffanggrundrecht die „allgemeine Handlungsfreiheit" im umfassenden Sinne, nämlich jede Form menschlichen Verhaltens.
Freiheit der Person (Art. 2 Abs. 2 S. 2)	Die Freiheit der Person umfasst die körperliche Bewegungsfreiheit, d. h. die Freiheit, einen beliebigen Ort aufzusuchen, sich dort aufzuhalten oder ihn zu verlassen. (zur Freiheitsbeschränkung und -entziehung → Schrankenbestimmungen)

Öffentliches Recht

Merkmal	Definition
Freiheitsbeschränkung (Art. 104 Abs. 1)	Freiheitsbeschränkungen sind Beschränkungen der Bewegungsfreiheit, die nicht auf einen bestimmten, engen Raum fixiert sind, deren physische Zwanghaftigkeit sich aber aus der tatsächlichen oder potentiellen, zeitlich vorhersehbaren Anwendung sofortigen unmittelbaren Zwangs ergibt.
Freiheitsentziehung (Art. 104 Abs. 2)	Freiheitsentziehungen sind zwanghafte Beschränkungen der Bewegungsfreiheit auf einen bestimmten, eng begrenzten Raum.
Freizügigkeit (Art. 11 Abs. 1)	Die Freizügigkeit schützt die Wahl des persönlichen Aufenthaltsortes im Inland, soweit und solange die jeweilige Ortswahl der Begründung eines Lebenskreises dient, das Recht auf Ein- und Auswanderung unter Mitnahme seiner persönlichen Habe.
Friedlich (Art. 8 Abs. 1)	Friedlich ist eine Versammlung in Anknüpfung an §§ 5 Nr. 3, 13 Abs. 1 Nr. 2 VersG, wenn sie ohne tätliche Gewalt verläuft.
Geeignetheit	Geeignet ist ein Mittel bereits dann, wenn es einem Zweck überhaupt dient, ihm also in irgendeiner Weise förderlich ist (Zwecktauglichkeit).
Gesetz	Mit Gesetz i. S. d. Art. 1 – 19 GG ist jeweils ein Parlamentsgesetz gemeint.
Gesetzesvorbehalt	Gesetzesvorbehalt ist ein im Verfassungstext ausdrücklich normierter ausdrücklicher Vorbehalt, dass ein bestimmtes Grundrecht durch Gesetz oder aufgrund eines Gesetzes eingeschränkt werden darf; danach steht also das betroffene Grundrecht gegebenenfalls unter einem „Gesetzesvorbehalt" als Schranke.
Gesetzlicher Richter (Art. 101 Abs. 1)	Der Richter, der bei einem bestimmten Rechtsmittel zuständig ist, muss abstrakt-generell ex ante festgelegt sein. Die Anwendbarkeit erstreckt sich auf Entscheidungsträger aller staatlichen Fachgerichte einschließlich der ehrenamtlichen Mitglieder, aber auch die Richter der Verfassungsgerichte und des EuGH. Die nichtstaatlichen Schiedsgerichte hingegen sind nicht erfasst.
Gewissen (Art. 4 Abs. 1)	Das Gewissen ist die innere moralische Steuerung des Einzelnen in den Kategorien „Gut und Böse", soweit sie der Einzelne als für sich verpflichtend empfindet.

Grundrechte

Merkmal	Definition
Glaube (Art. 4 Abs. 1)	Glaube ist die religiöse Überzeugung des Einzelnen bzw. einer Religionsgemeinschaft, einen transzendenten Bezug zu haben.
Gleichheit vor dem Gesetz (Art. 3 Abs. 1)	Die Gleichheit vor dem Gesetz umfasst als allgemeines Gleichbehandlungsgebot die Gleichheit bei der Anwendung des Rechts, aber auch bei jeder Form der Rechtssetzung.
Heimat (Art. 3 Abs. 3)	Heimat meint die örtliche Herkunft bzw. Ansässigkeit.
Herkunft (Art. 3 Abs. 3)	Das Merkmal Herkunft meint die soziale Verwurzelung und Zugehörigkeit und schützt gegen die Bevorzugung oder Benachteiligung bestimmter Gesellschaftsschichten.
Informationelle Selbstbestimmung (Art. 2 i. V. m. Art. 1, jeweils Abs. 1)	Die informationelle Selbstbestimmung als Ausprägung des allgemeinen Persönlichkeitsrechts schützt vor fremdbestimmter Speicherung, Nutzung und Weitergabe persönlichkeitsrelevanter Daten.
Inhalts- und Schrankenbestimmung (Art. 14 Abs. 1)	Inhalts- und Schrankenbestimmungen sind abstrakt-generelle Regelungen, durch die sowohl der Eigentumsbegriff determiniert werden als auch in den Schutzbereich der Eigentumsfreiheit eingegriffen werden kann. Sie müssen verhältnismäßig sein.
Institutionelle Garantie	Eine institutionelle Garantie gewährleistet öffentlich-rechtliche Einrichtungen.
Institutsgarantie	Eine Institutsgarantie gewährleistet privatrechtliche Rechtsinstitute.
Junktimklausel (Art. 14 Abs. 3)	Die Junktimklausel sagt aus, dass die Entschädigung für Enteignungen in demselben Gesetz wie die Enteignung selbst geregelt sein muss.
Klassischer Eingriffsbegriff	Der so genannte klassische Eingriffsbegriff zeichnet sich durch vier Elemente aus: Erstens handelt der Staat imperativ (d. h. ge- oder verbietend), zweitens rechtsförmlich und bewirkt dadurch drittens unmittelbar und viertens final eine Grundrechtsbeeinträchtigung.
Koalition (Art. 9 Abs. 3)	Koalitionen sind Vereinigungen, die der Wahrung und Förderung der Arbeits- und Wirtschaftsbedingungen dienen.

Öffentliches Recht

Merkmal	Definition
Körperliche Unversehrtheit (Art. 2 Abs. 2 S. 1)	Die körperliche Unversehrtheit umfasst die Freiheit von physischer und psychischer Krankheit und die körperliche Integrität, nicht jedoch das bloße geistige oder soziale Wohlbefinden.
Kunst (Art. 5 Abs. 3 S. 1)	Kunst ist ein sinnlich-ästhetisches Mittel („Zeichen") in einem Kommunikationsprozess, dem verschiedene Bedeutungen zukommen können. Dem Wesenscharakter der Kunst entspricht nur ein offener, also weder materialer noch formaler Kunstbegriff (str.).
Lauschangriff (Art. 13 Abs. 3 – 6)	Ein Lauschangriff stellt sich als akustische Überwachung von Wohnungen mit technischen Mitteln dar.
Leben (Art. 2 Abs. 2 S. 1)	Das Leben umfasst den Zeitraum von der Befruchtung der Eizelle bis zum Herz- und Hirntod.
Meinung (Art. 5 Abs. 1 S. 1)	Meinung ist weit zu verstehen und umfasst Werturteile (soweit sie nicht verächtlich sind) sowie Tatsachenbehauptungen (sofern diese nicht erwiesen unrichtig sind [str.]).
Menschenrechte	Menschenrechte sind diejenigen Grundrechte des Grundgesetzes, die unabhängig von der Staatsangehörigkeit gelten und allen Menschen gleichwertigen Schutz gewähren. Hiervon zu unterscheiden sind die Menschenrechte i. S. d. Art. 1 Abs. 2 GG, welche die in völkerrechtlichen Verträgen oder vergleichbaren Dokumenten garantierten Rechte bezeichnen, die für alle Menschen gelten. Diese können in ihrem Schutz über den des Grundgesetzes hinausgehen oder auch dahinter zurückbleiben (Bsp. EMRK).
Menschenwürde (Art. 1 Abs. 1)	Nach der Objektformel ist die Menschenwürde betroffen, wenn der konkrete Mensch zum Objekt, zu einem bloßen Mittel, zur vertretbaren Größe herab gewürdigt wird. Zur Lösung von Fällen ist diese Formel durch Fallgruppen (insbesondere Deklassierung von Gruppen, Herabwürdigung oder Erniedrigung von Personen) zu konkretisieren (str.).
Mittelbare Diskriminierung (Art. 3 Abs. 3)	Mittelbare Diskriminierungen sind Ungleichbehandlungen, die typischerweise die geschützte Personengruppe treffen, aber nicht direkt an verbotene Merkmale anknüpfen.

Grundrechte

Merkmal	Definition
Objektive Berufszugangsregelung (Art. 12 Abs. 1)	Objektive Berufszugangsregelungen sind solche, die nicht von subjektiven, sondern von objektiven, vom Betroffenen nicht beeinflussbaren Kriterien abhängen. Solche Eingriffe sind nur gerechtfertigt, wenn sie zur Abwehr nachweisbarer oder höchstwahrscheinlicher schwerer Gefahren für ein überragend wichtiges Gemeinschaftsgut zwingend geboten sind.
Pflege (Art. 6 Abs. 2)	Die Pflege ist die Sorge für das körperliche Wohl der Kinder.
Postgeheimnis (Art. 10 Abs. 1)	Postgeheimnis beinhaltet nach der Postreform nur noch einen Schutzauftrag an die Post- und Telekommunikationsbehörden.
Praktische Konkordanz	Falls gleichrangige Verfassungsnormen (z.B. Grundrechte) kollidieren, tritt nicht eine Norm hinter die kollidierende zurück, vielmehr muss nach einer Lösung gesucht werden, die für beide Seiten den möglichst schonendsten Ausgleich darstellt. Es geht dabei um eine Zuordnung der beteiligten Rechtsgüter unter Anschauung der konkreten Situation: um die Herstellung einer bedingten Vorrangrelation.
Presse (Art. 5 Abs. 1 S. 2)	Presse ist als körperliches, nicht notwendig gedrucktes Trägermedium zu verstehen.
Rasse (Art. 3 Abs. 3)	Erfasst werden von diesem Diskriminierungsverbot alle gruppenspezifischen Stigmatisierungen, soweit die Zugehörigkeit zu einer solchen Gruppe vererbbar sein soll.
Rechtliches Gehör (Art. 103 Abs. 1)	Der Schutz des rechtlichen Gehörs umfasst das Recht auf Information im Prozess, das Recht auf Äußerung im Prozess sowie das Recht auf Berücksichtigung der Äußerung in der Gerichtsentscheidung.
Rechtserkenntnisquelle	Eine Rechtserkenntnisquelle ist ein Rechtsmaßstab, der als solcher nicht bindend bzw. nicht unmittelbar anwendbar ist, sie kann aber zur Interpretation, des relevanten Prüfungsmaßstabes ergänzend herangezogen werden.
Religionsausübung (Art. 4 Abs. 2)	Religionsausübung kann in jeder Form, d. h. nicht nur in Wort und Schrift, sondern auch in der Lebensführung (z. B. im Tragen symbolischer Kleidungsstücke) zum Ausdruck gebracht werden (nach hM sind Art. 4 Abs. 1 und 2 GG ein einheitliches Grundrecht).

Öffentliches Recht

Merkmal	Definition
Rundfunk (Art. 5 Abs. 1 S. 2)	Rundfunk ist ein nichtkörperliches Trägermedium von Informationen, die für einen unbestimmten Personenkreis spezifisch aufbereitet werden.
Schule (Art. 7 Abs. 4)	Schule ist eine Bildungseinrichtung, in der dauerhaft und programmatisch zusammenhängend verschiedene Fächer unterrichtet werden.
Sprache (Art. 3 Abs. 3)	Mit dem Merkmal Sprache ist die spezifische kulturelle Verbundenheit zur Muttersprache einschließlich der Dialekte gemeint.
Subjektive Berufszugangsregelung (Art. 12 Abs. 1)	Subjektive Berufszugangsregelungen sind solche, die die Berufswahl von der persönlichen Qualifikation des Anwärters abhängig machen. Solche Eingriffe sind nur gerechtfertigt, wenn sie dem Schutz überragender Gemeinschaftsgüter in verhältnismäßiger Weise dienen.
Unmittelbare Diskriminierung (Art. 3 Abs. 3)	Unmittelbare Diskriminierung ist die explizite Anknüpfung an eines der Merkmale des Art. 3 Abs. 3 GG.
Unter freiem Himmel (Art. 8 Abs. 2)	Unter freiem Himmel ist eine Versammlung, wenn der Raum zu den Seiten hin offen und damit für jedermann zugänglich ist.
Vereinigung (Art. 9 Abs. 1)	Vereinigung i. S. d. GG ist in Anlehnung an § 2 Abs. 1 VereinsG „ohne Rücksicht auf die Rechtsform jede Vereinigung, zu der sich eine Mehrheit (d. h. mindestens zwei) natürlicher oder juristischer Personen für längere Zeit (d. h. über eine Versammlung i. S. d. Art. 8 Abs. 1 GG hinausgehend) zu einem gemeinsamen Zweck freiwillig zusammengeschlossen und einer organisierten Willensbildung unterworfen hat (bzw. sich entsprechend zu institutionalisieren beabsichtigt)".
Verfassungsmäßige Ordnung (Art. 9 Abs. 2)	Die verfassungsmäßige Ordnung umfasst andererseits die verfassungsrechtlich konstituierte, d. h. freiheitlich-demokratische Ordnung.
Verfassungsmäßige Ordnung (Art. 2 Abs. 1)	Die verfassungsmäßige Ordnung umfasst einerseits die Gesamtheit der Normen, die formell und materiell mit der Verfassung in Einklang stehen.

Grundrechte

Merkmal	Definition
Verhältnismäßigkeit	Die Verhältnismäßigkeit bezeichnet die Relation zwischen Mittel und Zweck. Das Mittel muss zur Erreichung des Zwecks geeignet, erforderlich und angemessen sein.
Versammlung (Art. 8 Abs. 1)	Versammlung ist das örtliche Zusammentreffen von mindestens zwei Menschen zum Zweck der (nach der Rechtsprechung notwendig: politischen) Kommunikation oder des gemeinschaftlichen Erlebens (str).
Vertraulichkeit informationstechnischer Systeme (Art. 2 i. V. m. Art. 1, jeweils Abs. 1)	Die Vertraulichkeit informationstechnischer Systeme stellt ebenfalls eine Erweiterung des allgemeinen Persönlichkeitsrechts dar und betrifft den Schutz der Nutzung des Personalcomputers (PC) und anderer technischer Instrumente mit entsprechenden Funktionen.
Vorbehalt des Gesetzes	Der Vorbehalt des Gesetzes verlangt, dass eine staatliche Aktivität eine Rechtsgrundlage in Gestalt eines Gesetzes hat. Der Vorbehalt des Gesetzes gilt auch (erst Recht) für Grundrechte, die nicht unter einem Gesetzesvorbehalt stehen.
Waffen (Art. 8 Abs. 1)	Waffen i. S. d. Art. 8 Abs. 1 GG sind objektiv gefährliche Gegenstände, die keine sinnvolle, gewaltfreie Verwendung im Rahmen der Versammlung erwarten lassen.
Weltanschauung (Art. 4 Abs. 1)	Weltanschauung ist ein nichtreligiöser Sinnstiftungsentwurf.
Wesentlichkeitstheorie	Nach der vom Bundesverfassungsgericht entwickelten Wesentlichkeitstheorie müssen alle wesentlichen Entscheidungen (insbesondere die Verwirklichung der Grundrechte betreffend) vom unmittelbar demokratisch legitimierten Parlament selbst getroffen werden.
Wissenschaft (Art. 5 Abs. 3 S. 1)	Wissenschaft ist der ernsthafte, methodisch planmäßige Versuch eines Beitrages zur Gewinnung neuer Erkenntnis, die publiziert wird und intersubjektiv nachprüfbar ist und die sich damit der Kritik und gegebenenfalls Falsifizierung stellt.
Wohnung (Art. 13 Abs. 1)	Wohnung umfasst alle Räume, die dem Rückzug in die Privatheit und der Informationshoheit Privater dienen, d. h. gegebenenfalls auch Geschäftsräume, soweit sie der Öffentlichkeit nicht offenstehen.

Öffentliches Recht

Merkmal	Definition
Zensur (Art. 5 Abs. 1)	Zensur ist ein Präventivvorbehalt in Gestalt der Vorzensur, d. h. der Vorbehalt staatlicher Prüfung vor der Kommunikation.
Zwangsarbeit (Art. 12 Abs. 3)	Zwangsarbeit ist jeder staatliche Zwang zu arbeiten (str.).

Grundrechte
Von Prof. Dr. Lothar Michael und
Prof. Dr. Martin Morlok
4. Auflage 2014, 527 S., brosch., 24,– €
ISBN 978-3-8487-0657-0

Staatsorganisationsrecht

Begriff	Definition
Absolute Mehrheit	Die absolute Mehrheit umfasst die Mehrheit der Mitglieder des Abstimmungsgremiums.
Allgemeinheit der Wahl	Eine Wahl wird allgemein genannt, wenn das gesamte politisch berechtigte Volk an ihr teilnehmen darf. Sie gilt sowohl für das aktive als auch passive Wahlrecht.
Annexkompetenz	Annexkompetenzen knüpfen an bestehende Kompetenzen an, sie gehen in die Tiefe von Sachmaterien, weil es notwendig sein kann, dass ein und derselbe Gesetzgeber eine bestimmte Materie im Zusammenhang mit einer anderen regelt, etwa um Konsistenz und Gleichheit zu gewährleisten.
Anwendungsvorrang	Anwendungsvorrang bedeutet, dass im Falle einer Normkollision eine ebenfalls einschlägige Norm in ihrer Anwendung durch die vorrangig anzuwendende Norm verdrängt wird. Der Anwendungsvorrang unterscheidet sich vom Geltungsvorrang dadurch, dass die zurücktretende Norm nicht nichtig, sondern nur unangewendet auf den Kollisionsfall bleibt.
Anwesenheitsmehrheit	Die Anwesenheitsmehrheit ist die Mehrheit der bei einer Entscheidung anwesenden Personen, unabhängig von der Gesamtzahl der Stimmberechtigten.
Ausschließliche Gesetzgebungskompetenz	Ausschließliche Gesetzgebungskompetenz des Bundes bedeutet, dass die Länder auf den jeweiligen Sachgebieten von jeglicher Gesetzgebungszuständigkeit ausgeschlossen sind, es sei denn, dass sie durch Bundesgesetz ermächtigt werden.
Bundestreue	Die Bundestreue stellt eine Pflicht für Bund und Länder zu gegenseitiger Rücksichtnahme und Unterstützung dar, um die Belange der jeweils anderen Seite zu wahren.

Öffentliches Recht

Begriff	Definition
Diskontinuität	Weil Demokratie Herrschaft auf Zeit ist, entwertet der in der Neuwahl zum Ausdruck kommende aktuelle Volkswille die bis dahin auf der vorangegangenen Wahl beruhende Legitimation der Volksvertretung. Dies beschreibt den Grundsatz der Diskontinuität des Parlaments, bei der zwischen der sachlichen, personellen und institutionellen Dimension unterschieden wird.
	Die sachliche Diskontinuität bezieht sich auf alle Beschlussvorlagen und besagt, dass die Anträge, Eingaben und dergleichen, die am Ende der Wahlperiode nicht abgeschlossen sind, erledigt sind.
	Die personelle Diskontinuität erfasst die Abgeordneten, die mit Ende der Wahlperiode ihr Mandat verlieren.
	Die institutionelle Diskontinuität betrifft schließlich die Organe des Bundestages, etwa den Bundestagspräsidenten und die Ausschüsse und Fraktionen, die mit dem Bundestag ihre konkrete Existenz verlieren.
Einheit der Verfassung	Bei der Auslegung einer Verfassungsnorm muss beachtet werden, dass sie nicht im Widerspruch zu anderen Verfassungsnormen steht. Dabei ist es geboten, beide Verfassungsnormen zu derjenigen Entfaltung kommen zu lassen, die in der Situation des Konflikts mit einem gegenläufigen Prinzip noch möglich ist.
Enquetekommission	Enquetekommissionen sind Gremien des Parlaments, die (regelmäßig für einen längeren Zeitraum) zur Vorbereitung von umfangreichen und gesellschaftlich bedeutenden Sachkomplexen eingerichtet werden und denen neben Abgeordneten auch parlamentsexterne Personen, wie Sachverständige, als Mitglieder angehören. Dies unterscheidet sie von den ständig eingerichteten Pflicht- und den in Einzelfällen ad-hoc eingerichteten Untersuchungsausschüssen.
Formelles Gesetz	Formelle Gesetze sind Hoheitsakte, die das parlamentarische Gesetzgebungsverfahren durchlaufen haben. Sie werden daher auch Parlamentsgesetze genannt.
Fraktionen	Fraktionen sind freiwillige Vereinigungen von Abgeordneten im Parlament, die i.d.R. derselben Partei angehören.
Freies Mandat	Das freie Mandat der Abgeordneten ist die rechtliche Freiheit der Abgeordneten, nach eigener Überzeugung abstimmen zu dürfen, siehe Art. 38 Abs. 1 S. 2 GG.
Freiheit der Wahl	Die Freiheit der Wahl schützt die Wahlentscheidung vor Zwang oder sonstiger unzulässiger Beeinflussung.

Staatsorganisationsrecht

Begriff	Definition
Freiheitliche demokratische Grundordnung (FDGO)	Das Bundesverfassungsgericht definiert die freiheitliche demokratische Grundordnung i.S.d. Art. 21 Abs. 2 GG als eine Ordnung, die unter Ausschluss jeglicher Gewalt- und Willkürherrschaft eine rechtsstaatliche Herrschaftsordnung auf der Grundlage der Selbstbestimmung des Volkes nach dem Willen der jeweiligen Mehrheit und der Freiheit und Gleichheit darstellt. Zu den grundlegenden Prinzipien zählt das Gericht die im GG konkretisierten Menschenrechte, die Volkssouveränität, die Gewaltenteilung, die Verantwortlichkeit der Regierung, die Gesetzmäßigkeit der Verwaltung, die Unabhängigkeit der Gerichte, das Mehrheitsprinzip und die Chancengleichheit für alle politischen Parteien mit dem Recht auf verfassungsmäßige Ausübung einer Opposition. Eine Legaldefinition mit der Aufzählung dieser Merkmale findet sich in § 4 Abs. 2 BVerfSchG.
Funktionale Selbstverwaltung	Neben der kommunalen Selbstverwaltung (Art. 28 Abs. 2 GG) wird auch in weiteren Bereichen die Erledigung der Verwaltungsaufgaben in die Hände der Betroffenen gelegt – man spricht insoweit von einer funktionalen Selbstverwaltung. Beispiele sind etwa die Anwaltskammern oder die Handwerkskammern, auch die soziale Selbstverwaltung (z.B. der Krankenkassen).
Geheimheit der Wahl	Die Geheimheit der Wahl gewährleistet die Nichtidentifizierbarkeit eines einzelnen Wählers bezogen auf die von ihm abgegebene Stimme.
Gesetzgebungskompetenz kraft Natur der Sache	Gesetzgebungskompetenzen kraft Natur der Sache sind Ergänzungen der Kompetenzrechtkataloge der Art. 73, 74 GG. Dabei geht es um Materien, die einer einzelstaatlichen Gesetzgebung a priori entrückt sind und daher zwingend im Interesse des Gesamtstaates nur und allein vom Bund geregelt werden können.
Gesetzgebungskompetenz kraft Sachzusammenhangs	Gesetzgebungskompetenz kraft Sachzusammenhangs verlangt, dass ein Sachbereich vernünftigerweise nicht geregelt werden könnte, ohne auf eine Kompetenz des an sich zuständigen, jeweils anderen Gesetzgebers überzugreifen. Voraussetzung der Inanspruchnahme der Kompetenzen ist, dass der für die Hauptregelung zuständige Gesetzgeber von seiner Kompetenz Gebrauch gemacht hat und, hieran anknüpfend, auf eine ihm sonst nicht zugewiesene Kompetenz übergreift.

Öffentliches Recht

Begriff	Definition
Gleichheit der Wahl	Die Gleichheit der Wahl umfasst die Zählwert- und die Erfolgswertgleichheit. Erstere bedeutet: Jede Stimme hat den gleichen Wert. Stimme ist gleich Stimme. Der Erfolgswert einer Stimme bezieht sich auf die Wählermacht, die Mandatsverteilung im Parlament mitzubestimmen, man kann auch von der mandatsverschaffenden Kraft sprechen.
Haushaltsgesetzgebung	Der von der Regierung entworfene Haushaltsplan ist vom Parlament durch ein Haushaltsgesetz festzustellen. Der vom Parlament beschlossene Haushaltsplan enthält die Ermächtigung an die Regierung, für die in ihm benannten Zwecke Ausgaben vorzunehmen.
Homogenitätsklausel	Art. 28 Abs. 1 GG gibt den Ländern als wesentliche Grundprinzipien der staatlichen Ordnung auch pflichtige Inhalte für ihre interne Ordnung auf. Insofern müssen die Länder den gleichen Grundprinzipien wie der Bund folgen, man nennt deswegen Art. 28 Abs. 1 GG auch die Homogenitätsklausel des Grundgesetzes.
Immunität	Das Immunitätsrecht schützt den Begünstigten für die Dauer des gehaltenen Amtes davor, wegen einer mit Strafe bedrohten Handlung ohne Genehmigung des Bundestages zur Verantwortung gezogen zu werden, es sei denn, dass er bei Begehung der Tat oder im Laufe des folgenden Tages festgenommen wird. Es ist ein Verfolgungshindernis. Immunität genießen die Abgeordneten (Art. 46 Abs. 2-4 GG), aber auch der Bundespräsident (Art. 60 Abs. 4, 46 Abs. 2-4 GG).
Indemnität	Der Grundsatz der Indemnität meint die außerparlamentarische Verantwortungsfreiheit des Bundestagsabgeordneten für seine innerparlamentarische Tätigkeit. Die Indemnität nach Art. 46 Abs. 1 GG ist ein persönlicher Verfolgungsausschlussgrund.
Input-Legitimation	Herrschaft bedarf der Legitimation. Die Input-Legitimation beruht auf der demokratischen Bestimmung der Inhalte der staatlichen Entscheidungen, jedenfalls der wesentlichen Entscheidungen.

Staatsorganisationsrecht

Begriff	Definition
Kernbereich exekutiver Eigenverantwortung	Der Kernbereich exekutiver Eigenverantwortung stellt einen grundsätzlich nicht ausforschbaren Initiativ-, Beratungs- und Handlungsbereich der Regierung dar. Dazu zählen die noch nicht abgeschlossenen Vorgänge, insbesondere die interne Willensbildung der Regierung und die diese vorbereitenden Maßnahmen im Ressort- und Kabinettsbereich.
Kompetenz-Kompetenz	Die Kompetenz-Kompetenz ist ein Hauptelement staatlicher Souveränität. Sie bedeutet die Entscheidungsbefugnis des Staates selbst über die ihm zukommenden Zuständigkeiten. Den Gegenpart bilden übertragene, von fremder Hand festgelegte Kompetenzen.
Konkurrierende Gesetzgebungskompetenz	Konkurrierende Gesetzgebungskompetenz bedeutet nicht, dass sich Bund und Länder nebeneinander bestehende Gesetzgebungskompetenzen teilen. Vielmehr sind die Länder grundsätzlich nur zuständig, „solange und soweit" der Bund nicht von seiner Gesetzgebungskompetenz Gebrauch gemacht hat, Art. 72 Abs. 1, 2 GG. Ein Bundesgesetz auf einem dieser Bereiche sperrt also in seinem Regelungsfeld die Landesgesetzgeber.
Konstruktives Misstrauensvotum	Durch das konstruktive Misstrauensvotum kann der Bundestag aus eigener Initiative dem Bundeskanzler das Vertrauen entziehen. Der Misstrauensausspruch ist dabei „konstruktiv", da er nach Art. 67 GG nur Erfolg hat, wenn gleichzeitig die Wahl eines neuen Kanzlers erfolgt.
Materielles Gesetz	Unter materiellen Gesetzen versteht man alle abstrakt-generellen Regelungen unter Einschluss untergesetzlicher Rechtsnormen, etwa Rechtsverordnungen oder Satzungen.
Mehrheitswahlsystem	Die Mehrheitswahl ist ein Wahlsystem, bei der das Wahlgebiet – jedenfalls im Idealtypus – in so viele Wahlkreise aufgeteilt wird, wie Parlamentssitze zu vergeben sind. Derjenige Kandidat erringt das Parlamentsmandat, der in seinem Wahlkreis obsiegt. Hierbei gibt es zwei Varianten, die relative Mehrheitswahl und die absolute Mehrheitswahl. Bei der relativen Mehrheitswahl geht der Parlamentssitz an denjenigen Kandidaten, der unter allen Kandidaten die meisten Stimmen auf sich vereinigen konnte, auch wenn sein Stimmenanteil unter 50 % liegt. Bei der absoluten Mehrheitswahl erringt man nur ein Mandat, wenn man eine absolute Mehrheit der Stimmen erreicht. Geschieht dies beim ersten Wahlgang nicht, findet zwischen den beiden erfolgreichsten Kandidaten eine Stichwahl statt.

Öffentliches Recht

Begriff	Definition
Mitgliedermehrheit	Bei der Mitgliedermehrheit ist nicht die Mehrheit der abgegebenen Stimmen ausschlaggebend, sondern die Mehrheit der Abstimmungsberechtigten.
Negatives Stimmgewicht	Unter dem negativen Stimmgewicht versteht man den Effekt, dass der Zuwachs von Wählerstimmen für eine Partei zu einem Weniger an Mandaten führen kann. Das BVerfG sieht darin eine Verletzung der Gleichheit und Unmittelbarkeit der Wahl.
Öffentlichkeit der Wahl	Dieser Wahlrechtsgrundsatz verlangt, dass die verschiedenen Etappen des Wahlverfahrens von den Bürgern kontrolliert werden können.
Output-Legitimation	Herrschaft bedarf der Legitimation. Diese Legitimation kann auch aus der Leistungsfähigkeit des Staates bei der Bewältigung der sich ihm stellenden Aufgaben folgen.
Parallele Gesetzgebungskompetenz	Art. 72 Abs. 3 GG enthält eine neue, durch die Bundesstaatsreform eingefügte Variante der konkurrierenden Gesetzgebung: die Abweichungsgesetzgebung oder parallele Gesetzgebungskompetenz des Bundes und der Länder. Diese erlaubt es den Ländern auf den in Art. 74 Abs. 1 Nr. 28–33, 72 Abs. 3 S. 1 Nr. 1–6 GG in Bezug genommenen Sachgebieten eigene, von Bundesgesetzen verschiedene, Regelungen zu treffen.
Politische Parteien	Politische Parteien sind Spezialzweckorganisationen zur Wahrnehmung der institutionalisierten demokratischen Einflussmöglichkeiten auf die staatliche Entscheidungsfindung. Eine Legaldefinition findet sich in § 2 PartG.
pouvoir constituant und pouvoir constitué	Pouvoir constituant meint die verfassunggebende Gewalt des Volkes. Sie stellt die sinnfälligste Ausübung der Volkssouveränität dar. Die durch die Verfassung geschaffene und normierte Staatsgewalt wird als pouvoir constitué bezeichnet. Das ist die Form der Staatlichkeit nach Erlass einer Verfassung.
Praktische Konkordanz	Falls gleichrangige Verfassungsnormen kollidieren, tritt nicht eine Norm hinter die kollidierende zurück, vielmehr muss nach einer Lösung gesucht werden, die für beide Seiten den möglichst schonendsten Ausgleich darstellt. Es geht dabei um eine Zuordnung der beteiligten Rechtsgüter unter Anschauung der konkreten Situation: um die Herstellung einer bedingten Vorrangrelation.

Staatsorganisationsrecht

Begriff	Definition
Qualifizierte Mehrheit	Eine qualifizierte Mehrheit stellt höhere Mehrheitserfordernisse dar, die dann verlangt werden, wenn eine Entscheidung erschwert werden soll. Ein Beispiel ist die für eine Verfassungsänderung erforderliche Zweidrittelmehrheit (Art. 79 Abs. 2 GG).
Ratifikation	Ratifikation ist eine völkerrechtliche Erklärung an eine andere Vertragspartei, an den Vertrag gebunden zu sein. Durch den Austausch der Ratifikationsurkunden wird der Vertrag völkerrechtlich wirksam und bindet die Bundesrepublik an dessen Inhalt.
Relative Mehrheit	Relative Mehrheit ist die Mehrheit der abgegeben Stimmen.
Überhangmandate	Falls eine Partei mehr Direktmandate errungen hat, als ihr nach dem Verhältnis der Zweitstimmen zukommen, so bleiben ihr diese Mandate als Überhang erhalten. Um die Gleichheit und Unmittelbarkeit der Wahl sicherzustellen, wird dieser Überhang nach geltendem Wahlrecht (§ 6 Abs. 5 S. 2 BWahlG 2013) durch die Erhöhung der Gesamtzahl der Sitze des Bundestages ausgeglichen (Ausgleichsmandate).
Unmittelbarkeit der Wahl	Die Unmittelbarkeit der Wahl soll den unverfälschten Einfluss der Wähler auf die personelle Zusammensetzung des Parlamentes sicherstellen. Zwischen die Entscheidung der Wähler und die personelle Zusammensetzung des Parlaments darf daher keine weitere politische Willensentscheidung treten.
Verfassung als Gerechtigkeitsreserve	Das Verfassungsrecht ist durch den Anspruch gekennzeichnet, die Gerechtigkeit der Rechtsordnung zu gewährleisten. Zwar steht das Recht insgesamt in der gesellschaftlichen Praxis unter der Erwartung, gerecht zu sein. In der Stufenordnung des Rechts wird der Gerechtigkeitsanspruch aber in besonderem Maße auf das Verfassungsrecht projiziert, und zwar besonders auf die dort positivierten Prinzipien. Freiheit und Gleichheit, Grundrechte, Demokratie, Sozialstaatlichkeit u.Ä. stellen Gerechtigkeitsversprechen dar.

Öffentliches Recht

Begriff	Definition
Verhältniswahlsystem	Die Verhältniswahl ist ein Wahlsystem, bei der das ganze Wahlgebiet als ein Wahlkreis verstanden wird, in dem die politischen Parteien ihre Kandidaten auf einer Liste präsentieren und mit dieser um die Gunst der Wähler konkurrieren. Die Sitze im Parlament werden vergeben entsprechend dem Stimmanteil an der Gesamtzahl der gültigen Stimmen, den die Parteien erhalten. Man spricht daher auch von einem „Proportionalsystem" oder von der „Proporzwahl".
Vertrauensfrage	Die Vertrauensfrage stellt einen Antrag des Bundeskanzlers an den Bundestag nach Art. 68 GG dar, ihm das Vertrauen auszusprechen. Es geht politisch und legitimatorisch um eine Erneuerung der Wahlentscheidung für den Bundeskanzler durch den Bundestag.
Volkssouveränität	Mit dem Begriff der Volkssouveränität wird der Kern der Demokratie bezeichnet. Unter der Geltung der Volkssouveränität soll die Basis der politischen Herrschaft in den Beherrschten selbst liegen, also im Volk nach Art. 20 Abs. 2 S. 1 GG.
	In personeller Hinsicht verlangt die Volkssouveränität, dass alle Positionen, die öffentliche Gewalt ausüben, in ununterbrochener Legitimationskette auf das Volk zurückgeführt werden können.
	In der sachlichen Dimension verlangt die Volkssouveränität, dass die anstehenden Sachentscheidungen durch das Volk selbst getroffen werden. Das Grundgesetz kennt diese Form der politischen Entscheidung nur in ganz eingeschränktem Maße.
	In der zeitlichen Dimension der Volkssouveränität heißt Demokratie: Regierung auf Zeit.
Vorbehalt des Gesetzes	Der Vorbehalt des Gesetzes verlangt, dass eine staatliche Aktivität eine Rechtsgrundlage in Gestalt eines Gesetzes hat.
Vorrang der Verfassung	Die Durchsetzungskraft der Verfassung gegenüber allen anderen (innerstaatlichen) Rechtsnormen bezeichnet man als Vorrang der Verfassung. Steht eine Norm des einfachen Rechts, das heißt eine solche unterhalb der Verfassung, im Widerspruch zur Verfassung, so ist diese ipso iure, also ohne Weiteres, nichtig.
Vorrang des Gesetzes	Im Bereich des einfachen (d.h. nicht auf Verfassungsebene gewährleisteten) Rechts genießt das Gesetz den Vorrang vor nachrangigen Normen, wie etwa Verordnungen und Satzungen.

Begriff	Definition
Wahlprüfung	Der Begriff der Wahlprüfung meint die Kontrolle der Gültigkeit der Wahl im Hinblick auf aufgetretene Wahlfehler in einem eigenen Verfahren. Sie ist in Art. 41 GG und im Wahlprüfungsgesetz geregelt.
Wesentlichkeitstheorie	Nach der vom Bundesverfassungsgericht entwickelten Wesentlichkeitstheorie müssen alle wesentlichen Entscheidungen vom unmittelbar demokratisch legitimierten Parlament selbst getroffen werden.
Zitierrecht	Gemäß Art. 43 Abs. 1 GG können der Bundestag und seine Ausschüsse jedes Mitglied der Bundesregierung herbeizitieren und Stellungnahmen zu bestimmten Punkten verlangen.

Staatsorganisationsrecht
Von Prof. Dr. Martin Morlok und
Prof. Dr. Lothar Michael
1. Auflage 2013, 400 S., brosch., 22,- €
ISBN 978-3-8329-5755-1

Religionsverfassungsrecht

Begriff	Definition
Anstaltsseelsorge Art. 140 GG i.V.m. Art. 141 WRV	Bereichsspezifisches religiöses Wirken der Religionsgemeinschaften in staatlichen Einrichtungen (Bundeswehr, Strafvollzugsanstalten, Krankenhäusern...).
Bekenntnisfreiheit Art. 4 GG, Abs. 1 und 2	Recht, die eigene religiöse Überzeugung in vielfältiger Form nach außen zu tragen.
Glaubensfreiheit Art. 4 GG, Abs. 1 und 2	Recht der Bildung und Beibehaltung einer inneren religiösen Vorstellung.
Kooperationslehre	Staat und Religionsgemeinschaften kooperieren auf der Grundlage einer freundlichen Trennung.
Kooperationsmodell	Bei grundsätzlicher Trennung von Staat und Religion positive Haltung des Staates gegenüber der Religion bei vielfältigem Zusammenwirken.
Koordinationslehre	Staat und Religionsgemeinschaften stehen zueinander im Verhältnis einer gleichberechtigten Partnerschaft.
Konfessionsgebundenes Staatsamt Art. 140 GG, Abs. 1; i.V.m. Art. 137	Staatsamt, das in einem unlösbaren Zusammenhang zur Religion bzw. einem religiösen Bekenntnis steht.
Neutralitätsgebot Art. 4 GG, Abs. 1 und 2	Verbot einer staatlichen Beeinflussung, Identifikation und Bewertung von Religion.
Paritätsgebot Art. 4 GG, Abs. 1 und 2	Gebot der rechtlichen Gleichordnung und Gleichbehandlung aller Bürger und Religionsgemeinschaften.
Religion Art. 4 GG, Abs. 1 und 2; Art. 140 GG	System von Aussagen mit sinnstiftendem, ganzheitlichem, d.h. umfassendem und metaphysischem, d.h. auf Transzendenz bezogenen Charakter.
Religionsausübung Art. 4 GG, Abs. 1 und 2	Alle Handlungen, die von einer religiösen Überzeugung motiviert sind.
Religionsfreiheit, Eingriff Art. 4 GG, Abs. 1 und 2	Jede dem Staat zurechenbare Maßnahme, die dem Einzelnen ein Verhalten, das vom Schutzbereich umfasst ist, ganz oder teilweise unmöglich macht.
Religionsfreiheit, individuelle Art. 4 GG, Abs. 1 und 2	Recht des Individuums, seine Religion einzeln auszuüben.

Religionsverfassungsrecht

Begriff	Definition
Religionsfreiheit, kollektive Art. 4 GG, Abs. 1 und 2	Recht der gemeinschaftlichen Religionsausübung.
Religionsfreiheit, korporative Art. 4 GG, Abs. 1 und 2; Art. 140 GG, Abs. 3; i.V.m. Art. 137 WRV	Religionsfreiheit der Religionsgemeinschaften; identisch mit dem Selbstbestimmungsrecht der Religionsgemeinschaften.
Religionsfreiheit, negative Art. 4 GG, Abs. 1 und 2	Recht, keinen Glauben auszubilden, den eigenen Glauben nicht zu bekennen und/oder nicht auszuüben.
Religionsfreiheit, Schutzpflichtendimension Art. 4 GG, Abs. 1 und 2	Verpflichtung des Staates, sich schützend und fördernd vor die Religion zu stellen, d.h. die Bedingungen der Möglichkeit von Religionsfreiheit zu sichern.
Religionsgemeinschaft Art. 4 GG, Abs. 1 und 2; Art. 140 GG	Ein „die Angehörigen eines und desselben Glaubensbekenntnisses – oder mehrerer verwandter Glaubensbekenntnisse – für ein Gebiet... zusammenfassender Verband zu allseitiger Erfüllung der durch das gemeinsame Bekenntnis gestellten Aufgaben" (Anschütz).
Religionsgut Art. 140 GG, Abs. 2; i.V.m. Art. 138	Eigentum oder andere Rechte von Religionsgemeinschaften, die einer religiösen Zweckbestimmung unterliegen.
Religionsunterricht Art. 7 GG, Abs. 3	Ein „auf Wissensvermittlung gerichtetes, an den höheren Schulen sogar wissenschaftliches Fach..., das in die Lehre eines Bekenntnisses einführt, vergleichenden Hinweisen offen bleibt und zugleich Gelegenheit bietet, mit dem Schüler grundsätzliche Lebensfragen zu erörtern" (BVerfGE 74, 244 (253)).
Religionsverfassungsrecht	Gesamtheit der Normen, die das Verhältnis des Staates zur Religion regeln.
Religionsverfassungsrechtliche Verträge Art. 4 GG, Abs. 1 und 2; Art. 140 GG	Vereinbarungen zwischen dem Staat und den Religionsgemeinschaften zur Regelung der gemeinsamen Beziehungen (Konkordate, Staatskirchenverträge).
Staatsleistungen Art. 140 GG, Abs. 1; i.V.m. Art. 138 WRV	Vermögenswerte Rechtspositionen der Religionsgemeinschaften, die auf Dauer angelegt sind und in den säkularisationsbedingten Beziehung zum Staat begründet sind.

Öffentliches Recht

Begriff	Definition
Staatskirchenmodell	Institutionelle und funktionelle Verbindung von Staat und einer Religionsgemeinschaft.
Steuer, religionsgemeinschaftliche/ Kirchensteuer Art. 140 GG, Abs. 5; i.V.m. Art. 137 WRV	(Möglicher) Mitgliedsbeitrag der Religionsgemeinschaften mit dem Status einer Körperschaft des öffentlichen Rechts in Gestalt einer echten Steuer, die zumeist vom Staat gegen Entgelt für die Religionsgemeinschaften eingetrieben wird.
Theologische Fakultäten Art. 4 GG, Abs. 1 und 2	Fakultäten für Theologie als konfessionsgebundener Wissenschaft an staatlichen Universitäten.
Trennungsgebot Art. 140 GG, Abs. 1; i.V.m. Art. 137	Grundsätzliches Verbot institutioneller und funktioneller Verbindungen von Staat und Religionsgemeinschaften.
Trennungsmodell	Religion ist konsequent in den privaten Bereich verwiesen ohne Verbindung zum Staat.

Religionsverfassungsrecht
Von Prof. Dr. Peter Unruh
2. Auflage 2012, 372 S., brosch., 26,– €
ISBN 978-3-8329-7349-0

Allgemeines Verwaltungsrecht

Begriff	Definition
Allgemeinverfügung (§ 35 S. 2 VwVfG)	Die Allgemeinverfügung ist „ein Verwaltungsakt, der sich an einen nach allgemeinen Merkmalen bestimmten oder bestimmbaren Personenkreis richtet (**adressatenbezogen**) oder die öffentlich-rechtliche Eigenschaft einer Sache (**sachbezogen**) oder ihre Benutzung durch die Allgemeinheit (**benutzungsregelnd**) betrifft". Es handelt sich um eine **konkret-generelle** Regelung.
Angemessenheit (Verhältnismäßigkeit i.e.S.)	Angemessen ist das Mittel, wenn das mit ihm verfolgte (öffentliche) Ziel in seiner Wertigkeit **nicht außer Verhältnis** zur Intensität des Eingriffs steht.
Anstalt	Bei Anstalten handelt es sich um zu Rechtspersonen erhobene Bestände an sachlichen und persönlichen Mitteln, die in der Hand eines Trägers der öffentlichen Verwaltung einem besonderen öffentlichen Zweck dauernd zu dienen bestimmt sind. Der öffentliche Zweck besteht hauptsächlich darin, bestimmte Leistungen zur Verfügung zu stellen. Deshalb werden Anstalten im Gegensatz zu Körperschaften nicht von Mitgliedern getragen, sondern haben **Nutzer**.
Anwendungsvorrang	Im Gegensatz zum Geltungsvorrang bei (höherrangigem) nationalem Recht genießt das **Europäische Unionsrecht** im Kollisionsfall lediglich Anwendungsvorrang. Die deutsche Vorschrift, die mit einer gemeinschaftsrechtlichen Regelung nicht in Einklang steht, ist nicht nichtig, sondern nur im Einzelfall nicht anwendbar.
Auflage (§ 36 Abs. 2 Nr. 4 VwVfG)	Die Auflage ist eine Nebenbestimmung, durch die dem Begünstigten ein Tun, Dulden oder Unterlassen vorgeschrieben wird. Im Unterschied zur Befristung, Bedingung und zum Widerrufsvorbehalt begründet die Auflage eine eigenständige, zusätzliche Verpflichtung, die **selbstständig vollstreckbar** ist.
Aufschiebende Wirkung (§ 80 Abs. 1 S. 1 VwGO)	Widerspruch und Anfechtungsklage haben aufschiebende Wirkung. Dies bedeutet nach h.M. (**Vollziehbarkeitstheorie**), dass der Verwaltungsakt nicht vollziehbar, also zunächst nicht mit Zwangsmitteln o.Ä. durchsetzbar ist (Suspensiveffekt).
Außenwirkung (§ 35 S. 1 VwVfG)	Die Maßnahme muss **außerhalb der Verwaltung** Wirkung zeitigen, indem sie erweiternd, einschränkend, feststellend oder sonst regelnd in die Rechtsposition von verwaltungsexternen Personen eingreift → Abgrenzung: innerdienstliche Weisung.

Öffentliches Recht

Begriff	Definition
Bedingung (§ 36 Abs. 2 Nr. 2 VwVfG)	Bei der Bedingung hängt der Eintritt oder der Wegfall einer Vergünstigung oder Belastung von dem ungewissen Eintritt eines künftigen Ereignisses ab. Die Ungewissheit kann sich sowohl auf den Zeitpunkt des Eintritts des Umstandes als auch darauf beziehen, ob das Ereignis überhaupt stattfinden wird. Soll das Ereignis zur Folge haben, dass die Vergünstigung oder Belastung (erst dann) eintritt, handelt es sich um eine **aufschiebende** Bedingung. Soll hingegen die Begünstigung oder Belastung im Gefolge des Ereignisses wegfallen, liegt eine **auflösende** Bedingung vor.
Befristung (§ 36 Abs. 2 Nr. 1 VwVfG)	Die Befristung ist eine Nebenbestimmung, welche die zeitliche Geltungsdauer des Verwaltungsaktes (**aufschiebend** oder **auflösend**) begrenzt.
Behörde (§§ 1 Abs. 4, 35 S. 1 VwVfG)	Behörde ist „jede Stelle, die Aufgaben der öffentlichen Verwaltung wahrnimmt" (**funktioneller** Behördenbegriff).
Beliehene	Beliehene sind natürliche oder juristische Personen des Privatrechts, denen durch Gesetz oder aufgrund eines Gesetzes einzelne **hoheitliche Aufgaben** zur Wahrnehmung **im eigenen Namen** übertragen worden sind.
Berechtigtes Interesse (§ 43 Abs. 1, 1. Alt. VwGO)	Das (Feststellungs-)Interesse muss auf vernünftigen Erwägungen beruhen und kann **rechtlicher**, **wirtschaftlicher** oder **ideeller** Art sein. An (als)baldiger Feststellung besteht ein Interesse, wenn die gerichtliche Beantwortung der streitigen Rechtsfrage zum gegenwärtigen Zeitpunkt erforderlich ist.
Eigentum (Art. 14 Abs. 1 GG)	Zum verfassungsrechtlich geschützten Eigentum zählen alle **privatrechtlich** anerkannten vermögenswerten Rechte, nicht jedoch das Vermögen als solches. **Öffentlich-rechtliche** vermögenswerte Rechte sind schützenswerte Eigentumspositionen, wenn sie auf nicht unerheblichen Eigenleistungen des Bürgers beruhen.
Einzelfallregelung (§ 35 S. 1 VwVfG)	Dies erfordert eine **konkret-individuelle** Regelung. Wird ein bestimmter Sachverhalt hinsichtlich Zeit, Ort und sonstiger Umstände geregelt, liegt eine konkrete Regelung vor. Wenn sich eine Maßnahme an einen bestimmten (objektiv feststehenden) Adressaten richtet, ist sie individuell → Abgrenzung: Rechtsnorm, Allgemeinverfügung.

Allgemeines Verwaltungsrecht

Begriff	Definition
Enteignung (Art. 14 Abs. 3 GG)	Nach Auffassung des BVerfG ist eine Enteignung die vollständige oder teilweise Entziehung einer konkreten, nach Art. 14 Abs. 1 S. 2 GG ausgeformten vermögenswerten Rechtsposition durch einen gezielten (finalen) hoheitlichen Rechtsakt (entweder in Gestalt eines formellen Gesetzes oder aufgrund eines Gesetzes, Art. 14 Abs. 3 GG), sog. **enger Enteignungsbegriff**. Die Entziehung muss zudem einen Vorgang hoheitlicher Güterbeschaffung zur Erfüllung öffentlicher Aufgaben darstellen. → Abgrenzung: Inhalts- und Schrankenbestimmung.
Erforderlichkeit	Erforderlichkeit liegt vor, wenn es **kein milderes Mittel** gibt, das den Erfolg mit gleicher Sicherheit und vergleichbarem Aufwand herbeiführen würde.
Ermessen (§ 40 VwVfG)	Auf Rechtsfolgenseite der Norm kommt der Behörde ein Entscheidungsspielraum zu. Das Ermessen kann sich darauf beziehen, **ob** die Verwaltung überhaupt tätig wird (**Entschließungsermessen**) und **wie** sie tätig wird (**Auswahlermessen** hinsichtlich Maßnahme und Adressat).
Ermessensausfall	Ermessensausfall (bzw. Ermessensnichtgebrauch) liegt vor, wenn die Behörde von dem ihr eingeräumten Ermessen überhaupt **keinen Gebrauch** gemacht hat – etwa weil sich die Behörde irrig in ihrer Entscheidung für gebunden hielt.
Ermessensfehlgebrauch	Von Ermessensfehlgebrauch/Ermessensmissbrauch spricht man, wenn der Behörde bei der Abwägung ein **Fehler** unterläuft (z.B. unvollständige Tatsachenermittlung, Fehlgewichtung, sachfremde Erwägungen).
Ermessensreduzierung auf Null	Dies ist der Fall, wenn von den im Gesetz vorgesehenen Handlungsmöglichkeiten im Einzelfall nur eine rechtlich zulässige übrig bleibt, und zwar regelmäßig aus Gründen höherrangigen Rechts. Dann ist allein diese eine Entscheidung ermessensfehlerfrei möglich – und die Wahl einer Handlungsalternative wäre fehlerhaft. Dergestalt wird aus der Ermessensbetätigung der Verwaltung **faktisch** eine **gebundene Entscheidung**.
Ermessensüberschreitung	Um den Fehler der Ermessensüberschreitung handelt es sich, wenn die Behörde zwar erkennt, dass ihr Ermessen eingeräumt ist und auch alle Handlungsvarianten erfasst, sie aber irrtümlich oder bewusst annimmt, dass ihr gesetzlich ein **größerer Entscheidungsspielraum** zusteht als dies tatsächlich der Fall ist.

Öffentliches Recht

Begriff	Definition
Fortsetzungsfeststellungsinteresse	Es liegt vor bei **Wiederholungsgefahr** (wenn es konkret möglich erscheint, dass sich der Streitfall unter vergleichbaren tatsächlichen und rechtlichen Umständen in absehbarer Zeit erneut ereignen wird), **Rehabilitationsinteresse** (von der angegriffenen Maßnahme geht eine diskriminierende Wirkung aus) und **Präjudizwirkung** (Kläger verfolgt Staatshaftungsanspruch).
Formelles Gesetz (Art. 76 ff. GG)	Als formelle Gesetze werden die Rechtsnormen bezeichnet, die von der **Legislative** in dem verfassungsrechtlich vorgeschriebenen Gesetzgebungsverfahren erlassen worden sind (Parlamentsgesetze). Es handelt sich um die vom Bundestag und den Landtagen erlassenen einfach-gesetzlichen Normen.
Geeignetheit	Geeignetheit i.S.d. Verhältnismäßigkeitsgrundsatzes liegt vor, wenn das angestrebte Ziel mit dem eingesetzten Mittel **gefördert** oder (gar) erreicht werden kann.
Geltungsvorrang	Geltungsvorrang bedeutet, dass im Kollisionsfall (Rechtsnormen widersprechen einander) das **ranghöhere** das rangniedere Recht bricht. Der Regelung auf niedrigerer Stufe kommt dann keine Geltung (mehr) zu.
Gemeingebrauch (z.B. § 7 Abs. 1 S. 1 FStrG)	Gemeingebrauch bedeutet, dass jedermann die öffentliche Sache im Rahmen der **Widmung ohne besondere Zulassung** benutzen darf.
Gewohnheitsrecht	Gewohnheitsrecht entsteht durch längere und gleichmäßige **Übung** und muss von der Überzeugung der Beteiligten getragen sein, dass diese Übung rechtlich geboten ist.
Hoheitlich (§ 35 S. 1 VwVfG)	Hoheitlich meint ein **einseitiges** Gebrauchmachen von Befugnissen des öffentlichen Rechts.
Inhalts- und Schrankenbestimmung (Art. 14 Abs. 1 S. 2 GG)	Inhalts- und Schrankenbestimmungen stellen **abstrakte und generelle Regelungen** dar, mit denen der Gesetzgeber die Rechtsstellung des Eigentümers ausformt → Abgrenzung: Enteignung.
Körperschaft	Bei Körperschaften des öffentlichen Rechts handelt es sich um **mitgliedschaftlich** verfasste und vom Wechsel der Mitglieder unabhängige Organisationen. Sie werden durch Gesetz oder aufgrund eines Gesetzes eingerichtet, um bestimmte öffentliche Aufgaben i.d.R. mit hoheitlichen Verwaltungsmitteln (Hoheitsbefugnissen) und unter staatlicher Aufsicht zu erfüllen.
Maßnahme (§ 35 S. 1 VwVfG)	Als Maßnahme einer Behörde gilt jegliches Handeln mit **Erklärungsgehalt**, das ihr zurechenbar ist.

Allgemeines Verwaltungsrecht

Begriff	Definition
Materielles Gesetz	Gesetze im materiellen Sinne sind **untergesetzliche** Rechtsnormen, die durch die Verwaltung erlassen werden: Rechtsverordnungen, Satzungen.
Nichtverfassungsrechtliche Streitigkeit (§ 40 Abs. 1 S. 1 VwGO)	Abgrenzung von der verfassungsrechtlichen Streitigkeit: Letztere liegt nur bei sog. **doppelter Verfassungsunmittelbarkeit** vor (h.M.), d.h., wenn die Streitigkeit unmittelbar aus der Verfassung folgende Rechte und Pflichten zum Gegenstand hat (materielles Element) und von am Verfassungsleben unmittelbar beteiligten Parteien (formelles Element) ausgetragen wird.
Öffentlich-rechtliche Streitigkeit (§ 40 Abs. 1 S. 1 VwGO)	Nach der **modifizierten Subjektstheorie** (auch Sonderrechtstheorie, h.M.) ist eine Norm öffentlich-rechtlich, wenn sie einen Hoheitsträger als solchen berechtigt oder verpflichtet, sich also ausschließlich an den Staat oder einen sonstigen Träger hoheitlicher Gewalt in eben dieser Funktion richtet.
Öffentlich-rechtlicher Vertrag (§ 54 S. 1 VwVfG)	Ein öffentlich-rechtlicher Vertrag ist eine **Vereinbarung** auf dem Gebiet des **öffentlichen Rechts**, mit dem Inhalt, ein Rechtsverhältnis zu begründen, zu ändern oder aufzuheben.
Organ	Hierbei handelt es sich um nichtrechtsfähige Verwaltungsstellen, durch welche die Verwaltungsträger ihre **Aufgaben erfüllen**.
Parlamentsvorbehalt	Für alle **wesentlichen Entscheidungen** ist ein formelles Gesetz notwendig (Wesentlichkeitstheorie des BVerfG). „Wesentlich" sind zunächst die zur Verwirklichung der Grundrechte bedeutsamen Angelegenheiten. Auch Maßnahmen, die keine unmittelbare Grundrechtsrelevanz aufweisen, aber grundlegende Entscheidungen für das Gemeinwesen darstellen, können ein formelles Gesetz erfordern.
Realakt (schlicht-hoheitliches Handeln)	Realakte sind nicht auf einen Rechtserfolg, sondern auf einen **tatsächlichen Erfolg** gerichtet.
Rechtsverordnung	Rechtsverordnungen stellen (materielle) abstrakt-generelle Rechtsnormen dar, die von **Exekutivorganen** zur Regelung staatlicher Angelegenheiten erlassen werden → Abgrenzung VA, Satzung.
Reformatio in peius (Verböserung)	Diese liegt vor, wenn der mit dem Widerspruch angegriffene Verwaltungsakt in seiner **belastenden** Wirkung durch den Widerspruchsbescheid verstärkt wird.

Öffentliches Recht

Begriff	Definition
Regelung (§ 35 S. 1 VwVfG)	Eine **Regelung** liegt vor, wenn die Maßnahme nach ihrem objektiven Sinngehalt auf die Begründung, Änderung, Aufhebung, aber auch verbindliche Festlegung von Rechten und Pflichten oder eines Rechtsstatus gerichtet ist, kurz: Ein Verwaltungsakt muss unmittelbar auf die Herbeiführung einer Rechtsfolge zielen → Abgrenzung: Realakt.
Regelungsanordnung (§ 123 Abs. 1 S. 2 VwGO)	Sie ist einschlägig, wenn der Antragsteller seinen **Rechtskreis erweitern**, also seine Rechtsposition verbessern möchte.
Satzung	Öffentlich-rechtliche Satzungen sind (materielle) Rechtsvorschriften, die von einer dem Staat zugeordneten juristischen Person des öffentlichen Rechts im Rahmen der ihr gesetzlich verliehenen **Autonomie** mit Wirkung für die ihr angehörenden Personen erlassen werden.
Schutznormtheorie (h.M.)	Danach liegt ein subjektiv-öffentliches Recht vor, wenn die (zwischen Verwaltung und Bürger im Streite stehende) Bestimmung nicht nur dem öffentlichen Interesse dient, sondern **auch den Einzelnen schützen** will.
Sicherungsanordnung (§ 123 Abs. 1 S. 1 VwGO)	Die Sicherungsanordnung ist statthaft, wenn der Antragsteller seine Rechte durch **Beibehaltung** eines bestehenden Zustands wahren will, und ermöglicht ausschließlich sichernde Maßnahmen.
Sondernutzung	Es handelt sich um über den **Gemeingebrauch hinausgehende** und damit regelmäßig erlaubnispflichtige Nutzungen öffentlicher Sachen.
Spruchreife	Spruchreife setzt voraus, dass das Gericht nach Klärung der Sach- und Rechtslage eine abschließende Entscheidung über das Klagebegehren treffen kann. Hieran fehlt es, wenn der Verwaltung ein gerichtlich nicht voll überprüfbarer **Beurteilungs- oder Ermessensspielraum** eingeräumt und dieser (im Einzelfall) nicht auf Null reduziert ist.
Stiftung	Unter Stiftungen des öffentlichen Rechts versteht man organisatorisch eigenständige und rechtsfähige Institutionen zur Verwaltung eines von einem Stifter übergebenen Bestandes an Vermögenswerten für einen **bestimmten Zweck**. Stiftungen haben weder Mitglieder noch Nutzer, sondern Nutznießer, sog. Destinatäre.

Allgemeines Verwaltungsrecht

Begriff	Definition
Subjektiv-öffentliches Recht (§ 42 Abs. 2 VwGO)	Das subjektiv-öffentliche Recht ist die **einem Bürger zuerkannte Rechtsmacht**, vom Staat zur Verfolgung eigener Interessen ein bestimmtes Verhalten verlangen zu können → prozessuale Bedeutung: Klagebefugnis.
Subvention	Bei Subventionen handelt es sich um **vermögenswerte Zuwendungen** eines Trägers öffentlicher Verwaltung an Privatpersonen.
Unbestimmter Rechtsbegriff	Generalklauselartige Formulierungen, die der Auslegung und Interpretation bedürfen und i.d.R. voll gerichtlich überprüfbar sind (**kein Beurteilungsspielraum**).
Verhältnismäßigkeitsgrundsatz	Der Verhältnismäßigkeitsgrundsatz verlangt, dass eine hoheitliche Maßnahme **geeignet, erforderlich** und **angemessen** ist, den mit ihr verfolgten legitimen Zweck zu erreichen.
Verlorener Zuschuss	Dabei handelt es sich um **nicht zurückzuzahlende Subventionen**. Derartige Subventionsverhältnisse sind gänzlich öffentlich-rechtlich ausgestaltet. Die Subvention wird durch Verwaltungsakt bewilligt und daraufhin ausbezahlt.
Verwaltungshelfer	Dieser handelt nicht selbstständig, sondern nimmt bloße Hilfstätigkeiten **im Auftrag und nach Weisung** der ihn betrauenden Behörden wahr. Sein Handeln wird unmittelbar der Behörde und dem entsprechenden Hoheitsträger zugerechnet, für die er tätig wird. (Bsp. Schülerlotse) → Abgrenzung: Beliehener.
Verwaltungsträger	Verwaltungsträger sind grds. – eine Ausnahme bildet der Beliehene – **juristische Personen des öffentlichen Rechts**, die öffentliche Aufgaben wahrnehmen.
Verwaltungsvorschrift	Verwaltungsvorschriften sind generell-abstrakte Regelungen einer Behörde an eine nachgeordnete Stelle oder eines Vorgesetzten an die ihm unterstellten Verwaltungsbediensteten, z.B.: **norminterpretierende** (bestimmen die Auslegung und Anwendung von Rechtsnormen, insb. bei unbestimmten Rechtsbegriffen), **normkonkretisierende** (standardisieren unbestimmte Rechtsbegriffe, insb. des technischen Sicherheitsrechts), **ermessenslenkende** (bestimmen, in welcher Weise von dem der Verwaltung eingeräumten Ermessen Gebrauch gemacht werden soll), **gesetzesvertretende** (werden erlassen, wenn für bestimmte, normierungsbedürftige Bereiche gesetzliche Regelungen fehlen) Verwaltungsvorschriften.

Öffentliches Recht

Begriff	Definition
Vorbehalt des Gesetzes	Ein Tätigwerden der Verwaltung ist nur dann rechtmäßig, wenn die Verwaltung gesetzlich zu eben diesem Handeln **ermächtigt** wird (kein Handeln ohne Gesetz).
Vorrang des Gesetzes	Das Verwaltungshandeln darf **nicht gegen** gesetzliche Vorschriften verstoßen (kein Handeln gegen Gesetz).
Widmung	Die Widmung ist ein besonderer Rechtsakt (z.B. VA, Satzung, Rechtsverordnung), durch den die **öffentliche Sachherrschaft** begründet und der **öffentliche Zweck**, dem die Sache dienen soll, bestimmt wird.
Zusage	Die – gesetzlich nicht geregelte – Zusage ist eine einseitige, **verbindliche Willenserklärung einer Behörde**, in Zukunft eine bestimmte Handlung vorzunehmen oder diese zu unterlassen. Der in einer Zusage enthaltende Bindungswille unterscheidet diese von der Auskunft, mit der die Behörde nur informieren will.
Zusicherung (§ 38 Abs. 1 VwVfG)	Als Unterfall der Zusage beinhaltet die Zusicherung die **verbindliche Absichtserklärung**, einen bestimmten **Verwaltungsakt** zu erlassen oder zu unterlassen. Während mit der Zusage irgendeine verwaltungsrechtliche Tätigkeit versprochen wird, erfasst die Zusicherung nur ein Handeln durch Verwaltungsakt.

Allgemeines Verwaltungsrecht
mit Verwaltungsprozess- und Staatshaftungsrecht
Von Prof. Dr. Wilfried Erbguth
6. Auflage 2014, 587 S., brosch., 24,- €
ISBN 978-3-8487-0649-5

Kommunalrecht

Begriff	Definition
Angelegenheiten der örtlichen Gemeinschaft	Diejenigen Bedürfnisse und Interessen, die in der örtlichen Gemeinschaft wurzeln oder auf sie einen spezifischen Bezug haben, die also den Gemeindeeinwohnern gerade als solchen gemeinsam sind, indem sie das Zusammenleben und -wohnen der Menschen in der (politischen) Gemeinde betreffen.
Anschluss- und Benutzungszwang	Durch Satzung begründeter Zwang für Angehörige einer Kommune, sich an eine öffentliche Einrichtung (z. B. an die Wasserversorgung) anzuschließen (Anschlusszwang) und/oder diese Einrichtung auch tatsächlich ausschließlich zu benutzen (Benutzungszwang). Kann mit entsprechenden Verwaltungsakten durchgesetzt werden.
Eigener Wirkungskreis (= weisungsfreie Angelegenheiten)	Kommunale Aufgaben, bei deren Erfüllung der Kommune ein Selbstverwaltungsrecht zukommt und bei denen sie nur der Rechtsaufsicht des Staates unterliegt. Bei Gemeinden identisch mit den Angelegenheiten der örtlichen Gemeinschaft. Abzugrenzen vom übertragenen Wikrungskreis (= Pflichtaufgaben nach Weisung)
Fachaufsicht	Staatliche Aufsicht über die Rechtmäßigkeit (einschließlich der Ermessensfehler) und die Zweckmäßigkeit des Handelns einer Kommune. Gegen fachaufsichtliche Einzelfallentscheidungen bzw. Weisungen ist die Anfechtungsklage regelmäßig unstatthaft.
Freiwillige Aufgaben	Kommunale Aufgaben des eigenen Wirkungskreises, bei denen die Kommune frei in der Entscheidung darüber ist, ob sie sich der Aufgabe annimmt, und wie sie dies tut.
Gebietskörperschaften	Mitgliedschaftlich strukturierte jur. Personen des öffentlichen Rechts, bei denen sich die Mitgliedschaft nach der Ansässigkeit in einer bestimmten ortsbezogenen Gemeinschaft richtet (Gegensatz zu Personalkörperschaften, bei denen die Mitgliedschaft von bestimmten persönlichen Eigenschaften abhängt).
Gemeindeangehörige	Nicht nur Gemeindebürger, sondern alle nat. Personen, die einen Wohnsitz im Gemeindegebiet haben
Gemeindebürger	Diejenigen, die in ihrer Gemeinde das Recht besitzen, an den Gemeindewahlen teilzunehmen.

Öffentliches Recht

Begriff	Definition
Gemeindehoheiten	Rechte der Gemeinde, die deren Selbstverwaltungsrecht, in örtlichen Angelegenheiten in besonderer Weise ausformen. Im einzelnen: Gebietshoheit, Personalhoheit, Organisationshoheit, Planungshoheit, Finanz- und Abgabenhoheit, Kulturhoheit und Satzungshoheit.
Gemeindelasten	Von der Gemeinde festgelegte öffentliche Abgaben- (Gebühren, Beiträge sowie örtliche Verbrauchs- und Aufwandssteuern nach den Kommunalabgabengesetzen) und Dienstpflichten (z. B. Hand- und Spanndienste).
Gemeindeverbände	kommunale Gebietskörperschaften oberhalb der Gemeindeebene (insb. Landkreise), die für ihr Gebiet alle ihnen gesetzlich zugewiesenen Aufgaben erfüllen; abzugrenzen von (vorwiegend) vertraglich begründeten Kooperationsformen kommunaler Gebietskörperschaften zur Erledigung einer begrenzten Zahl an Aufgaben (z. B. Verwaltungsgemeinschaften).
Kommunalverfassungsstreit	Organschaftliche Streitigkeit zwischen zwei Organen einer Kommune (sog. Interorganstreit; z. B. Gemeinderat gegen Bürgermeister) oder zwischen einem Organ einer Kommune und einem Organmitglied (sog. Intraorganstreit; z. B. Gemeinderatsmitglied gegen Gemeinderat)
laufende Angelegenheiten	Kommunale Angelegenheiten, die für die Kommune keine grundsätzliche Bedeutung haben und keine erheblichen Verpflichtungen erwarten lassen und die deshalb das monokratische Organ (z. B. der Oberbürgermeister) in eigener Zuständigkeit erledigen darf.
öffentliche Einrichtungen	Einrichtungen in der Verfügungsgewalt der Kommune, deren Unterhaltung, Durchführung oder Errichtung im öffentlichen Interesse liegt, die für die Nutzung durch die Allgemeinheit gewidmet (durch kommunale Satzung oder Allgemeinverfügung) und dieser tatsächlich zur Verfügung gestellt werden. Öffentliche Einrichtungen sind abzugrenzen von Verwaltungseinrichtungen (z. B. Rathaus) und Einrichtungen in Gemeingebrauch (z. B. Straßen).
Pflichtaufgaben	Kommunale Aufgaben des eigenen (= weisungsfreie Pflichtaufgaben) oder des übertragenen Wirkungskreises (= Pflichtaufgaben nach Weisung), zu deren Erledigung eine Kommune gesetzlich verpflichtet ist. Die Nichterfüllung einer Pflichtaufgabe ist ein Rechtsverstoß. Deshalb kann die Erfüllung rechtsaufsichtlich erzwungen werden.

Kommunalrecht

Begriff	Definition
Rechtsaufsicht	Staatsaufsicht lediglich über die Rechtmäßigkeit (einschließlich der Ermessensfehler des Handelns einer Kommune. Gegen rechtsaufsichtliche Einzelfallentscheidungen ist die Anfechtungsklage regelmäßig statthaft.
Satzung	Von einer Kommune erlassene Rechtsnorm, die – soweit sie in Grundrechte eingreift – einer formell-gesetzlichen Grundlage bedarf. Regelmäßig nur im eigenen Wirkungskreis zulässig.
Selbstverwaltung	Recht der Kommunen, für ihr Gebiet Angelegenheiten in eigener Verantwortung (d. i. insbesondere mit eigener Behördenstruktur) und in eigenem Namen zu erledigen
Übertragener Wirkungskreis (= Pflichtaufgaben nach Weisung)	Ursprünglich staatliche Aufgaben, zu deren Erledigung eine Kommune durch Gesetz verpflichtet wurde und bei deren Erledigung sie den fachaufsichtlichen Weisungen des Staates unterliegt. Abzugrenzen vom eigenen Wirkungskreis (= weisungsfreie Aufgaben).

Kommunalrecht
Von PD Dr. Daniel Krausnick
2014, ca. 250 S., brosch., ca. 22,– €
ISBN 978-3-8329-6387-3

Polizei- und Ordnungsrecht

Tatbestandsmerkmal	Definition
abstrakte Gefahr	Sachlage, in der bei abstrakt-genereller Betrachtung nach allgemeiner Lebenserfahrung oder den Erkenntnissen fachkundiger Stellen bestimmte Verhaltensweisen oder Zustände typischerweise zu einer **konkreten Gefahr** führen können.
Androhung	Erklärung der Gefahrenabwehrbehörde, dass bei Nichtbefolgung einer Verfügung ein bestimmtes Zwangsmittel angewandt werde.
Anscheinsgefahr	**Gefahrenlage**, bei der sich im Nachhinein („ex ante") herausstellt, dass auch ohne ein Handeln der Gefahrenabwehrbehörde ein **Schaden** nicht eingetreten wäre.
Aufenthaltsverbot	an eine Person gerichtetes Verbot, für eine bestimmte Zeit einen bestimmten örtlichen Bereich zu betreten oder sich dort aufzuhalten.
Befragung	Gewinnung von Informationen im Wege der mündlichen Äußerung einer anderen Person.
Durchsuchung (von Personen)	planmäßiges und zielgerichtetes Suchen nach verborgenen Gegenständen am Körper einer Person, in ihrer Kleidung oder anderen am Körper getragenen Sachen.
Durchsuchung (von Sachen)	planmäßiges und zielgerichtetes Suchen an und in körperlichen Gegenständen, die der Adressat nicht am Körper trägt.
Durchsuchung (von Wohnungen)	planmäßiges und zielgerichtetes Suchen nach Personen oder Sachen in einer **Wohnung** mit dem Ziel, etwas aufzuspüren, was der Inhaber von sich aus nicht offenlegen oder herausgeben will.
Erheben (von Daten)	das Beschaffen von Daten über den Betroffenen.
erhebliche Gefahr	Gefahr für ein bedeutendes Rechtsgut, insbesondere Leben, Gesundheit, Freiheit oder bedeutende Vermögenswerte.
erkennungsdienstliche Maßnahmen	Maßnahmen zur Erfassung äußerer körperlicher Eigenschaften, wie z.B. Abnahme von Finger- und Handflächenabdrücken, Aufnahme von Fotografien, Feststellung äußerer körperlicher Merkmale und Messungen.

Polizei- und Ordnungsrecht

Tatbestandsmerkmal	Definition
Ersatzvornahme	Vornahme einer vertretbaren Handlung durch die Gefahrenabwehrbehörde oder einen Dritten anstelle des gefahrenabwehrrechtlich Verantwortlichen.
Gefahr im Verzug	Sachlage, in der der in allernächster Zeit bevorstehende Eintritt eines Schadens zu erwarten ist, wenn nicht anstelle der zuständigen Behörde sofort eine andere Behörde (oder Person) tätig bzw. wenn nicht von rechtlichen Verfahrensvorgaben abgewichen wird.
(konkrete) Gefahr	Sachlage, in der mit hinreichender Wahrscheinlichkeit (oder mit Sicherheit) bei ungehindertem Fortgang der Ereignisse ein Schaden für die jeweils geschützten Rechtsgüter (meist **öffentliche Sicherheit** bzw. **öffentliche Ordnung**) eintreten wird oder in der ein Schaden bereits eingetreten ist.
Gefahrenverdacht	Sachlage, in denen den handelnden Beamten bewusst ist, dass eine abschließende Gefahrenprognose (noch) nicht getroffen werden kann.
gegenwärtige Gefahr	Gefahrenlage, bei der der Eintritt des Schadens bereits begonnen hat oder mit an Sicherheit grenzender Wahrscheinlichkeit zeitlich unmittelbar bevorsteht.
Gewahrsam	Aufrechterhaltung der Festnahme im Rahmen eines in Ausübung hoheitlicher Gewalt hergestellten Rechtsverhältnisses.
Identitätsfeststellung	offene Erhebung von Daten, die eine natürliche Person von einer anderen unterscheiden, insbesondere Vor- und Familiennamen, Tag und Ort der Geburt, Wohnanschrift, Staatsangehörigkeit.
Ingewahrsamnahme	kurzfristige Freiheitsentziehung; Akt der Festnahme.
latente Gefahr	Sachlage, die zunächst keine Gefahr darstellt, jedoch später durch eine Veränderung der tatsächlichen Gegebenheiten die Gefahrenschwelle überschreitet (bzw. überschreiten kann).
Löschen (von Daten)	das Unkenntlichmachen gespeicherter personenbezogener Daten.
Nutzen (von Daten)	jede Verwendung personenbezogener Daten, soweit es sich nicht um Verarbeitung handelt.

Öffentliches Recht

Tatbestandsmerkmal	Definition
öffentliche Ordnung	die Gesamtheit der (im Rahmen der verfassungsmäßigen Ordnung liegenden) ungeschriebenen Regeln für das Verhalten des Einzelnen in der Öffentlichkeit, deren Beachtung nach den jeweils herrschenden Anschauungen als unerlässliche Voraussetzung für ein gedeihliches menschliches Zusammenleben erachtet wird.
öffentliche Sicherheit	die Unverletzlichkeit der objektiven Rechtsordnung, der subjektiven Rechte und Rechtsgüter des Einzelnen und des Bestandes, der Einrichtungen und Veranstaltungen des Staates und anderer Träger hoheitlicher Gewalt.
Platzverweisung	Gebot an eine Person, einen bestimmten Ort für eine vorübergehende Zeit zu verlassen bzw. für vorübergehende Zeit geltendes Verbot, einen bestimmten Ort zu betreten.
Scheingefahr	Sachlage, in der die handelnden Beamten aufgrund einer fehlerhaften Prognose zu Unrecht eine **Gefahrenlage** annehmen (keine **Gefahr** i.S.d. Polizei- und Ordnungsrechts).
Sicherstellung	Beendigung der tatsächlichen Gewalt des Eigentümers oder eines sonstigen Berechtigten über eine (bewegliche oder unbewegliche) Sache und Begründung neuer tatsächlicher Gewalt durch die Gefahrenabwehrbehörde oder einen Beauftragten.
Speichern (von Daten)	das Erfassen, Aufnehmen oder Aufbewahren personenbezogener Daten auf einem Datenträger zum Zwecke ihrer weiteren Verarbeitung oder Nutzung.
Sperren (von Daten)	das Kennzeichnen gespeicherter personenbezogener Daten, um ihre weitere Verarbeitung oder Nutzung einzuschränken.
Übermitteln (von Daten)	das Bekanntgeben gespeicherter oder durch Datenverarbeitung gewonnener personenbezogener Daten an einen Dritten in der Weise, dass a) die Daten an den Dritten weitergegeben werden oder b) der Dritte zur Einsicht oder zum Abruf bereitgehaltene Daten einsieht oder abruft.
unmittelbare Ausführung	Vornahme einer Maßnahme durch die Polizei, wenn deren Zweck durch Inanspruchnahme der gefahrenabwehrrechtlich Verantwortlichen nicht oder nicht rechtzeitig erreicht werden kann.

Polizei- und Ordnungsrecht

Tatbestandsmerkmal	Definition
unmittelbarer Zwang	(Erzwingung einer Handlung, Duldung oder Unterlassung gegen den Willen des Betroffenen durch) Einwirkung auf Personen oder Sachen mit körperlicher Gewalt, ihren Hilfsmitteln oder Waffen.
Verändern (von Daten)	das inhaltliche Gestalten gespeicherter personenbezogener Daten.
Verarbeiten (von Daten)	das **Speichern, Verändern, Übermitteln, Sperren** oder **Löschen** personenbezogener Daten.
verdeckter Ermittler	besonders ausgewählter und ausgebildeter Polizeivollzugsbeamter, der unter Nutzung einer sog. „Legende" Kontakt zu Personen aufnimmt, die der kriminellen Szene angehören.
Verhaltensstörer	Person, die aufgrund ihres Verhaltens (Handeln, Unterlassen) eine **Gefahr** verursacht.
Versammlung	örtliche Zusammenkunft mehrerer (mindestens dreier) Menschen zur gemeinschaftlichen, auf die Teilhabe an der öffentlichen Meinungsbildung gerichteten Erörterung oder Kundgabe.
Vertrauensperson	Person, die nicht der Polizei angehört und deren Zusammenarbeit mit den Gefahrenabwehrbehörden Dritten nicht bekannt ist.
Vollzugshilfe	Unterstützung anderer (Gefahrenabwehr-)Behörden durch die Polizei.
Vorführung	zwangsweise Durchsetzung der **Vorladung**.
Vorladung	Aufforderung an eine Person, bei der Behörde oder an einem anderen Ort zu erscheinen, um sachdienliche Angaben zu machen oder um **erkennungsdienstliche Maßnahmen** durchzuführen.
Wohnung	umfasst die Wohn- und Nebengebäude, Arbeits-, Betriebs- und Geschäftsräume sowie anderes befriedetes Besitztum.
Zusatzverantwortlicher	zusätzlich zu einer anderen Person gefahrenabwehrrechtlich verantwortlicher Person (Aufsichtspflichtiger bei Minderjährigen, Geschäftsherr des Verrichtungsgehilfen, Betreuer).
Zustandsstörer	Person, die aufgrund einer Eigentümerstellung oder aufgrund der Inhaberschaft der tatsächlichen Gewalt für eine Sache, von der eine **Gefahr** ausgeht, gefahrenabwehrrechtlich verantwortlich ist.

Öffentliches Recht

Tatbestandsmerkmal	Definition
Zweckveranlasser	Person, die – ohne selbst **Störer** zu sein – eine andere Person mit Wissen oder Wollen zu einem störenden Handeln bewegt oder die Kausalkette von dessen Handeln beherrscht.

Polizei- und Ordnungsrecht
Von Prof. Dr. Dr. Markus Thiel
2. Auflage 2014, 282 S., brosch., 22,– €
ISBN 978-3-8487-0659-4

Umweltrecht

Begriff	Definition
Abfall	Abfälle sind alle Stoffe und Gegenstände, derer sich ihr Besitzer entledigt, entledigen will oder entledigen muss (§ 3 Abs. 1 S. 1 KrWG).
Abfallverwertung	Abfallverwertung ist jede Maßnahme, deren Hauptzweck auf die Nutzung der stofflichen Eigenschaften der Abfälle gerichtet ist, um die Abfälle einem sinnvollen Zweck zuzuführen, indem sie andere Stoffe ersetzen, die ansonsten zur Erfüllung einer bestimmten Funktion verwendet worden wären (§ 3 Abs. 23 S. 1 KrWG).
Anthropozentrischer Umweltschutz	Nach der Vorstellung vom anthropozentrischen Umweltschutz entspringt die Pflicht zur Erhaltung der natürlichen Lebensgrundlagen aus der Verantwortung für das Wohl der lebenden und zukünftigen Menschen.
Altlasten	Altlasten sind ■ stillgelegte Abfallbeseitigungsanlagen sowie sonstige Grundstücke, auf denen Abfälle behandelt, gelagert oder abgelagert worden sind (Altablagerungen), ■ Grundstücke stillgelegter Anlagen und sonstiger Grundstücke, auf denen mit umweltgefährdenden Stoffen umgegangen worden ist, ausgenommen Anlagen, deren Stilllegung einer Genehmigung nach dem Atomgesetz bedarf (Altstandorte), durch die schädliche Bodenveränderungen oder sonstige Gefahren für den Einzelnen oder die Allgemeinheit hervorgerufen werden (§ 2 Abs. 5 BBodSchG).
Altlastverdächtige Fläche	Altlastverdächtige Flächen sind gem. § 2 Abs. 6 BBodSchG Altablagerungen und Altstandorte, bei denen der Verdacht schädlicher Bodenveränderungen oder sonstiger Gefahren für den Einzelnen oder die Allgemeinheit besteht.
Ausschlusswirkung	Auf Grund von § 75 Abs. 2 S. 1 VwVfG sind mit Unanfechtbarkeit des Planfeststellungsbeschlusses alle privatrechtlichen oder öffentlich-rechtlichen Ansprüche auf Unterlassung, Beseitigung oder Änderung des Vorhabens ausgeschlossen.
AWZ	Die AWZ bildet nach Art. 55 SRÜ ein jenseits des Küstenmeeres gelegenes und an dieses angrenzende Gebiet und erstreckt sich bis zu 200 Seemeilen von der Basislinie. Dem Küstenstaat werden durch Art. 56 Abs. 1 SRÜ

Öffentliches Recht

Begriff	Definition
	in dieser Zone funktional begrenzte Hoheitsrechte wie die Ausbeutung der Ressourcen oder wissenschaftliche Meeresforschung zugewiesen.
Belästigung i.S.d. Umweltverfassungs-rechts	Belästigungen sind unerhebliche Beeinträchtigungen rechtlich geschützter Güter, hier der Grundrechte. Sie dürfen dem Einzelnen zugemutet werden, soweit sie sozial adäquat sind.
Bewirtschaftungspläne	Die wasserrechtlichen Bewirtschaftungspläne gem. § 83 WHG stellen die oberste Planungsstufe dar. Ein Bewirtschaftungsplan ist für jede Flussgebietseinheit (§ 3 Nr. 15 WHG) aufzustellen, um eine einheitliche Betrachtungsweise vom Oberlauf bis zum Unterlauf zu gewährleisten. Aufgabe eines Bewirtschaftungsplans ist, alle vorhandenen, die Gewässer beschreibenden Daten zu bündeln sowie alle relevanten Ziele der Gewässerbewirtschaftung aufzuführen. Sie dienen mithin der informatorischen Grundlage der Gewässerbewirtschaftung.
Boden	Boden i.S.d. Bundes-Bodenschutzgesetzes (§ 2 Abs. 1 BBodSchG) – und darüber hinaus des Bodenschutzrechts überhaupt – ist die oberste, sichtbare, überbaute oder nicht überbaute Schicht der Erde. Auf die Bodenart (Humus, Gestein etc.) kommt es nicht an. Zum Boden gehören deshalb auch die besonderen Flächen auf der Erdkruste, wie Felsböden, Geröll, Sandböden, Dünen, Torfmoore. Umfasst sind auch die flüssigen und gasförmigen Bodenbestandteile, allerdings nicht das Grundwasser und die Gewässerbetten. Letzteres wird vom Regime des Wasserhaushaltsgesetzes und der Landeswassergesetze erfasst.
Bodenveränderung	Der Begriff der Bodenveränderung ist weit zu verstehen und umfasst stoffliche Einträge ebenso wie die Flächenversiegelung und Veränderungen der Bodenphysik.
Cradle-to-Grave-Prinzip	Das Cradle-to-Grave-Prinzip („von der Wiege bis zur Bahre") beinhaltet die Kontrolle bestimmter Problemstoffe von ihrer Produktion bis zu ihrer Beseitigung.
Direkte Verhaltenssteuerung	Direkte Verhaltenssteuerung liegt vor, wenn eine Rechtsnorm oder eine administrative Maßnahme einzelnen Personen zwingend ein bestimmtes Handeln (oder Unterlassen) abverlangt.
Eingriff in Natur und Landschaft	Ein Eingriff ist jede Beeinträchtigung von Natur und Landschaft einschließlich der Veränderung der Gestalt und Nutzung von Grundflächen, die die Leistungs- und Funktionsfähigkeit des Naturhaushalts erheblich beeinträchtigen können (§ 14 Abs. 1 BNatSchG).

Umweltrecht

Begriff	Definition
Emissionen	Emissionen sind die von einer Anlage ausgehenden Luftverunreinigungen, Geräusche, Erschütterungen, Licht, Wärme, Strahlen und ähnliche Erscheinungen (§ 3 Abs. 3 BImSchG).
Energieverbrauchsrelevante Produkte	Energieverbrauchsrelevante Produkte sind Produkte, die mit Energie betrieben werden und Produkte, die selbst keine Energie verbrauchen, aber während ihrer Nutzung den Verbrauch von Energie beeinflussen. Sie dürfen nur in den Verkehr gebracht werden, wenn diese u.a. die gesetzlich verankerten Anforderungen an die umweltgerechte Gestaltung erfüllen, um langfristig energieineffiziente Produkte vom Markt zu verdrängen.
Enteignungsvorwirkung	Unbeschadet der Ausschlusswirkung sind oftmals fremde Rechte, vornehmlich von Grundstückseigentümern, durch die Realisierung des Vorhabens betroffen. Die entsprechenden Festsetzungen im Planfeststellungsbeschluss berechtigen dann zur Enteignung nach Maßgabe der jeweils einschlägigen landesrechtlichen Enteignungsgesetze.
Eröffnungskontrollen	Die Eröffnungskontrollen dienen der Überprüfung von Vorhaben auf etwaige Umweltbeeinträchtigungen, bevor es hierzu kommt.
EU-Emissionshandel	Der auf einem cap and trade-System beruhende EU-Emissionshandel ist ein Instrument zur unionsweiten Treibhausgasreduktion, bei dem die Menge zulässiger Emissionen bestimmter Treibhausgase gedeckelt wird (cap) und die Emissionsrechte, übersetzt in Zertifikate, auf einem hierfür geschaffenen Markt gehandelt werden können (trade). Nach diesem System Verpflichtete haben für jede Tonne Ausstoß spezifischer Gase eine entsprechende handelbare Emissionsberechtigung (Zertifikat) nachzuweisen. Der Handel soll dazu führen, dass die technischen Emissionsreduktionsmaßnahmen an den kostengünstigsten Standorten ergriffen werden.
Flächenrecycling	Das Flächenrecycling ist die nutzungsbezogene Wiedereingliederung vormals industriell oder gewerblich genutzter Grundstücke, die ihre bisherige Funktion und Nutzung verloren haben, in den Wirtschafts- und Naturkreislauf. Dies geschieht mittels planerischer, umwelttechnischer und wirtschaftspolitischer Maßnahmen. Es ergibt sich sowohl aus dem bauplanungsrechtlichen Gebot als auch aus dem Grundsatz der nutzungsbezogenen Sanierung aus § 4 Abs. 4 BBodSchG.

Öffentliches Recht

Begriff	Definition
Freiraumthese	Nach der Freiraumthese darf die Belastbarkeit der Natur nicht völlig ausschöpft werden, um ein weiteres Wachstum der menschlichen Gesellschaft und Wirtschaft zu ermöglichen und um wenig belastete Freiräume zur Regeneration des Umweltsystems zu erhalten.
Gefahrenabwehr- bzw. Schutzprinzip	Nach dem Gefahrenabwehr- bzw. Schutzprinzip sind Umweltgefahren abzuwehren.
Gemeinlastprinzip	Eine Begrenzung des Verursachergedankens stellt das Gemeinlastprinzip dar, wonach die Kosten zur Bereinigung oder Verminderung von Umweltschäden der Allgemeinheit, also dem Steuerzahler, auferlegt werden.
Gentechnisch veränderter Organismus	Dies ist nach § 3 Nr. 3 GenTG ein Organismus, mit Ausnahme des Menschen, dessen genetisches Material in einer Weise verändert worden ist, wie sie unter natürlichen Bedingungen durch Kreuzen oder natürliche Rekombination nicht vorkommt.
Gestaltungswirkung	Es werden nach § 75 Abs. 1 S. 2 VwVfG alle öffentlich-rechtlichen Beziehungen zwischen dem Träger des Vorhabens und den Planbetroffenen rechtsgestaltend geregelt.
Gestattungswirkung	Gestattungswirkung bedeutet, dass durch den Planfeststellungsbeschluss die Zulässigkeit des Vorhabens einschließlich der notwendigen Folgemaßnahmen an anderen Anlagen im Hinblick auf alle von ihm berührten öffentlichen Belange festgestellt wird.
Grundsatz der Nachhaltigkeit	Unter dem Grundsatz der Nachhaltigkeit sind die sozialen und wirtschaftlichen Ansprüche an den Raum mit seinen ökologischen Funktionen in Einklang zu bringen sowie zu einer dauerhaften, großräumig ausgewogenen Ordnung zu führen.
Grüne Gentechnik	Grüne Gentechnik wird auch „Umweltgentechnik" genannt. Hierbei handelt es sich um die Anwendung gentechnischer Verfahren in der Pflanzen- und Tierzüchtung und die Nutzung gentechnisch veränderter Pflanzen und sonstiger Organismen in der Landwirtschaft und im Lebensmittelsektor.
Hoheitliche Planung	Hoheitliche Planung bedeutet die vom Einzelfall unabhängige, zukunftgerichtet gestaltende Steuerung staatlicher Aufgabenbereiche.

Umweltrecht

Begriff	Definition
Ignoranztheorie	Mit der Ignoranztheorie wird das Vorsorgeprinzip begründet, wonach die langfristige Wirkung von umweltrelevanten Maßnahmen nie genau vorhergesagt werden kann, Umweltbeeinträchtigungen vielmehr in einem gewissen Maße immer auftreten. Angesichts dessen sei es sinnvoll und notwendig, Eingriffe in die Umwelt durchweg auf das technisch mögliche und zumutbare Maß zu reduzieren.
Immissionen	Immissionen sind gem. § 3 Abs. 2 BImSchG auf Menschen, Tiere, Pflanzen, den Boden, das Wasser, die Atmosphäre sowie Kultur- und Sachgüter einwirkende ■ Luftverunreinigungen, ■ Geräusche, ■ Erschütterungen, ■ Licht, ■ Wärme, ■ Strahlen und ähnliche Umwelteinwirkungen.
Instrumente des Umweltrechts	Instrumente des Umweltrechts sind Planungsinstrumente, Instrumente direkter Verhaltenssteuerung (Ge- und Verbote), Instrumente indirekter Verhaltenssteuerung (z.B. Einspeisevergütung) und staatliche Eigenvornahme (z.B. Sammeln umwelterheblicher Daten).
Integrationsprinzip	Unter dem Integrationsprinzip versteht man die Abkehr vom sektoralen zum gesamtheitlichen, insbesondere die Wechselwirkungen zwischen den Umweltmedien erfassenden (Umwelt-)Schutz.
Integrierte Vorhabengenehmigung	Die integrierte Vorabgenehmigung, die bislang rechtlich nicht verankert ist, beinhaltet eine einheitliche und umfassende Entscheidung über die Zulassung eines Vorhabens. Die Grundpflichten der genehmigungsbedürftigen Vorhaben richten sich zwecks Gewährleistung eines hohen Schutzniveaus für Mensch und Umwelt insgesamt u.a. auf die Vermeidung schädlicher Umweltveränderungen und sonstiger Gefahren, erheblicher Nachteile und erheblicher Beeinträchtigungen für die Allgemeinheit wie für die Nachbarschaft und auf Vorsorge gegen jene Belastungen. Des Weiteren soll die Vermeidung, Verwertung und Beseitigung von Abfällen, eine sparsame Verwendung von Wasser sowie eine entsprechende und zugleich effiziente Verwendung von Energie, insbesondere durch Abwärmenutzung sichergestellt werden. .

Öffentliches Recht

Begriff	Definition
Integrierter Umweltschutz	Integrierter Umweltschutz findet sich dort, wo entweder der Umweltschutz mit anderen (gegenläufigen) Aufgabenstellungen und Zielen konkurriert (etwa Raumordnungsrecht, Recht der Bauleitplanung: Umweltschutz als ein Planungsziel oder abwägungserheblicher Belang neben anderen Aufgaben) oder aber mit (gleichgerichteten) Zielen konvergiert (bspw. Recht der Technischen Sicherheit, Arbeitsschutzrecht, Gesundheitsrecht).Hier ergänzen Umweltschutzaspekte die anderen Schutzziele Gesundheit, Arbeitssicherheit etc. und konkurrieren nicht mit ihnen.
Kausaler Umweltschutz	Kausaler Umweltschutz will eine effektive Minderung der Umweltgefährdung erreichen, indem er bei der Emission gefährlicher Stoffe – gleichsam „an der Quelle" – ansetzt und den Umgang mit ihnen reglementiert.
Klagebefugnis	Die Klagebefugnis verlangt, dass der Kläger geltend machen kann, in seinen Rechten verletzt zu sein. Nach seinem Vortrag muss es möglich erscheinen, dass er in einem subjektiven Recht verletzt ist (vgl. § 42 Abs. 2 Hs. 2 VwGO).
Klimaschutzrecht	Das Klimaschutzrecht ist die Summe derjenigen Rechtsnormen, die das Klima vor anthropogenen Einwirkungen schützen sollen. Dazu zählen z. B. Regelungen, die auf die Vermeidung des Austritts von Treibhausgasen in die Atmosphäre gerichtet sind, wie etwa jene, die die Abscheidung und Speicherung von Kohlendioxid, sog. Carbon Capture and Storage (CCS), steuern oder Maßnahmen des Geoengineerings.
Koexistenzzweck	Gem. § 1 Nr. 2 bezweckt das Gentechnikgesetz, die Möglichkeit zu gewährleisten, dass Produkte, insbesondere Lebens- und Futtermittel, konventionell, ökologisch oder unter Einsatz gentechnisch veränderter Anbauformen erzeugt und in den Verkehr gebracht werden können.
Kompensationsmodell	Das Zertifikatsmodell ist eine Abwandlung des Kompensationsmodells. Bei Letzterem geht es um die Zuweisung von austauschbaren Emissionskontingenten. Hiernach können mehrere Unternehmen in einem begrenzten Gebiet zu einem Betriebsverbund zusammengefasst werden. Innerhalb des Verbundes dürfen einzelne Betriebe über ihre Befugnis hinausgehend emittieren, wenn hierfür andere Unternehmen ihre in der Wirkung gleichen Schadstoffemissionen entsprechend einschränken und so die erhöhte Emission kompensieren. Eine Neuansiedlung emittierender Anlagen ist in diesem System ebenfalls nur unter Rückführung der von bestehenden Einrichtungen ausgehenden Emissionen möglich.

Umweltrecht

Begriff	Definition
Kooperationsprinzip	Dem Kooperationsprinzip zufolge ist Umweltschutz die Aufgabe aller gesellschaftlichen Kräfte, nicht allein diejenige des Staates. Angesichts dessen ist eine Zusammenarbeit der staatlichen und gesellschaftlichen Kräfte in umweltrelevanten Willensbildungs- und Entscheidungsprozessen vonnöten, wobei dem Staat wegen seiner Verpflichtung auf das Gemeinwohlinteresse und seiner Durchsetzungsinstrumente eine leitende, zumindest aber federführende Funktion zukommt. Durch eine solche „Ko-Operation" kann sich der Staat einerseits Sachverstand aus dem gesellschaftlich-privaten Bereich sichern und zum anderen durch beständige Information der Beteiligten die Akzeptanz und damit die Wirksamkeit umweltpolitischer Entscheidungen verbessern.
Kreislaufwirtschaft	Der Begriff Kreislaufwirtschaft ist eine Wortschöpfung des deutschen Gesetzgebers. In Ermangelung einer gesetzlichen Definition erschloss sich der Inhalt des Begriffs vorrangig über die Grundsätze der Kreislaufwirtschaft, die gem. § 6 Abs. 1 KrWG primär in der Abfallvermeidung und sekundär in der Abfallverwertung liegen. Entsprechend wird die Kreislaufwirtschaft durch § 3 Abs. 19 KrWG als Vermeidung und Verwertung von Abfällen definiert.
Landschaftsplanung	Landschaftsplanung ist sektorale und querschnittsorientierte Fachplanung für den Bereich des Naturschutzes, der Landschaftspflege und der Erholungsvorsorge, die als ökologisch orientiertes räumliches Nutzungskonzept dem Vorsorgeprinzip Rechnung trägt. Sie erfolgt auf überörtlicher Ebene durch Landschaftsprogramme und Landschaftsrahmenpläne; auf kommunaler Ebene durch Landschaftspläne und Grünordnungspläne.
MARPOL	MARPOL stellt ein 1978 geschaffenes internationales Übereinkommen zur Verhütung der Meeresverschmutzung durch Schiffe dar. Es ist darauf gerichtet, die Verschmutzung des Meeres durch „betriebsbedingte" Einleitungen zu verringern bzw. zu verhindern.
Massenverfahren	Massenverfahren sind prozessuale Verfahren, an denen mehr als (zwanzig bzw.) fünfzig Personen beteiligt sind.
Maßnahmenprogramme	Maßnahmenprogramme sind selbstständige Planungsinstrumente, welche die abstrakten Vorgaben der Bewirtschaftungsziele für die jeweilige Flussgebietseinheit konkretisieren. Sie enthalten grundlegende – und, soweit erforderlich, ergänzende – Maßnahmen, um fristgerecht die

Öffentliches Recht

Begriff	Definition
	im Gesetz festgelegten Ziele zu erreichen (§ 82 Abs. 2, 3 WHG). Maßnahmenprogramme bilden die Grundlage für wasserwirtschaftliche Vollzugsmaßnahmen. Ob sie insoweit grundsätzlich als außenwirksame Rechtsnorm erlassen werden müssen, ist umstritten. Es bestünde jedenfalls auch die Möglichkeit, sie auf die Benennung von Maßnahmen zu beschränken und ihre konkrete Umsetzung durch landesrechtliche Befugnisnormen vorzunehmen.
Medialer Umweltschutz	Medialer Umweltschutz dient dem Schutz der (Umwelt-) Medien Boden, Wasser und Luft.
Meeresstrategie-Rahmenrichtlinie	Die Meeresstrategie-Rahmenrichtlinie bildet die Umweltsäule der künftigen Meerespolitik der EU. Der Zweck der Richtlinie, einen Rahmen für den Schutz, die Erhaltung und Wiederherstellung der europäischen Meeresgebiete zu etablieren, soll durch Maßnahmenprogramme der Mitgliedstaaten erreicht werden.
Natura 2000-Netz	Ein zusammenhängendes ökologisches Netz, das zwecks Wiederherstellung oder Bewahrung eines günstigen Erhaltungszustands bestimmter natürlicher Lebensräume und Arten auf Grundlage der FFH-Richtlinie 92/43/EG und der Vogelschutzrichtlinie 2009/147/EG ausgewiesen wird. In den Schutzgebieten gelten ein allgemeines Verschlechterungs- und Störungsverbot sowie die Pflicht zur Durchführung einer Prüfung der Verträglichkeit von Projekten und Plänen mit den jeweiligen Erhaltungszielen.
Öffentliches Umweltrecht	Das öffentliche Umweltrecht als Summe aller öffentlich-rechtlichen Normen, die dem Umweltschutz dienen, lässt sich wie folgt unterteilen: Umweltvölkerrecht, Umwelteuroparecht, Umweltverfassungsrecht und Umweltverwaltungsrecht.
Ökozentrischer Umweltschutz	Verfechter des ökozentrischen Umweltschutzes verstehen die Umwelt als einen Wert an sich, der um seiner selbst willen zu schützen ist. Begründet wird dies mit der ethisch-sittlichen Verantwortung des Menschen gegenüber seiner Umwelt.
Plan	Der Plan beschreibt den gegenwärtigen (Ist-Zustand) sowie den angestrebten Zustand (Soll-Zustand) und legt die erforderlichen Maßnahmen zur Erreichung des Soll-Zustandes fest.
Planfeststellungsbeschluss	Ein Planfeststellungsbeschluss ist der Abschluss eines Planfeststellungsverfahrens.

Umweltrecht

Begriff	Definition
Planfeststellungsverfahren	Beim Planfeststellungsverfahren gem. §§ 72 ff. VwVfG handelt es sich um ein besonderes Verwaltungsverfahren, durch das die Zulässigkeit eines konkreten Vorhabens festgestellt wird und sämtliche öffentlich-rechtliche Beziehungen zwischen dem Träger des Vorhabens und den durch den Plan Betroffenen rechtsgestaltend geregelt sowie die ansonsten erforderlichen behördlichen Entscheidungen ersetzt werden.
Präklusion (formell)	Formelle Präklusion liegt im Zweifel vor, wenn die gesetzliche Regelung nur eine Einwendungsfrist festsetzt. Ihre Versäumung führt zum Ausschluss des Anspruchs auf Erörterung der Einwendungen im Rahmen des Verwaltungsverfahrens.
Präklusion (materiell)	Die materielle Präklusion oder Verwirkungspräklusion liegt vor, wenn das Gesetz zusätzlich die Rechtsfolge der Fristversäumnis – Einwendungsausschluss – normiert.
Präventives Verbot (Kontrollerlaubnis)	Das präventive Verbot ermöglicht vor Aufnahme einer bestimmten, grundrechtlich geschützten Tätigkeit eine behördliche Überprüfung dahingehend, ob das Vorhaben im Einzelfall Rechtsgüter beeinträchtigt.
Produktverantwortung	Produktverantwortung bedeutet, Erzeugnisse so zu gestalten, dass bei der Herstellung und dem Gebrauch das Entstehen von Abfällen vermindert wird und die umweltverträgliche Verwertung und Beseitigung der nach deren Gebrauch entstandenen Abfälle sichergestellt ist (§ 23 KrWG).
Querschnittsklausel	Die Querschnittsklausel (Art. 11 AEUV) bestimmt, dass die Erfordernisse des Umweltschutzes bei der Festlegung und Durchführung der in Art. 3 EUV genannten Gemeinschaftspolitiken und -maßnahmen mit zu bedenken sind. Diese Einbeziehung soll insbesondere der Förderung einer nachhaltigen Entwicklung dienen.
Repressive Instrumente der Verwaltung	Repressive Instrumente der Verwaltung sind Maßnahmen, mittels derer ein umweltrelevantes Verhalten oder Vorhaben nachträglich ganz oder teilweise unterbunden wird. Je nach Inhalt werden sie als Untersagungs-, Stilllegungs- und Beseitigungsverfügungen bezeichnet. Zu unterscheiden ist zwischen der Untersagung erlaubnisfreier und erlaubnispflichtiger Tätigkeiten bzw. Vorhaben.

Öffentliches Recht

Begriff	Definition
Repressives Verbot (Ausnahmebewilligung)	Das repressive Verbot bezieht sich auf potentiell umweltschädliche bzw. sozial unerwünschte Verhaltensweisen. Um besonders gelagerten Fällen Rechnung tragen zu können oder nicht intendierte Härten zu vermeiden, ist jedoch die Erteilung einer Ausnahmebewilligung eröffnet. Eine solche Bewilligung erweitert den Rechtskreis des Bürgers, weil sie eine Betätigung, die an sich gesetzlich verwehrt ist, unter besonderen Voraussetzungen (doch) zulässig macht.
Ressourcenvorsorge	Die Ressourcenvorsorge geht über den Bereich der Risikovorsorge hinaus und ist auf ein Konzept für umweltverträgliches Wirtschaftswachstum gerichtet. Sie ist Ausdruck des Leitbildes einer dauerhaft umweltgerechten Entwicklung für kommende Generationen, das auch in Art. 20a GG seinen Niederschlag gefunden hat.
Risikovorsorge	Die Risikovorsorge prägt das moderne Umweltrecht und beinhaltet Maßnahmen, die bloße Schadensmöglichkeiten verhindern oder beschränken sollen.
Sanierung	Unter Sanierung werden nach § 2 Abs. 7 BBodSchG Maßnahmen gefasst, die der Beseitigung oder Verminderung der Schadstoffe dienen (Dekontaminationsmaßnahmen), Maßnahmen welche die Ausbreitung der Schadstoffe langfristig verhindern oder vermindern, ohne die Schadstoffe zu beseitigen (Sicherungsmaßnahmen), oder solche die zur Beseitigung oder Verminderung schädlicher Veränderungen der physikalischen, chemischen oder biologischen Beschaffenheit des Bodens dienen.
Schaden i.S.d. Umweltverfassungsrechts	Schäden stellen nicht unerhebliche Beeinträchtigungen von Grundrechten dar. Solche Schäden müssen infolge der grundrechtlichen Schutzpflicht vermieden werden.
Schädliche Bodenveränderung	Nach § 2 Abs. 3 BBodSchG wird eine schädliche Bodenveränderung als Beeinträchtigung der Bodenfunktionen definiert, die geeignet ist, Gefahren, erhebliche Nachteile oder erhebliche Belästigungen für Einzelne oder die Allgemeinheit herbeizuführen. Für das Vorliegen einer schädlichen Bodenveränderung reicht also die Gefahreignung aus; einer tatsächlichen Gefahrensituation bedarf es nicht. Nachteile und Belästigungen müssen eine erhebliche Eingriffsintensität aufweisen, um die Begriffsdefinition zu erfüllen. Relevant ist die Betroffenheit dabei sowohl in substantieller Hinsicht als auch in Bezug auf die Zweckbeeinträchtigung. Nachteile sind Beeinträchtigungen von Interessen unterhalb der Schwelle der Rechtsgutverletzung;

Umweltrecht

Begriff	Definition
	Belästigungen stellen insbesondere Beeinträchtigungen des körperlichen oder seelischen Wohlbefindens dar, etwa durch Geruchsemissionen.
	Der Begriff der Bodenveränderung ist weit zu verstehen und umfasst stoffliche Einträge ebenso wie die Flächenversiegelung und Veränderungen der Bodenphysik.
Schädliche Umwelteinwirkungen	Schädliche Umwelteinwirkungen sind Immissionen, die nach Art, Ausmaß oder Dauer geeignet sind, Gefahren, erhebliche Nachteile oder erhebliche Belästigungen für die Allgemeinheit oder die Nachbarschaft herbeizuführen.
Schutzniveauklausel	Nach der Schutzniveauklausel (Art. 191 Abs. 2 S. 1 AEUV) zielt die Umweltpolitik der Gemeinschaft auf ein hohes Schutzniveau ab; dies unter Berücksichtigung der unterschiedlichen Gegebenheiten in ihren einzelnen Regionen.
Scoping	Sofern der Träger des Vorhabens die zuständige Behörde vor Beginn des (förmlichen) Zulassungsverfahrens darum ersucht oder die Behörde es nach Verfahrensbeginn für erforderlich hält, unterrichtet sie den Träger über die voraussichtlich beizubringenden Unterlagen betreffend der Umweltauswirkungen des Vorhabens. Die Behörde legt so den voraussichtlichen Untersuchungsrahmen der Umweltverträglichkeitsprüfung (§ 5 Abs. 1 S. 1 UVPG) fest.
Screening	Verfahren, in dem die vorhabenbezogene UVP-Pflichtigkeit nach einer allgemeinen oder standortbezogenen Einzelfallprüfung festgestellt wird.
Strategische Umweltprüfung (SUP)	Bei der strategischen Umweltprüfung (SUP) sind zur Sicherung eines hohen Umweltschutzniveaus bestimmte Programme und Pläne, bei denen von erheblichen Umweltauswirkungen auszugehen ist, einer Umweltprüfung zu unterziehen. Dabei sind die voraussichtlichen erheblichen Umweltauswirkungen sowie vernünftige Alternativen zu ermitteln und in einem Umweltbericht zu beschreiben, zu bewerten und zu dokumentieren.
Umwelt	Umwelt im weiteren Sinne ist die Gesamtheit der äußeren Lebensbedingungen, die auf eine bestimmte Lebenseinheit (bspw. einen Menschen, ein Tier, eine Pflanze) einwirken. Danach gehört zur Umwelt unsere gesamte belebte und unbelebte Umgebung einschließlich der sozialen Umwelt, d.h. der zwischenmenschlichen Beziehungen, der gesellschaftlichen, kulturellen und wirtschaftlichen Einrichtungen und der staatlichen Institutionen.

Öffentliches Recht

Begriff	Definition
Umweltabsprachen	Als Umweltabsprachen werden dem Umweltschutz dienliche Vereinbarungen zwischen Staat und Privaten bezeichnet, die auf einem in Verhandlungen gewonnenen Konsens der Beteiligten beruhen.
Umweltauditsystem	Beim Umweltauditsystem handelt es sich um ein freiwilliges, öffentlich kontrolliertes System zur kontinuierlichen Verbesserung des betrieblichen Umweltschutzes.
Umweltausgleichsabgaben	Umweltausgleichsabgaben sollen Umweltbeeinträchtigungen kompensieren, die dadurch entstehen, dass Nutzer Umweltgüter zur eigenen Zweckverfolgung in Anspruch nehmen.
Umweltbelastende Duldungspflicht	Die sich aus einem Hoheitsakt ergebenden Umweltbelastungen sind hinzunehmen, wenn die Einlegung des gebotenen Rechtsbehelfs versäumt worden und der Hoheitsakt damit bestandskräftig geworden ist.
Umwelteuroparecht	Umweltrechtliche Normen, die aufgrund von primärer oder sekundärer Regelungen der EU ergangen sind.
Umweltlenkungsabgabe	Bei der Umweltlenkungsabgabe wird primär auf die Verminderung von Umweltbelastungen und die Entwicklung umweltverträglicher Verhaltensformen hingewirkt. Hierbei steht die Lenkungsfunktion im Vordergrund. Die Erzielung eines Abgabeaufkommens wird nicht angestrebt, sondern stellt lediglich eine hingenommene Nebenfolge dar.
Umweltnutzungs- und Entsorgungsabgaben	Umweltnutzungs- und Entsorgungsabgaben werden in Form von Gebühren für eine bestimmte umweltrelevante Leistung der Verwaltung erhoben. Hierzu zählen bspw. Abfall- und Entwässerungsgebühren.
Umweltökonomie	Umweltökonomie ist die Wirtschaftswissenschaft, die in ihre Theorien, Analysen und Kostenrechnungen ökologische Parameter mit einbezieht.
	Betriebswirtschaftliche Umweltökonomie betrifft die Beziehungen zwischen Betrieb und Umwelt, deren wirtschaftlichen Folgewirkungen und die Auswirkungen der staatlichen Umweltpolitik auf den Betrieb.
	Die volkswirtschaftliche Umweltökonomie entwickelt Maßnahmen zur Optimierung des gesellschaftlichen Gutes „Umweltqualität".
Umweltplanung	Umweltplanung meint die Bewältigung räumlicher Umweltprobleme mit den Mitteln planerischen Handelns.

Umweltrecht

Begriff	Definition
Umweltpolitik	Umweltpolitik wird im Umweltprogramm der Bundesregierung aus dem Jahre 1971 als die Gesamtheit aller Maßnahmen beschrieben, die notwendig sind, ■ um dem Menschen eine Umwelt zu sichern, wie er sie für seine Gesundheit und für ein menschenwürdiges Dasein braucht, ■ um Boden, Luft und Wasser, Pflanzen- und Tierwelt vor nachteiligen Wirkungen menschlicher Eingriffe zu schützen und um Schäden oder Nachteile aus menschlichen Eingriffen zu beseitigen.
Umweltprivatrecht	Umweltprivatrecht ist die Summe aller privatrechtlichen Normen, denen in ihrer Ausrichtung auf die Gestaltung der Rechtsbeziehungen zwischen den Bürgern die Funktion zukommt, „zugleich" Auswirkungen auf die Umwelt zu erfassen.
Umweltrecht	Zum Umweltrecht gehören sämtliche staatlichen Normen, die dem Schutz der Umwelt dienen.
Umweltschutz	Umweltschutz umfasst alle Maßnahmen, die dazu dienen, ■ bereits eingetretene Umweltschäden zu beseitigen (reparativ-wiederherstellende Funktion), ■ gegenwärtige Umweltbelastungen zu begrenzen und zu vermindern (repressiv-zurückdrängende Funktion) und künftigen Umweltbelastungen vorzubeugen (präventiv-vorsorgende Funktion).
Umweltspezifische Fachplanung	Kennzeichnend für die umweltspezifische Fachplanung ist, dass sie der Verwirklichung eines bestimmten (sektoralen) Ziels dient. Umweltspezifische Fachplanung liegt dann vor, wenn der Umweltschutz vorrangiges Planungsziel ist. Andere Belange, etwa wirtschaftlicher Art, finden lediglich im Rahmen des planerischen Abwägungsprozesses Berücksichtigung. Als umweltspezifisch einzustufen sind etwa: ■ die Landschaftsplanung, ■ die wasserwirtschaftliche Planung, ■ die Luftreinhalte- und Aktionsplanung, ■ die Lärmminderungsplanung, ■ die Abfallwirtschaftsplanung.
Umweltstrafrecht	Umweltstrafrecht betrifft Straftaten gegen die Umwelt i.S.d. StGB.

Öffentliches Recht

Begriff	Definition
Umweltverfassungsrecht	Hierzu gehören alle Bestimmungen der Verfassung, die dem Umweltschutz dienen. Dabei ist es gleichgültig, ob die Normen ausdrücklich bzw. allein auf Umweltschutz ausgerichtet sind oder ob sie nur unter anderem umweltschützenden Charakter aufweisen.
Umweltverträglichkeits-prüfung (UVP)	Bei der UVP handelt es sich um ein rechtlich geordnetes, mehrphasiges Verfahren zur frühzeitigen Ermittlung, Beschreibung und Bewertung aller unmittelbaren und mittelbaren Auswirkungen eines Projekts auf bestimmte Umweltfaktoren, einschließlich der ökologischen Wechselwirkungen.
(Umwelt-)Völkergewohnheitsrecht	(Umwelt-)Völkergewohnheitsrecht entsteht durch allgemeine Übung (Staatenpraxis), getragen von der Überzeugung, dass es sich bei der Übung um eine Rechtspflicht handelt.
Umweltvölkerrecht	Das Umweltvölkerrecht bildet einen Teilbereich des besonderen Völkerrechts. Es umfasst alle völkerrechtlichen Regelungen, die unmittelbar oder mittelbar dem Schutz der Umwelt gewidmet sind. Das Völkerrecht regelt die Beziehungen der Staaten untereinander, zu den internationalen Organisationen sowie zwischen diesen. Einzelpersonen werden hingegen durch völkerrechtliche Regelungen grundsätzlich weder berechtigt noch verpflichtet.
(Umwelt-)Völkerrechtliche Verträge	(Umwelt-)Völkerrechtliche Verträge stellen Vereinbarungen dar, die zwischen Staaten oder sonstigen Völkerrechtssubjekten getroffen werden und dem Völkerrecht unterliegen.
Umweltzertifikat	Nach dem Zertifikatmodell werden für einen bestimmten Raum Höchstgrenzen der Gesamtemissionen eines Stoffes oder mehrerer Stoffe festgelegt. Es werden Emissionsanteile gebildet, die in Zertifikaten verbürgt und an emittierende Betriebe vergeben werden. Anders als Genehmigungen sind die Zertifikate übertragbar. Sie sollen an einer Börse frei gehandelt werden, so dass sich ihr Preis aus Angebot und Nachfrage ergibt. Will ein Anlagenbetreiber seine Emissionen erhöhen, muss er ein entsprechendes Zertifikat erwerben. Dabei wird er zwischen den Kosten für den Erwerb und den Kosten für die Emissionsvermeidung abwägen und ggf. die Emission unterlassen.
Unterlassungspflicht	Unterlassungspflichten verbieten oder beschränken ein bestimmtes umweltgefährdendes Handeln.

Umweltrecht

Begriff	Definition
Ursprungsprinzip	Das Ursprungsprinzip (Art. 191 Abs. 2 S. 2 Alt. 3 AEUV) legt fest, dass Umweltbeeinträchtigungen so früh wie möglich, also dort bekämpft werden sollen, wo sie entstehen.
Verbandsklage (altruistisch)	Hiernach können Naturschutz- und Umweltvereinigungen in gesetzlich näher festgelegten Fällen unabhängig von der Verletzung eigener Rechte gegen Beeinträchtigungen von Natur und Landschaft sowie der sonstigen Umwelt gerichtlich vorgehen.
Verbandsklage (verfahrensrechtlich)	Die Verbandsklage im verfahrensrechtlichen Sinn (auch partizipatorische Verbandsklage) ist die allgemeine Klagebefugnis der Naturschutzverbänden, die auf einem Verstoß gegen ihr Beteiligungsrecht aus § 63 BNatSchG oder aus einer landesrechtlichen Beteiligungsvorschrift beruht.
Verschlechterungsverbot bzw. Bestandsschutzprinzip	Nach dem Verschlechterungsverbot bzw. Bestandsschutzprinzip soll eine weitere Zunahme der Umweltbelastungen verhindert und wenigstens das gegenwärtige Maß an Umweltqualität erhalten werden.
Verursacherprinzip	Das Verursacherprinzip besagt, dass derjenige, dem Umweltbeeinträchtigungen zuzurechnen sind, für ihre Beseitigung, Verminderung oder Ausgleich herangezogen werden soll. In einem engen Sinne ist Verursacher nur der, in dessen Einflussbereich die Umweltbelastung auftritt. Nach einem weiten Verursacherbegriff können hingegen statt des unmittelbar kausalen Verwenders (Konsumenten) bereits der Hersteller und/oder alle ausführend Beteiligten als Verursacher angesehen werden. Eine dritte Möglichkeit stellt es dar, als Verursacher denjenigen zu begreifen, der die Umweltbelastung mit verursacht hat und wirtschaftlich und technisch am besten in der Lage ist, die Beeinträchtigung abzustellen.
Verwaltungsakzessorietät des Umweltstrafrechts	Abhängigkeit der Sanktionsnorm von der Erfüllung verwaltungsrechtlicher Normen des Umweltrechts.
Vitaler Umweltschutz	Vitaler Umweltschutz dient dem unmittelbaren Schutz von Tieren und Pflanzen.
Vorsichtsprinzip	Nach dem Vorsichtsprinzip kann bereits eine potentiell umweltbelastende Maßnahme – z.B. eine Emission – untersagt werden, wenn es lediglich möglich erscheint, dass sie die Umwelt schädigt.
Vorsorgeprinzip (auch Vorbeugeprinzip)	Das Vorsorgeprinzip besagt, dass bereits die Entstehung von Umweltgefahren und Umweltschäden so weit wie möglich vermieden werden muss.

Öffentliches Recht

Begriff	Definition
Wasserhaushalt	Den Begriff des Wasserhaushalts definieren das WHG und die (bisherigen) Landeswassergesetze nicht. Naturwissenschaftlich lässt sich der Begriff umschreiben als das auf der Erde vorhandene Wasser, das sich ständig in Kreisläufen von Verdunstung, Kondensation, Niederschlag, Abfluss und Wiederverdunstung bewegt. Entscheidend ist somit die Eingebundenheit des Gewässers in den natürlichen Wasserkreislauf. Das BVerfG umschreibt den Regelungsgegenstand des Wasserhaushaltsrechts als die allgemein verbindliche Normierung der menschlichen Einwirkungen auf Oberflächen- und Grundwasser.

Umweltrecht
Von Prof. Dr. Wilfried Erbguth und
Prof. Dr. Sabine Schlacke
5. Auflage 2014, 517 S., brosch., 26,– €
ISBN 978-3-8487-0648-8

Steuerrecht

Begriff	Definition
Einkommensteuerrecht	
Außergewöhnliche Belastungen	Außergewöhnliche Belastungen sind zwangsläufige, existenziell notwendige private Aufwendungen, die das Maß des Üblichen überschreiten (§ 33 EStG).
Betriebsausgaben	Betriebsausgaben sind nach § 4 Abs. 4 EStG Aufwendungen, die durch den Betrieb veranlasst sind. Es kommt auf den objektiven Zusammenhang mit dem Betrieb und den subjektiven Förderungszweck an.
(Betriebs-)Einnahmen	Einnahmen sind nach § 8 Abs. 1 EStG Güter in Geld oder Geldeswert, die dem Steuerpflichtigen im Rahmen einer Einkunftsart zufließen. Es kommt auf den Veranlassungszusammenhang zwischen den konkreten Einnahmen und der Einkunftsart an.
Entnahmen und Einlagen	Entnahmen sind alle Wirtschaftsgüter, die der Steuerpflichtige dem Betrieb für sich, seinen Haushalt oder für andere betriebsfremde Zwecke entnommen hat (§ 4 Abs. 1 Satz 2 EStG). Einlagen sind alle Wirtschaftsgüter, die der Steuerpflichtige aus seinem Privatvermögen dem Betrieb zugeführt hat (§ 4 Abs. 1 Satz 8 EStG). Dabei erfasst nur § 4 Abs. 1 Satz 2 EStG auch Nutzungsvorteile.
Gewerbebetrieb	Ein Gewerbebetrieb (§ 15 Abs. 2 EStG) liegt bei einer selbständigen, nachhaltigen Betätigung vor, die mit der Absicht unternommen wird, Gewinn zu erzielen und sich als Beteiligung am allgemeinen wirtschaftlichen Verkehr darstellt. Es darf sich nicht um Land- und Forstwirtschaft, selbständige Arbeit oder private Vermögensverwaltung handeln.
Leibrenten und dauernde Lasten	Leibrenten und dauernde Lasten haben gemeinsam, dass sie auf einem einheitlichen Verpflichtungsgrund beruhen (gesetzlich oder rechtsgeschäftlich). Sie unterscheiden sich darin, dass bei Renten gleiche Leistungen wiederkehrend gewährt werden und bei dauernden Lasten die Möglichkeit der Abänderung der Höhe nach vorbehalten ist.
Mitunternehmerinitiative und Mitunternehmerrisiko	Mitunternehmerinitiative entfaltet ein Gesellschafter dann, wenn er an unternehmerischen Entscheidungen beteiligt ist. Gemeint sind damit insbesondere Geschäftsführungs- und Vertretungsbefugnisse sowie Stimmrechte. Ein Gesellschafter trägt Mitunternehmerrisiko, wenn er am Erfolg und Misserfolg, das heißt am Gewinn und Verlust und auch an den stillen Reserven beteiligt ist.

Öffentliches Recht

Begriff	Definition
Mitunternehmerschaft	§ 15 Abs. 1 Nr. 2 EStG nennt die OHG und KG als Mitunternehmerschaften. Sie sind das Leitbild für die Herleitung folgender kumulativer Voraussetzungen: Es muss sich um ein zivilrechtliches Gesellschaftsverhältnis handeln und der Gesellschafter muss Unternehmerrisiko tragen und Unternehmerinitiative entfalten.
Progressionsvorbehalt	In Folge des Progressionsvorbehalts werden steuerfreie Einkünfte bei der Berechnung des Steuersatzes für die übrigen steuerpflichtigen Einkünfte diesen zugerechnet und erhöhen also die Bemessungsgrundlage zur Ermittlung des maßgebenden Steuersatzes (§ 32b EStG).
Sonderausgaben	Sonderausgaben sind private Aufwendungen, die weder als Betriebsausgabe noch als Werbungskosten abzugsfähig sind (§§ 2 Abs. 4, 10 Abs. 1, 12 EStG). Trotz § 12 Nr. 1 Satz 2 EStG werden sie ausnahmsweise zum Abzug zugelassen. Voraussetzung ist, dass sie auf einer eigenen Verpflichtung beruhen.
Werbungskosten	Trotz der engen gesetzlichen Umschreibung der Werbungskosten in § 9 Abs. 1 Satz 1 EStG sind hierunter, in Anlehnung an § 4 Abs. 4 EStG, durch den Erwerb veranlasste Aufwendungen zu verstehen.

Finanzverfassung und Steuerschuld- sowie Steuerverfahrensrecht

Aufwandsteuer	Eine Aufwandsteuer ist Geldleistungspflicht aufgrund der Einkommensverwendung für den persönlichen Lebensbedarf. Dabei geht es aber nicht um den Verbrauch von Gütern, sondern um den Einsatz der Mittel für die Aufrechterhaltung eines tatsächlichen oder rechtlichen Zustands (Zweitwohnungsteuer).
Abgaben	Abgaben sind alle hoheitlich auferlegten Geldleistungsverpflichtungen. Der Begriff umfasst neben den Steuern auch die Gebühren, Beiträge und Sonderabgaben.
Beiträge	Ein Beitrag ist eine Geldleistungspflicht für die Möglichkeit der Inanspruchnahme von Einrichtungen öffentlich-rechtlicher Körperschaften, die aufgrund spezieller gesetzlicher Ermächtigung zur Deckung des Aufwands für die Schaffung, Erweiterung oder Erneuerung der Einrichtungen besteht.

Steuerrecht

Begriff	Definition
Beschränkte Steuerpflicht	Die beschränkte Steuerpflicht bezeichnet eine Art der Steuerpflicht, bei welcher Steuerpflichtige nur mit bestimmten inländischen, nach dem jeweiligen Steuergesetz relevanten, Einkünften oder Vermögensbestandteilen der Steuer unterliegen.
Direkte Steuer	Bei einer direkten Steuer ist der Steuerschuldner auch derjenige, der die wirtschaftliche Last trägt.
Finanzausgleich	Der Finanzausgleich umfasst alle erforderlichen Regelungen, die bei einem mehrgliedrigen Staatsaufbau (Föderalismus) die Möglichkeit zur Einnahmebeschaffung und Verteilung der Einnahmen bestimmen. Einzelne Steuergegenstände und die entsprechenden Einnahmen werden zwischen Bund und Ländern aufgeteilt (primär und vertikal) und anschließend erfolgt die Verteilung unter den Ländern (horizontal). Ergänzende Zuweisungen (sekundär) runden den Finanzausgleich ab.
Gebühr	Eine Gebühr ist eine Geldleistungspflicht, die als spezielle Gegenleistung für eine Leistung einer Behörde oder öffentlichen Anstalt erhoben wird. Im Gegensatz zu Beiträgen belasten Gebühren den Einzelnen, der die öffentliche Leistung tatsächlich in Anspruch nimmt.
Indirekte Steuer	Bei einer indirekten Steuer sind der Steuerschuldner und derjenige, der die Steuer wirtschaftlich zu tragen hat, nicht identisch (Beispiel: Umsatzsteuer).
Sonderabgabe	Eine besondere Geldleistungspflicht (sog. parafiskalische Abgabe), die einer bestimmten homogenen Gruppe zur Erfüllung eines besonderen Zwecks auferlegt wird. Dabei muss die Gruppe für die Erfüllung der mit dem Aufkommen finanzierten Aufgabe eine besondere Verantwortung tragen. Die Erträge aus der Sonderabgabe müssen grundsätzlich für die Gruppe (gruppennützig) verwendet werden.
Steuer	Steuern sind alle Geldleistungen zur Erzielung von Einnahmen, die nicht eine Gegenleistung für eine besondere Leistung darstellen und von einem öffentlich-rechtlichen Gemeinwesen allen auferlegt werden, bei denen der Tatbestand einer gesetzlichen Leistungspflicht erfüllt ist. Die Erzielung von Einnahmen kann Nebenzweck sein (§ 3 Abs. 1 AO).

Öffentliches Recht

Begriff	Definition
Steuerpflichtiger	Der Steuerpflichtige ist die Person, die eine Steuer schuldet, für eine Steuer haftet, eine Steuer für Rechnung eines Dritten einzubehalten und abzuführen hat oder eine Steuererklärung abzugeben hat, Sicherheit zu leisten, Bücher und Aufzeichnungen zu führen oder andere ihm durch Steuergesetze auferlegte Verpflichtungen zu erfüllen hat (§ 33 Abs. 1 AO).
Steuerschuldverhältnis	Ein Steuerschuldverhältnis entsteht zwischen dem Staat und einer Person, wenn es um den Steueranspruch, den Steuervergütungsanspruch, den Haftungsanspruch, den Anspruch auf eine steuerliche Nebenleistung oder den Steuererstattungsanspruch geht.
Unbeschränkte Steuerpflicht	Die unbeschränkte Steuerpflicht bezeichnet eine Art der Steuerpflicht, bei welcher der Steuerpflichtige mit seinen gesamten, nach dem jeweiligen Steuergesetz relevanten, Einkünften oder Vermögensbestandteilen der Steuer unterliegt.
Verbrauchsteuer	Eine Verbrauchsteuer ist Geldleistungspflicht aufgrund der Einkommensverwendung für den persönlichen Lebensbedarf. Dabei steht der Einsatz der finanziellen Mittel für den Konsum und Verbrauch von Wirtschaftsgütern im Vordergrund.

Erbschaftsteuer- und Bewertungsrecht

Begriffe zum Erbschaftsteuerrecht:

Besonderer Versorgungsfreibetrag § 17 ErbStG	Den überlebenden Ehegatten, Lebenspartnern und Kindern steht bei Erwerb von Todes wegen über den persönlichen Freibetrag nach § 16 ErbStG hinaus ein weiterer Freibetrag zu, der die Versorgung sichern soll.
Erwerb von Todes wegen § 3 ErbStG	Ein Erwerb von Todes wegen liegt vor, wenn der Vermögenszuwachs auf Erwerberseite seinen (Rechts-) Grund im Ableben des Erblassers hat.
Freigiebige Zuwendung § 7 ErbStG	Freigiebige Zuwendungen sind Schenkungen unter Lebenden, die nach § 1 Nr. 2 ErbStG steuerpflichtig sind, soweit der Bedachte durch sie auf Kosten des Zuwendenden bereichert wird.
Verschonungsabschlag § 13a ErbStG	Verschonungsabschlag ist der prozentuale Anteil des Vermögens, das nach §§ 13a, b ErbStG nicht der Besteuerung unterliegt. Dieser liegt im sog. Grundmodell bei 85%, im sog. Optionsmodell bei 100%.

Steuerrecht

Begriff	Definition
Zweckzuwendung § 8 ErbStG	Zweckzuwendungen sind Zuwendungen von Todes wegen oder freigiebige Zuwendungen unter Lebenden, die mit der Auflage verbunden sind, zugunsten eines bestimmten Zwecks verwendet zu werden, oder die von der Verwendung zugunsten eines bestimmten Zwecks abhängig sind, soweit hierdurch die Bereicherung des Erwerbers gemindert wird.

Begriffe zum Bewertungsgesetz:

Begriff	Definition
Einheitswert §§ 19 ff. BewG	Der Begriff Einheitswert bezeichnet einen Wert, der für mehrere Steuern (z. B. Grundsteuer, Gewerbesteuer, Grunderwerbsteuer) gleichmäßig als Besteuerungsgrundlage dient.
Gemeiner Wert § 9 BewG	Der gemeine Wert stellt grds. die Bemessungsgrundlage für die Bewertung von Vermögensgegenständen dar. Dieser wird durch den Preis bestimmt, der im gewöhnlichen Geschäftsverkehr nach der Beschaffenheit des Wirtschaftsgutes bei einer Veräußerung zu erzielen wäre.
Inlandsvermögen § 121 BewG	Das Inlandsvermögen umfasst im Inland belegene Vermögensgegenstände, die nach dem ErbStG oder anderen Gesetzen der Besteuerung zu unterwerfen sind.
Substanzwert	Der Substanzwert beschreibt den Mindestwert von Unternehmensvermögen, der sich aus der Wertsumme der Aktiva abzüglich der Rückstellungen und Verbindlichkeiten ergibt.
Teilwert § 10 BewG	Teilwert ist der Betrag, den ein Erwerber des ganzen Unternehmens im Rahmen des Gesamtkaufpreises für das einzelne Wirtschaftsgut ansetzen würde.

Körperschaftsteuerrecht

Begriff	Definition
Betrieb gewerblicher Art § 4 KStG	Ein Betrieb gewerblicher Art liegt vor, wenn von den allgemeinen Merkmalen einer gewerblichen Tätigkeit nur die nachhaltige Tätigkeit zur Erzielung von Einnahmen außerhalb der Land- und Forstwirtschaft und reinen Vermögensverwaltung vorliegt. Ferner muss sich die Einrichtung aus der Gesamtbetätigung der juristischen Person wirtschaftlich herausheben.

Öffentliches Recht

Begriff	Definition
Dividendenfreistellung § 8b KStG	Die Dividendenfreistellung führt zu einer Freistellung der Besteuerung von Gewinnausschüttungen einer inländischen Kapitalgesellschaft, wenn der Anteilseigner eine inländische Kapitalgesellschaft ist, § 8b KStG. Somit wird eine Mehrfachbelastung innerhalb eines Konzernkreises vermieden.
Doppelbelastung	Eine Doppelbelastung liegt vor, wenn dasselbe Steuerobjekt bei demselben wirtschaftlichen Steuersubjekt innerhalb eines identischen Zeitraums zu einer gleichartigen Steuer herangezogen wird.
Doppelbesteuerung	Eine Doppelbesteuerung liegt vor, wenn dasselbe Steuerobjekt bei demselben (juristischen) Steuersubjekt innerhalb eines identischen Zeitraums einer gleichartigen Steuer unterworfen wird.
Offene Gewinnausschüttung	Eine offene Gewinnausschüttung ist eine handelsrechtlich ordnungsgemäß beschlossene Ausschüttung.
Organgesellschaft	Organgesellschaft ist das Subjekt, dessen Einkommen dem Gesellschafter zugerechnet wird (§§ 14 Abs. 1, 17 KStG).
Organschaft	Die Organschaft ist eine wirtschaftliche Unternehmenseinheit, bei der mittels Zurechnung von Ergebnissen die in der Unternehmenseinheit zusammengefassten Kapitalgesell-schaften auf der Grundlage eines einheitlichen Einkommens besteuert werden.
Organträger	Organträger ist der Gesellschafter einer Organgesellschaft, dem mittels des Gewinnabführungsvertrags das Einkommen der Organgesellschaft zugerechnet wird.
Teileinkünfteverfahren § 3 Nr. 40 EStG	Das Teileinkünfteverfahren führt zu einer nur anteiligen Besteuerung von Gewinnausschüttungen bei natürlichen Personen, § 3 Nr. 40 EStG. Hält eine natürliche Person die Anteile an einer Kapitalgesellschaft in ihrem gewerblichen Betriebsvermögen, sind Dividenden nur zu 60 % steuerpflichtig. Das Teileinkünfteverfahren schwächt somit die ertragsteuerliche Doppelbelastung ab.
Verdeckte Einlage	Eine verdeckte Einlage liegt vor, wenn der Anteilseigner seiner Gesellschaft einen Vermögensvorteil verschafft, dieser seine Ursache im Gesellschaftsverhältnis hat und nicht nach den Regeln des Gesellschaftsrechts vorgenommen wird.

Steuerrecht

Begriff	Definition
Verdeckte Gewinnausschüttung	Eine vGA ist eine Vermögensminderung oder verhinderte Vermögensmehrung, die durch das Gesellschaftsverhältnis veranlasst ist, sich auf die Höhe des Einkommens der Kapitalgesellschaft auswirkt, auf Seiten des Gesellschafters zu Einkünften nach § 20 Abs. 1 Nr. 1 EStG führen kann und in keinem Zusammenhang mit einer offenen Ausschüttung steht.

Umsatzsteuerrecht

Begriff	Definition
Allphasennettobesteuerung	Die Umsatzsteuer wird im Rahmen einer Allphasennettobesteuerung erhoben. Der Grundgedanke ist, nur die Wertschöpfung auf der jeweiligen Produktions- und Handelsstufe, also den Mehrwert zu erfassen. Letztlich wird dadurch nur der private Verbraucher mit der Umsatzsteuer belastet.
Entgelt § 10 Abs. 1 S. 2 UStG	Als Entgelt sind alle Aufwendungen des Leistungsempfängers anzusehen, die angefallen sind, um die Leistung zu erhalten. Ferner gehört zum Entgelt, was ein Dritter dem Unternehmer für die Leistung gewährt.
Leistungsaustausch	Ein Leistungsaustausch setzt einen Leistenden und einen vom Leistenden verschiedenen Leistungsempfänger voraus. Ferner müssen Leistung und Gegenleistung in einem wirtschaftlichen Zusammenhang stehen. Die Rechtsprechung geht von einem solchen Zusammenhang nur aus, wenn die Leistung zielgerichtet auf den Erhalt der Gegenleistung hin erfolgt
Lieferung § 3 Abs. 1 UStG	Lieferungen sind Leistungen, durch die ein Unternehmer oder in seinem Auftrag handelnder Dritter dem Abnehmer die Verfügungsmacht an einem Gegenstand verschafft.
Nachhaltigkeit	Nachhaltigkeit bedeutet, dass eine Handlung unter Ausnutzung derselben Gelegenheit mehrfach in gleichartiger Weise vorgenommen wird. Eine erstmalige Tätigkeit kann nachhaltig sein, wenn die Handlung auf Wiederholung angelegt ist.
Reihengeschäft	Bei einem Reihengeschäft schließen mehrere Unternehmer über einen Gegenstand Umsatzgeschäfte ab, dabei wird der Gegenstand vom ersten an den letzten Unternehmer der Lieferkette übergeben.
Selbständigkeit	Eine selbständige Tätigkeit liegt vor, wenn sie auf eigene Rechnung und eigene Verantwortung ausgeübt wird.

Öffentliches Recht

Begriff	Definition
Sonstige Leistung § 3 Abs. 9 UStG	Sonstige Leistungen sind alle Leistungen, die keine Lieferungen sind.
Unternehmer § 2 UStG	Um Unternehmer zu sein, muss eine gewerbliche oder berufliche Tätigkeit selbständig ausgeübt werden. Eine solche Tätigkeit wird ausgeübt, wenn nachhaltige Einnahmen erzielt werden.
Ursprungs- und Bestimmungslandprinzip	Nach dem Ursprungslandprinzip wird der Verbrauch einer grenzüberschreitenden Leistung mit der Umsatzsteuer des Herkunftslandes der Leistung belastet. Nach dem Bestimmungslandprinzip wird der Verbrauch einer grenzüberschreitenden Leistung mit der Umsatzsteuer des Landes belastet, in dem der Verbrauch stattfindet.
Verschaffung der Verfügungsmacht	Die Verschaffung der Verfügungsmacht erfordert den Übergang der wirtschaftlichen Substanz vom Leistenden auf den Leistungsempfänger. Der Inhaber der Verfügungsmacht muss tatsächlich in der Lage sein, mit dem Gegenstand nach seinem Belieben zu verfahren.
Vorsteuerabzug	Vorsteuer ist die Umsatzsteuer und Einfuhrumsatzsteuer, die einem Unternehmer für Umsätze an sein Unternehmen in Rechnung gestellt wird. Der Vorsteuerabzug gewährleistet die Kostenneutralität der Umsatzsteuer für die Unternehmen. Bei einem Nichtunternehmer oder bei Umsätzen für den nicht unternehmerischen Bereich kommt ein Vorsteuerabzug nicht in Betracht (Belastung des Endverbrauchers).

Steuerrecht
Von Prof. Dr. Oliver Fehrenbacher
4. Auflage 2013, 366 S., brosch., 24,– €
ISBN 978-3-8329-7676-7